Ninfa Morta

Marcia Tiburi

Ninfa Morta

Uma história do ódio às mulheres

Planeta

Preparação: Lígia Alves
Revisão: Gleice Couto e Ana Laura Valerio
Diagramação: Negrito Produção Editorial
Capa: Renata Spolidoro
Imagem de capa: Ofélia (1851), pintura de John Everett Millais / incamerastock / Alamy / Fotoarena

Dados Internacionais de Catalogação na Publicação (CIP)
Angélica Ilacqua CRB-8/7057

Tiburi, Marcia
Ninfa morta : uma história do ódio às mulheres / Marcia Tiburi. – São Paulo : Planeta do Brasil, 2025.
304 p.

ISBN 978-85-422-3839-6

1. Feminicídio – Aspectos sociais 2. Violência contra a mulher 3. Patriarcado 4. Feminismo – Filosofia I. Título

25-3906 CDD 364.153

Índice para catálogo sistemático:
1. Feminicídio – Aspectos sociais

MISTO
Papel | Apoiando o manejo florestal responsável
FSC® C112738
FSC www.fsc.org

Ao escolher este livro, você está apoiando o manejo responsável das florestas do mundo

2025
Todos os direitos desta edição reservados à
EDITORA PLANETA DO BRASIL LTDA.
Rua Bela Cintra, 986, 4º andar – Consolação
São Paulo – SP CEP 01415-002
www.planetadelivros.com.br
faleconosco@editoraplaneta.com.br

SUMÁRIO

PRÓLOGO

HOMO MULIERI LUPUS – UM CORPO DE MULHER ENTRE PALAVRA E IMAGEM

Homo homini lupus é o título de uma aquarela de Max Pirner, datada de 1901 e pertencente à coleção da Pinacoteca Nacional de Praga. Nela, se vê um ser amarrado a um mastro enquanto animais se erguem afoitos em sua direção. Pequenos seios e uma vagina insinuada no contexto geral da forma decorativa informam que o ser suspendido por cordas só pode ser uma mulher. À exceção dos símios que prendem esse corpo numa espécie de cruz com prego e martelo, todos os animais são domésticos: cavalos, vacas, cabras, carneiros, gatos e cães. Talvez se possa incluir no conjunto desses animais a tartaruga, nas mãos de um dos macacos. Desde as teorias de Lineu, os macacos habitam um espaço intervalar entre espécies. Sua presença na composição geral insinua alguma confusão, para além da agitação que parecem liderar conduzindo os outros animais. No céu, esvoaçam figuras passeriformes, e, entre sinais incertos, folhagens ou panos bem poderiam ser as asas desse corpo estranho mergulhado na decorabilidade própria do estilo da época. Longos cabelos caem para o lado desse ser feminino e nu. Olhando com mais cuidado, certezas se atenuam. Percebe-se que podem ser tecidos o que, no contexto, não deixam de ser madeixas. A estranheza aumenta se, com mais atenção, percebem-se as patas de animal e um rabo que pende das costas seguindo o comprimento das pernas do ser em suspenso. Os membros lembram patas de um leão, quiçá um lobo, é o

Homo homini lupus, 1901, aquarela de Max Pirner, 96 × 47 cm.

mais provável, tendo em vista a inscrição no cabeçalho da imagem que deveria resumir a pictografia em curso. A frase "Homo homini lupus" escrita em letras maiúsculas aparece pela primeira vez na *Asinaria*, a *Comédia dos asnos*, de Plauto (230-180 a.e.c.),* vindo a ser mais conhecida desde o *De Cive* de Hobbes (1588-1679). No rodapé, contudo, uma homenagem a Arthur Schopenhauer (1788-1860), filósofo conhecido por sua defesa de uma ética não especista baseada na compaixão, não ajuda a explicar se a personagem presa ao mastro seria, de fato, uma mulher-loba, nem faz saber se um indecidível que se descortina do

* Utilizamos a nomenclatura a.e.c. (antes da era comum) para se referir aos anos antes de Cristo (a.C.) e e.c. (era comum) para os depois de Cristo (d.C.). (N.E.)

estranhamento ineludível, entre a humanização da loba e a animalização da mulher, se deu por acaso ou foi proposital.

Uma incongruência desponta na indiscernibilidade e exige análise. Entre a frase no cabeçalho e a imagem antropozoomorfa sob ela desenhada, um curto-circuito se acirra diante das atenções mais sensíveis. O termo "*homo*" na sentença "Homo homini lupus" significa "homem" no antigo sentido genérico e universal de "ser humano", assim na língua latina como em tantas outras. Contudo, embora a frase se refira ao universal – que histórica e etimologicamente sempre foi tomado como masculino –, a figura ameaçada pelos animais ao redor em tudo remete a uma mulher, ainda que se mantenha, na imagem como um todo, um limiar de indiferença entre humanidade e animalidade que obriga a perguntar se não se trata de um animal feminilizado em contraste com o conjunto dos animais ao redor, cuja sexualidade não é posta em questão. A insinuação de feminilidade está no desenho do corpo, seios, cabelos, vagina, silhueta arredondada, todos significantes femininos estereotipados e fáceis de reconhecer. Não é difícil perceber que, num contexto em que diversos animais compõem um conjunto, configurando um padrão em que o gênero é desimportante, um corpo meio humano, ou seria meio animal, destoa do todo não sexualizado, sendo feminilizado. Se, em vez da animalização da mulher, é a feminilização de um animal o que vem à presença, isso apenas confirma, no contexto da indiscernibilidade sobre a qual a cena versa, a exceção como seu segredo mais profundo. Quer se pense no devir humano do animal, ou no devir animal do homem, o elemento "feminino" vem a ser, no lusco-fusco da cena, o elemento de exceção.

Junto à diferença entre humano e animal, é o contraste entre o universal masculino da frase e a imagem feminina – humana e animal ao mesmo tempo – posta nesse lugar central para representar o *homo* que faz dessa figura uma exceção. Ora, a exceção é uma suspensão da regra, da norma, do universal. Não sabemos se a criatura, a propósito "em suspenso", está presa por um crime e sofre um justiçamento pelos animais ao redor, se é vítima de um sacrifício ou se é simplesmente a caça do dia exposta à apreciação antes de ser trucidada. Seu rosto humano – nem feminino, nem masculino – denota pesar. No hiato entre a palavra genérica "*homo*" e a figura feminina, com patas e rabo de animal, nos perguntamos sobre a presença desse corpo ameaçado diante de outros animais, enquanto serve de metonímia para o ser humano genérico enunciado na frase, considerando que, ao longo da história da filosofia e da literatura, na qual a frase se insere, mulheres – representadas por imagens ou palavras – nunca significaram o universal. Uma mulher animal – um animal mulher – é agora o corpo em suspenso a encarnar a exceção jamais contemplada na história.

A condição de exceção da imagem diante da frase e da frase diante da imagem chama a atenção para a figura do *homo sacer*, recuperada pelo filósofo italiano Giorgio Agamben no começo do século XX. O *homo sacer* é o "homem sacralizado", aquele que, tendo passado por um ritual de "sacralização" depois de ter cometido um crime, é lançado ao abandono pela lei, expulso da cidade e condenado a viver à sua margem; aquele que, exposto à matabilidade por qualquer um, e sobrevivendo fora das determinações jurídicas, se encontra numa zona cinzenta onde habitará figurando a mera vida, o que Walter Benjamin chamou de *bloss Leben*, ou seja, a vida sem qualificações, a mera vida de quem foi expulso da ordem simbólica sustentada pela lei, da cultura, até mesmo daquilo a que se deu o nome de "civilização". O *homo sacer* é a existência "capturada fora" vindo, nessa imagem de Pirner, se apresentar também fora de determinações conceituais e antropológicas correntes, tais como a universalidade da espécie humana representada na palavra "*homo*" pela qual se designa o corpo de um macho, um varão, um ser não-mulher.

A hipótese a verificar reside na análise da foraclusão – estar incluído fora ou estar excluído dentro – operada na gravura de Pirner. Apesar da crítica ao universalismo patriarcal feita por pensadoras desde o final do século XVIII, a foraclusão das mulheres da própria ideia de humanidade ainda é um fato no momento em que a gravura é feita, e, até os nossos dias, a masculinidade do universal humano é uma convenção não superada de todo. A imagem de Pirner apresenta uma tensão; ela revira a foraclusão habitual pela qual as mulheres são excluídas enquanto incluídas, dando lugar a uma outra. Trata-se da ausência do *Homo* da cena onde ele deveria estar presente considerando o ser genérico que ali deve ser representado. A foraclusão aponta para a exceção. É fato que a noção iluminista de "humanidade" era um ideal atrelado à noção de "homem", sendo as mulheres posicionadas como uma sub-humanidade, como seres inferiores, subalternizadas a serviço dos homens, da casa e da família, jamais representando o universal; seriam, portanto, seres cuja natureza implicava pertencer ao *domus*, ou seja, viver sob dominação no ambiente "doméstico", como acontece aos animais e aos escravos, algo que se sabe desde a *Política* de Aristóteles. Tendo em vista que é a imagem do homem enquanto macho que sempre foi usada para representar a humanidade em seu sentido genérico, é necessário perguntar por que o corpo masculino não representa a humanidade na cena desenhada por Pirner se, no momento em que a gravura é realizada, o universal é tratado por teólogos, filósofos e artistas como sendo da ordem do masculino e Pirner intitula sua obra *Homo homini lupus* quando poderia dar a ela outros nomes, talvez menos emblemáticos. Pirner alegoriza a vida nua do *homo sacer*, colocando em cena que, essencialmente, a mulher é o seu mais perfeito emblema. Entre o homem e o animal está a mulher, algo que Agamben e muitos outros pensadores não souberam ver.

Ora, o hiato entre a imagem e a frase está relacionado à diferença de destino de homens e mulheres na cultura patriarcal. O que a gravura vem mostrar é essa verdade obnubilada na cultura da dominação masculina, a saber, que as mulheres partilham seu destino com os animais; os homens, não. Os homens se separam dos animais enquanto tratam as mulheres como híbridos. Elas são capturadas nessa zona de indiscernibilidade, feitas prisioneiras, reduzidas à caça e, sob a hipocrisia patriarcal, vivem esse acondicionamento ontológico em silêncio. Na gravura a tensão entre humano e animal é manifesta, como é evidente o borramento de limites e a fusão das "naturezas" no corpo híbrido pendurado ao cepo. A questão da lupínica humanidade que, ao atacar seu semelhante, se animaliza, ou da analogia entre a horda humana e um bando de animais que perseguem o seu semelhante, mais humano que a horda, também não deve ser perdida de vista.

No *sfumato* conceitual que a caracteriza, a composição obriga ainda a perguntar se seu autor estaria propondo que o corpo de uma mulher representasse a espécie, que fosse sua metonímia, ou se ele estaria apenas expondo o lugar de caça, sacrificial e/ou matável a que toda mulher é reduzida no patriarcado. Por um dever de sinceridade, é preciso perguntar se, no ato de trazer à cena o corpo da mulher-animal, do animal-mulher, no lugar onde deveria, por hábito, estar um corpo masculino representando a espécie, Spiner coloca em xeque a humanidade do homem ou sua não-humanidade. A foraclusão do "homem" individual, do corpo masculino, se deve à intenção de poupá-lo desse lugar animal onde, afinal, uma mulher cabe bem mais perfeitamente? Ora, é principalmente um tema que pede atenção: de que modo Pirner opera a foraclusão do gênero masculino para, à maneira de uma traição, apresentá-la? Em palavras muito simples, se o homem é o lobo do homem, por que esse "Homo homini lupus" é representado por um corpo de mulher, ela mesma em hibridação com um animal? A rigor, para a manutenção do sistema, a vida nua, ameaçada e matável, jamais poderia ser representada por um homem sem apagar uma verdade que somente se apresenta porque um homem não poderia representá-la desde que o próprio termo serve apenas para expressar a ficção política do universal, cujo conhecimento exige a correção da histórica sentença universalizante com vistas a contemplar a exceção: "*Homo* mulieri *lupus*".

Imagens não surgem apenas por decisão racional; ao contrário, imagens nascem de impulsos psíquicos que, devendo permanecer ocultos, à revelia de todo o recalque, se fazem presentes mostrando bem antes as verdades que o trabalho do conceito demora a perceber.

NINFA MORTA, FEMINICÍDIO E GINECROPOLÍTICA: UMA INTRODUÇÃO

"Hoje a linguagem calcula, designa, trai, inspira o assassinato, ela não exprime nada."
Theodor Adorno e Max Horkheimer, *Dialética do esclarecimento*, 1944.

"Faz bem matar as moças em pensamento, em narração."
Nicole Loraux, *Maneiras trágicas de matar uma mulher*, 1988.

"O macho triunfou, mas a partir de um princípio de morte."
Françoise d'Eaubonne, *Feminismo ou morte*, 1972.

"Destruo o campo de batalha que foi meu lar."
Ofélia, em *Hamlet-Machine*, de Heiner Müller, 1977.

Margaret Atwood, autora do memorável *O conto da aia*,[1] em certa ocasião perguntou a um amigo o que os homens temiam nas mulheres. Como resposta ouviu que os homens tinham medo de que as mulheres rissem deles. Ao perguntar a um grupo de mulheres o que elas temiam nos homens, elas disseram ter medo de serem mortas por eles.

Esse relato é contado no capítulo "Femicide: sexist terrorism against women", de Jane Caputi e Diana Russell, presente no livro *Femicide: the politics of woman killing* [em tradução livre: "Feminicídio: terrorismo sexual contra mulheres", *in Feminicídio: a política de matança de mulheres*], organizado no começo dos anos 1990 por Diana Russell,[2] esta última respeitada internacionalmente por sua luta para que o assassinato de mulheres pelo fato de serem mulheres fosse reconhecido como tal. Desde os anos 1970 Russell insistia que se percebesse a misoginia como fator fundamental desses crimes e que se usasse o termo "feminicídio" para designá-los.

Certamente há muito de real nesse medo da morte violenta vivido pelas mulheres da anedota. Basta olhar as estatísticas relativas a violências de todo tipo sofridas por elas.* Mas uma desproporção na relação entre homens e mulheres, no modo como se posicionam uns diante dos outros, desponta do fundo dessa confrontação causando a maior estranheza. Enquanto o medo dos homens é o de serem ridicularizados, o medo das mulheres é o de serem mortas. A mulher que ri significa uma ameaça ao narcisismo masculino, mas um homem representa uma ameaça a nada menos do que a própria vida de uma mulher.

---

* O medo e a insegurança em relação aos parceiros íntimos, aqueles homens que habitam a casa, é uma constante. Há diversas pesquisas em todo o mundo sobre violências por parte de parceiros íntimos, violência psicológica e física, por assédio no trabalho, assim como na esfera pública. Todas trazem resultados entre preocupantes e alarmantes. Por exemplo, sobre "Violência por Parceiro Íntimo (VPI)", ver a pesquisa realizada pelo Programa de Pós-Graduação em Saúde Coletiva da UFES (PPGSC) que entrevistou 1.086 mulheres, residentes do município de Vitória, Espírito Santo, durante o ano de 2022. Dessas, 519 afirmaram ter sofrido VPI ao longo da vida. A tese revelou que, desse grupo, 44,4% tinham idades entre 18 e 29 anos e 42,2% eram pardas. Além disso, 44,7% das vítimas eram casadas e 53,2% não exerciam trabalho remunerado: PESQUISA revela o medo e a insegurança que mulheres enfrentam dentro de casa. *Universidade Federal do Espírito Santo,* 2023. Disponível em: https://comunicasaude.ufes.br/conteudo/pesquisa-revela-o-medo-e-inseguranca-que-mulheres-enfrentam-dentro-de-casa. Acesso em: 10 maio 2025. Há muitas pesquisas sobre VPI, mas também violência urbana. Segundo a ONU, "Globalmente, 85.000 mulheres e meninas foram mortas intencionalmente em 2023. Desses homicídios, 60% – 51.000 – foram cometidos por um parceiro íntimo ou outro membro da família. Isso equivale a 140 mulheres e meninas mortas todos os dias por seus parceiros ou parentes próximos, ou seja, uma mulher ou menina assassinada a cada 10 minutos". Ver FEMINICÍDIOS em 2023: estimativas globais de feminicídios por parceiro íntimo ou membro da família. *Nações Unidas Brasil,* 25 nov. 2024. Disponível em: https://brasil.un.org/pt-br/284409-feminic%C3%ADdios-em-2023-estimativas-globais-de-feminic%C3%ADdios-por-parceiro-%C3%ADntimo-ou-membro-da. Acesso em: 10 maio 2025.

O conceito de feminicídio é um avanço no campo epistemológico, jurídico, político, mas também ético. Ele tornou evidente um fato que precisa ser percebido socialmente: por mais que a violência entre homens seja imensa e, inclusive, assassinatos, na qualidade de *homi-cídios*,* sejam cometidos em profusão no regime patriarcal, com todo o jogo das "fratrias" em que a masculinidade é o próprio laço social, não se mata um ser humano por ele ser um homem, por estar inscrito na classificação de gênero homem,** mas há motivações que levam um homem a matar alguém por esse alguém *ser uma mulher*, e isso levanta uma série de questões relacionadas à violência patriarcal que não podem ser apagadas, inclusive o problema da violência epistemológica contida na definição do "ser mulher" que vem a ser núcleo do circuito feminicida a ser analisado neste livro.

Que no Brasil a Lei n. 13.104, que tipifica o feminicídio como crime qualificado, tenha sido promulgada apenas no ano de 2015 implica um avanço que aponta ao mesmo tempo para um atraso histórico,*** efeito retardatário do regime patriarcal em seu processo de automanutenção por meio da violência naturalizada. Ora, a lentidão conceitual tem história e não é casual. Ela deriva da administração epistemológica exercida por esse regime de poder contra conceitos que possam atrapalhar seu curso e expansão, como acontece com o termo "gênero", tratado por historiadoras, pensadoras e pesquisadoras como categoria analítica

---

* De *homo*, "homem" em latim, mais o sufixo *-cídio*, que vem do latim *caedere*, "matar, imolar, derrubar".

** Evidentemente cisgenerificado e não transgenerificado, como veremos mais adiante. Sobre o sentido dos termos cujo uso também se torna cada vez mais comum, ver RODOVALHO, Amara Moira. O cis pelo trans. *Estudos Feministas*, Florianópolis, v. 25, n. 1, p. 422, jan./abril 2017. https://doi.org/10.1590/1806-9584.2017v25n1p365.

*** Ver COLLING, Ana Maria. Violência contra as mulheres: herança cruel do patriarcado. *Revista Diversidade e Educação*, v. 8, número especial, p. 171-194, 2020. DOI 10.14295/dev8iEspeciam10944. Segundo a autora, "as constituições tratavam a mulher como uma quase nada. As Ordenações Filipinas e o posterior Código Civil de 1916 implementado em 1917, que permitia castigar a mulher e até assassiná-la ainda é muito presente porque, pela sua longevidade e pelos diversos discursos legitimadores, instalou-se na mente tanto dos homens como das mulheres" (p. 173).

há tempos* e, pelo menos desde a última década do século XX, objeto de abusos ideológicos por religiosos fundamentalistas.** Neste livro buscarei mostrar que, embora gênero seja uma categoria de análise (e não se diferencie ontologicamente de sexo), e uma matriz de subjetivação, ele é principalmente um operador "tanatopolítico" ou "necropolítico" nos discursos e nas práticas do patriarcado. Os argumentos aqui expostos visam mostrar o funcionamento do necropoder relativamente às mulheres ou o que se pode chamar de "ginecropoder".

O patriarcado não dá trégua na teorização e na produção de linguagem, ou seja, na fabricação das representações, pois ele depende da produção e reprodução de sua ideologia, ou seja, da imposição de algo como uma "narrativa" vencedora. Historicamente, essa narrativa implicou a misoginia e, em muitos momentos, a morte narrada das mulheres numa combinação entre morbidez e política que é preciso descortinar. Na contramão, teorias feministas são, em si mesmas, parte essencial da luta no campo do saber/poder fazendo em face do patriarcado, o regime de guerra contra corpos e subjetividades dos quais, ao mesmo tempo, precisa para se manter. Ora, a luta feminista é também luta pela verdade que é exposta em conceitos. A reflexão filosófica põe em ação o impulso ético – e político – capaz de desmontar visões de mundo autoritárias e suas correspondentes formas de violência. Abrir caminhos de reflexão e ação para a superação do patriarcado como sistema produtor de injustiça e sofrimento é uma tarefa ética e uma empreitada que exige uma radical epistemologia política a ser levada até as últimas consequências

* Marco na trajetória do conceito de gênero é o trabalho da estadunidense Joan Scott, Gender: a useful category of historical analyses. *In:* SCOTT, Joan. *Gender and the politics of history.* New York: Columbia University Press, 1989.

** A guerra conceitual contida no modo como se constrói atualmente o falacioso discurso fundamentalista da "ideologia de gênero" serve para ocultar a matança de mulheres – de meninas e de corpos dissidentes do binarismo sexual e da heterossexualidade compulsória –, que constitui o interesse último do sistema. Na falácia da "ideologia de gênero" produzida pela ideologia patriarcal de gênero, a palavra "gênero" é instrumentalizada para produzir ódio, o que sempre foi o caso antes de ser usada como categoria de análise histórica e política. Recomendo a leitura de um trabalho anterior: A funcionalidade da "ideologia de gênero" no contexto político e econômico brasileiro. *Nueva Sociedad*, jul. 2018. Disponível em: https://pre.nuso.org/articulo/funcionalidade-da-ideologia-de-genero-no-contexto-politico-e-economico-brasileiro/. Acesso em: 10 maio 2025.

teóricas, caso se pretendam transformações concretas para uma vida mais justa e digna inviabilizada nos contextos de violência.

Em outro trabalho, defini o sistema de opressão como "patrirracial-capacitalista"[3] na intenção de mostrar o amálgama entre operadores que visam à sujeição de corpos. Tais operadores funcionam em conjunto, num contexto de mútua participação cujo objetivo é a manutenção do regime patriarcal, ele mesmo um sistema autorreferencial tendo na devoração de todo tipo de alteridade a sua forma de se expandir. Com a expressão "patrirracialcapacitalismo" eu pretendia apontar para a engrenagem, ou dispositivo, que funciona segundo uma forma geometricamente variável de dominação.[4] A palavra "patriarcado", por si só, não portaria essa mútua referencialidade; ela corresponderia tão somente à face do sexo-gênero que compõe aquela geometria variável.

Contudo, considerando o foco que pretendo dar a este trabalho, devo recortar e destacar o termo "patriarcado" – e poderia também dizer "viriarcado" ou "kiriarcado",* "fratriarcado",[5] "patriarcapitalismo"[6] ou "falocratismo triunfante",[7] todos termos importantes e sinônimos de patriarcado, contudo termos nada populares – para fins metodológicos com vistas a uma viagem vertical na sua potencialidade como categoria que carrega em si a expressão de um específico laço social e uma posição que garante corpos situados topologicamente na dinâmica da matabilidade. Meu interesse está em usar uma palavra mais popular e mais conhecida para debater o que considero ser o potencial para a matança inerente a esse sistema do direito e privilégios dos homens. Sustento neste livro que há uma matança de mulheres, ou do que prefiro chamar de "corpos-mulheres" para enfatizar "mulher" como marcação de um corpo, que é análoga à matança de corpos marcados por animalidade, racialidade, capacidade física e mental, bem como classe, idade e plasticidade, nacionalidade e etnia, ou seja, corpos rebaixados ou humilhados sob as formas existentes, configurando um sistema pelo qual a ideia,

---

* A noção de "Kyriarquia" encontra-se em FIORENZA, Elisabeth Schlüsser. *But she said*: feminist practices of biblical interpretation. Boston: Beacon Press, 2005. Vale lembrar que o poderio universal e sistêmico em ação no patriarcado é sustentado na ideia de um "Senhor", enquanto Deus, e, pelo menos nas religiões monoteístas, esse "Deus" também foi construído à imagem e semelhança do homem branco como imago oficial do capitalismo racista.

também muito popular, de "pulsão de morte", oriunda da psicanálise, assume sua concretude social e política.

Minha proposta postula que o sistema patriarcal é um regime ginecropolítico no sentido de ser cálculo sobre a vida e sobre a morte das mulheres, de uma forma específica que diferencia o destino de pessoas generificadas ou gendradas (mulheres e pessoas LGBTQIA+) e não-generificadas (homens). A ginecropolítica não é um resultado casual de jogos de poder, mas algo que pressupõe a produção dos corpos a serviço do sistema. Desse modo, sustento que o patriarcado é uma determinada produção da mulher enquanto ser matável, ou seja, a morte de uma mulher faz parte do programa sistemático que a desenvolve por meio de objetivação e subjetivação. Há uma espécie de "obsolescência programada" das mulheres, evidenciada no etarismo do sistema, mas também nos jogos de poder em torno da plasticidade desses corpos. Uma mulher é um ser que vive driblando a própria morte, vivendo sob a ameaça de ser excluída do sistema.

Desse modo, encontram-se na experiência das mulheres as bases paradigmáticas do processo da matança aplicado a todos os corpos assujeitados. Os corpos estão inseridos em um circuito de matança pelo qual são marcados com significantes em termos epistemológicos, ontológicos e estéticos, inseridos em contextos topológicos e políticos para usá-los conforme necessidades, mas também para eliminá-los conforme necessidades, sejam elas técnicas, pois o patriarcado é pragmático, sejam elas emocionais e afetivas, pois o patriarcado é metodologicamente delirante no sentido de ser um sistema em que o "*gaslighting*", ou seja, o terrorismo psíquico, é ininterrupto. O patriarcado é uma forma de governo dos outros.

Para fins de análise, "patriarcado" é um termo que permite colocar foco em sexo e gênero, não obstante estejamos falando também de um sistema simbólico produtor e reprodutor de violência em geral a partir da transformação de tudo o que existe em objeto, coisa e mercadoria. A expressão "patriarcado" é mais do que útil; ela revela o fundamento do mal-estar ligado à pulsão de morte inerente a essa civilização contra seres marcados por sua não-identidade em relação à forma social homem, ela mesma o valor[8] supremo do sistema.

À produção cognitiva e epistemológica a serviço do sistema em cujo centro está o homem como valor pode-se dar o nome de "esquematismo patriarcal". A ginecropolítica anda *pari passu* com o esquematismo patriarcal que une clichês e ideias prontas num processo de subjetivação de corpos-homens – privilegiados – e corpos-mulheres – a serviço. Ideias tais como a da natureza fraca da mulher e a da força do homem, a ideia de diferença sexual, a própria ideia de gênero como um dever-ser, compõem um cenário de clichês sobre necessidades empíricas dos homens a serem atendidas por mulheres a eles submetidas em troca de alimentação e proteção diante de um mundo que não foi feito para elas, no qual elas foram moldadas para eles. De fato, nesse sentido, as mulheres que se libertam são, sobretudo, libertas de um destino pré-traçado, o destino ginecropolítico.

Na análise do circuito da matança patriarcal, o poder soberano, velho tema da filosofia política clássica, ficou de lado e precisa ser trazido ao debate. O poder soberano é o poder de matar implicado na perturbadora promessa de morte inerente ao regime patriarcal. Tendo perdido lugar junto ao tema do Sujeito ao qual ele está epistemologicamente ligado, muitas teorizações e interpretações contemporâneas passaram a tratar o patriarcado – quando mantiveram esse nome – como um sistema sem sujeito. Leituras que trabalham com essa hipótese de um sistema produtor de gênero sem "Sujeito"* perdem de vista

* Esse é o erro da teoria de Roswitha Scholz. Ver SCHOLZ, Roswitha. *Le sexe du capitalisme*: "masculinité" et "féminité" comme pilliers du patriarcat producteur de marchandises. Albi: Crise et Critique, 2019. Roswitha Scholz tem o mérito de buscar fazer da teoria do valor uma teoria do patriarcado. Contudo, me parece que sua análise do trabalho e das determinações sociais do trabalho ainda é por demais signatária de abstrações patriarcais eurocêntricas, por mais que seu pensamento aponte para uma postura decolonial. Quando ela fala de sua fórmula "O valor é o homem", segundo ela mesma um pouco sensacionalista, explicando que se trata de um patriarcado sem sujeito, ela corre o risco de desresponsabilizar o homem branco de sua posição concreta na história, o que seria também o erro de Foucault e de todos os chamados pós-estruturalistas que transformam o "Sujeito" numa abstração desligada do homem concreto. O fato de que o poder funciona em todo lugar e sem a ativação direta de uma pessoa não libera corpos e vidas de se situarem em lugares de privilégio e de agirem intencionalmente. Quero dizer com isso que o "Homem Branco" como forma social é o novo sujeito. A intenção de Scholz é boa, ela quer mostrar a abstração do valor e a abstração que é "o homem" e mostrar que está em jogo o que ela chama de "estrutura cultural", mas o faz clivando o abstrato e o empírico como se entre eles não

a concretude do fenômeno da violência contra mulheres praticada por homens reais amparados na lógica da fratria, da comunidade dos privilegiados segundo um Sujeito Transcendental Masculino, ele mesmo Sujeito Soberano da violência patriarcal. O que chamo de "soberania" é justamente o sistema do Sujeito Soberano encarnado na figura do Macho Pleno de Privilégios – cênico, limítrofe, ridículo, infame, grotesco e ubuesco – no exercício de uma posição autoafirmada como corpo com valor – valorizado dentro de um sistema de valoração criado pelo Sujeito Soberano com o qual o indivíduo faz um laço, da ordem do elo entre universal e particular. O valor do Macho se estabelece em um regime esteticonômico e político contra corpos sem valor – numa lógica de distinção e contraste que faz parte do esquematismo patriarcal pelo qual se estabelece o Macho como capital. O Macho se confunde com o Capital. Não apenas o Sujeito Soberano – o sujeito do conhecimento e o sujeito ético e político – é o Macho, mas o Macho é o Sujeito Soberano enquanto ele é também Sujeito Estético, ou seja, o corpo que se impõe como imagem paradigmática do valor, do padrão de um corpo melhor do que os outros na cultura.

Ora, o Sujeito Soberano da violência patriarcal impõe-se como imagem da violência que é naturalizada e reforçada num círculo vicioso. A violência é patriarcal e é, sobretudo, algo praticado por homens que

---

houvesse continuidade concreta, o que é estranho de um ponto de vista do materialismo histórico. A tentativa de lançar o debate na direção das sociedades camponesas incorre em abstrações. Mesmo que as relações familiares e sociais entre camponeses pudessem dar mais poder às mulheres, o que não parece ter muita sustentação histórica, Scholz acredita que a separação entre público e privado não se sustenta devido a uma fantasiosa "influência" das mulheres, quando, na verdade, ela está na origem da política ocidental, como vemos desde Aristóteles. O que Adorno nos diz sobre Sujeito e Objeto parece trazer luz a essa abstração: "Não é possível excluir mentalmente o momento da individualidade humana [*Einzelmenschlichkeit*] – chamada egoidade por Schelling – de qualquer conceito de sujeito; se não fosse indicada de alguma maneira, sujeito perderia todo o sentido. Inversamente, o indivíduo humano singular – tão logo se reflete de alguma maneira sobre ele numa forma conceitual universal enquanto indivíduo, e não se tem em mente só o esse aí qualquer de um homem particular [*besonderen Menschen*] – transforma-se já num universal, à semelhança do que fica explicitado no conceito idealista de sujeito. Até mesmo a expressão homem particular necessita do conceito genérico; se não fosse assim, careceria de sentido. Até mesmo os nomes próprios trazem implícita uma referência ao universal". ADORNO, Theodor W. *Stichworte, Kritische Modelle 2, EA*. Frankfurt/Main: Suhrkamp, 1969.

encarnam, ou representam, a potência que o sistema confere a seus corpos e existências. O sistema não é simplesmente uma razão, uma racionalidade anterior ao funcionamento dos corpos, mas uma produção lógico-estética de geração de corpos idênticos baseado na afetação pela violência. A violência é a forma política da afetividade que circula entre os corpos. A violência é decorativa[9] e até mesmo ornamental. Ela passa a ser método na produção dos corpos, sejam homens, sejam mulheres, sendo que os primeiros estão na posição de agentes e os segundos na de pacientes.

* * *

Desde teóricos bastante arcaicos,* a definição da soberania esteve envolta em brumas místicas, o tema do poder de matar foi deixado de lado e a promessa de morte inerente ao regime de governo patriarcal passou despercebida. Certamente, a promessa de morte é a teleologia última das faces capitalista, capacitista, racista, etarista e especista do sistema, contudo a tese crucial que busco sustentar neste trabalho envolve especificamente os corpos heterodenominados como "mulher", que vêm a ser configurados como seres matáveis, e os corpos-homens, configurados como seres matadores, segundo determinações de gênero estabelecidas na história, ou seja, num conjunto de textos e narrativas através das quais temos conhecimento de um *continuum* no tempo. Não se trata, portanto, apenas de estatísticas de matança que abundam desde que parâmetros de mensuração passaram a ser usados para computar assassinatos de mulheres, mas de mostrar os fundamentos da violência contra mulheres que não cessa de se repetir em um sistema organizado com base na violência contra esses corpos.

A matabilidade é uma verdadeira forma de governo, o que obriga a concluir que o patriarcado é o governo que calcula a morte das mulheres, sejam cis, sejam trans. O que chamei de "ginecropolítica" é um fator

---

* Refiro-me, por exemplo, a Jean Bodin. Ver *Seis livros da República*: Livro VIII. São Paulo: Ícone, 2011.

essencial da sociedade patriarcal totalitária que produz a matabilidade e a ameaçabilidade, entrelaçando-as para os fins de sua manutenção.

Expressões como "patriarcado", "regime" e "sistema patriarcal"* serão usadas neste livro tendo em vista o lugar dos corpos assujeitados à tecnologia política[10] baseada no par matabilidade/ameaçabilidade que é mantenedor do sistema patriarcal. Matabilidade/ameaçabilidade configuram a guerra de *todos* contra *todas* que se busca ocultar. A velha ficção política da guerra de todos contra todos cai por terra diante do fato inegável da guerra de todos contra todas, a guerra dos homens contra as mulheres da qual nem todos os homens participam, pois há exceções à regra de funcionamento do sistema, considerando que a regra existe por conta de sua exceção. A caça às bruxas segue sendo atualizada.[11] Sabemos que ficções políticas como a hobbesiana e a freudiana têm uma potente função hermenêutica sobre o entendimento do mundo e que incidem sobre sua construção, de modo que reler o mundo na contramão da hermenêutica patriarcal torna-se um dever ético.

Meu interesse neste livro é, portanto, analisar essa divisão menos retórica, menos epistemológica e, infelizmente, tão real quanto indigesta: justamente a que implica um sexo-gênero matador e um sexo-gênero matável.[12] A diferença entre sexo e gênero não é substancial; trata-se apenas de dois nomes em disputa na língua e na letra de teóricos e fundamentalistas que acobertam o pesado amálgama da opressão em sua forma total. Essa discussão se inscreve no tema da "violência doméstica", ela mesma uma violência de homens contra mulheres (e crianças), porque é nesse lugar, no *domus* – a casa, o lar –, que a matança é principalmente constituída e naturalizada. Essa violência – esse lugar e o ato de matar que nele se dá como um apanágio privado e particular

* De um lado, usarei expressões como "patriarcado" e "sistema patriarcal" ao longo do trabalho visando atender a um recorte necessário dentro de limites práticos de fundamentação; de outro, pretendo evitar dificuldades de ordem retórica e comunicacional, pois é importante que as leitoras e leitores saibam que estou falando em específico da face do sistema de opressão que concerne a gênero e sexualidade. Assim, falarei em "patriarcado" como um apelido em termos de vulgata para resumir o "patrirracialcapacitalismo", que seria um nome epistemologicamente mais rigoroso, por assim dizer, mais "científico", acreditando que, no teatro das palavras a que chamamos diálogo, seja importante manter o elo com os significantes reconhecidos para poder avançar na direção de significantes que possam expor ainda mais.

praticado pelo homem – não foi até o momento objeto de uma filosofia política. A matança de mulheres constitui o pináculo da violência doméstica naturalizada, não sendo, para os homens, um assunto importante, sequer sendo objeto de estudos e pesquisas dos homens, pois o patriarcado é um sistema sem nenhum interesse no mundo das mulheres, senão quando se as considera objetos de uso. O patriarcado é também um sistema sem autocrítica, como qualquer autoritarismo, como qualquer sistema universal e totalitário como faz mais sentido o definir. Apenas a partir da virada feminista das últimas décadas é que as mulheres puderam se ocupar delas mesmas como tema, depois de acúmulos epistemológicos, eles mesmos fruto de múltiplos debates e investigações feministas.

* * *

Sob a influência das teorias do poder como dominação, controle e disciplina em voga há várias décadas, a discussão feminista não se ateve ao tema do poder soberano, tópico de fundo da filosofia política tradicional que forneceu a interpretação oficial da sociedade patriarcal centrada na naturalização de toda forma de machismo. Foucault divide as águas do debate com seus conceitos de tanatopoder e biopoder,[13] intensificando sua pesquisa na direção deste último. Giorgio Agamben[14] e Achille Mbembe[15,*] voltam a elas na intenção de analisar os genocídios judeu e negro, mas até o momento não se aprofundou a análise do tanatopoder ou do necropoder no que concerne às mulheres, ou seja, do

* MBEMBE, Achille. *Necropolítica*: biopoder, soberania, estado de exceção, política da morte. São Paulo: N-1 Edições, 2018. *E-book*. Mbembe coloca questões importantes e posso dizer que trabalhamos com o mesmo problema inicialmente, a saber, a pergunta sobre as condições práticas nas quais se exerce o poder de matar, deixar viver ou expor à morte, assim como sobre o "sujeito dessa lei". Creio que suas perguntas "que lugar é dado à vida, à morte e ao corpo humano (em especial o corpo ferido ou massacrado)? Como eles estão inscritos na ordem do poder?", ligadas à concepção de política como "uma forma de guerra", são fundamentais, de tal modo que há similitudes entre a necropolítica e o devir negro do mundo e a sujeição de gênero – ou o que podemos chamar de devir-mulher do mundo – e a violência contra mulheres, ela mesma uma violência soberana.

poder de matar mulheres que constitui o impulso feminicida do sistema da violência patriarcal.

É impossível explicar o funcionamento da sociedade patriarcal na qual os jogos de poder são sempre violentos em níveis que vão do mais sutil ao mais extremo no que concerne às mulheres sem que se leve em conta o poder soberano como poder que se articula a partir de certo direito natural masculino ligado ao que podemos chamar de "fundamento místico da autoridade masculina", de "fundamento místico do machismo", adaptando a noção de um "fundamento místico da autoridade".* O que precisamos compreender é a ação do ser definido como homem em relação a um ser chamado "mulher" em função de sua posição de homem, ela mesma uma posição de privilégio contra a posição do ser mulher, o ser criado para a sujeição ao homem.

A essa posição hierarquicamente criadora e mantenedora do poder masculino podemos definir como poder soberano. O poder soberano é quem produz o sistema sexo-gênero, assim como ele produz a ideia de uma diferença sexual** e as instituições erigidas à imagem e semelhança do homem. A ideia de uma diferença entre os sexos está intimamente ligada à produção da ideologia patriarcal, ela mesma baseada em uma racionalidade hierarquizadora que coloca o homem na posição privilegiada e a mulher na posição subalternizada em um jogo binário reducionista sobre os corpos. O falso universalismo moderno pelo qual se

---

* Ver DERRIDA, Jacques. *Força de lei*: o "fundamento místico da autoridade". São Paulo: Martins Fontes, 2007. p. 25. Adapto aqui a análise de Derrida sobre Montaigne e Pascal para falar do caráter patriarcal do poder soberano.

** FRAISSE, Geneviève. *Les deux gouvernements*: la famille et la Cité. Gallimard, Folio/Essais, 2000. Segundo a historiadora: "Dada a curta história da república e a longa história da realeza, a construção do vínculo sexual, entre o civil e o político, o econômico e o social, o erótico e o legal, obedece a um modo de pensar, a uma lógica, se não a uma vontade deliberada. Tudo foi feito para obscurecer essa lógica: nenhum texto fundador sobre o vínculo sexual em tempos democráticos, mudanças sutis entre direito civil e cidadania, a aparente separação óbvia entre vida privada e pública. Somente a genealogia desse período histórico nos dará a estrutura do que precisamos pensar hoje, a relação entre a família e a cidade, a articulação entre os dois governos, o governo doméstico e o governo político. Se sentimos que a reconstrução genealógica da relação entre os sexos é necessária, é porque ela responde à ausência de textos fundamentais e à aparente evasão de questões políticas. Não é fácil ler a dinâmica construtiva da igualdade entre os sexos" (p. 9).

subsome a categoria mulher na categoria homem é parte disso. A diferença sexual, por sua vez, é, na verdade, uma clivagem conceitualmente produzida entre os sexos baseada na ideia de natureza que, da Antiguidade greco-latina ao humanismo e ao Iluminismo, serviu para colocar as mulheres em posições ontologicamente subalternas, evitando sua participação concreta no ideal de "humanidade".[16] A clivagem sempre teve a função de estabelecer uma "regula" pela qual os homens são Senhores (*Kyrios/Herrschaft/Master*) imperando sobre seres "dominados" (*domination* vem de *domus*, a casa em latim, onde manda o "*dominor*", mestre, ou o "*dominus*" enquanto "*maître de maison*", proprietário de uma casa) em seus próprios lares, evitando a todo custo que os seres subjugados se tornem "Sujeitos",[17] ou seja, senhores de si mesmos, que uma mulher, na verdade, se torne senhora de si.

Neste livro a categoria homem é utilizada para se referir ao gênero potencialmente matador moldado na matriz de subjetivação cultural patriarcal, ou seja, o gênero cuja matriz de subjetivação inclui a violência como apanágio e a possibilidade de matar como traço constitutivo. Por mais que a maioria dos homens não seja um assassino direto, cabe saber que é um feminicida em potencial desde que é corpo sujeito de um sistema matador sem contraparte, pois, quando é morto, o é pelos seus pares. Seu gênero não está implicado na matança, pois apenas o gênero mulher e os gêneros associados a ela estão submetidos à matabilidade do sistema que não se aplica aos corpos codificados como pertencentes. As mulheres são marcadamente excluídas.

* * *

"Homem" é um termo ainda usado em muitos casos para expressar universalmente o ser humano ou a espécie humana. Trata-se de um universal no qual a falsidade está embutida. "Homem" é utilizado para falar do particular e do geral e se confunde com um dos corpos envolvidos na equação de gênero excluindo outros. Embora falar generalizando seja habitual e constitutivo da ordem gramatical, o universal sempre apaga o particular se os particulares não se encaixam na petição de igualdade do sistema. É o que desde Aristóteles se chama "princípio de identidade". O termo "Homem" como universal não apenas subsome a mulher – se pensarmos em termos da lógica binária da heterossexualidade. Ele a apaga, mantendo-a enquanto excluída. A mulher desaparece no Homem enquanto nele vive, como na vida real. Ela se apaga politicamente e socialmente, economicamente, epistemologicamente, mas, como coisa útil, ela se torna apêndice ou prótese do Homem. De outra forma, ela é exceção, no sentido do que é incluído enquanto excluído ou excluído enquanto incluído na norma. Incluir a "mulher" no sistema patriarcal com a amenidade chamada "espécie humana", "ser humano", "humanidade" implica o risco de errar historicamente na tentativa de corrigir um erro. Precisamos analisar um paradoxo. O termo "Homem", expresso como universal, é o único adequado para expressar a falácia da Humanidade pela qual se tenta produzir um ideal através do apagamento das diferenças e, ao mesmo tempo, por meio de sua captura. Trata-se de um acoplamento impossível dentro de um atrelamento do Outro no Mesmo. O paradoxo do Homem implica que é preciso usar esse termo para designar o patriarcado com o qual a mulher ou "as mulheres" não têm mais do que uma *ir-relação*. As mulheres têm com o Homem Universal uma relação não relacionada, uma relação interrompida, do mesmo modo que, na qualidade de apêndices ou próteses, têm uma relação com o Homem particular. Estão ligadas ao sistema como quem não faz parte dele fazendo parte dele ou como quem *faz parte não fazendo parte*. A emancipação para esses corpos tem sempre algo de utópico em função dessa participação tensa com o universal. Trata-se de corpos submetidos sob a produção de "universalidade" (seja em "humanidade", mas também em "globalização"). Ela serve ao sistema patriarcal em seu impulso colonial de ocupar todos os espaços do planeta e de se reproduzir em todos os corpos. A expressão "Homem" que toma o lugar do universal que pretende abarcar todos os seres é a apresentação da completa intencionalidade do sistema. Françoise d'Eaubonne apontou para o "lapinismo falocrático" do sistema masculino. A reprodução é uma coisa de homens[18] que visa colocar o falo, literalmente, em todos os lugares do planeta, física, territorial, epistemológica e ideologicamente. O falo é linguagem, o falo é poder onipresente e onipotente.

Certamente, hoje, quando se usa linguagem inclusiva (homens e mulheres, senhoras e senhores, todos e todas, bem como o "todes" em português), busca-se superar na língua uma exclusão social e política. Na suprassunção da mulher no "Homem" como universal mora uma verdade histórica, a saber, que as mulheres raramente colaboraram para a distopia que experimentamos hoje na forma de sistema econômico e simbólico. O patriarcado é a própria catástrofe naturalizada que depende da adesão involuntária de corpos que se tornam algozes e vítimas a partir de marcadores que fazem de uns sujeitos e de outros objetos. A violência é a regra, ela não é um dado puro, uma abstração; ao contrário, ela é, sempre, violência de gênero, tendo em vista que gênero é um operador tanato ou necropolítico.

A violência é parte essencial do jogo de intersubjetivação entre homens e mulheres. Ora, a posição soberana é assumida no corpo do homem, tanto no indivíduo homem como na forma social ou "valor-homem" – e performatizada por certas mulheres em autocontradição performativa. A posição soberana vem nortear todas as formas de dominação, de controle e disciplina sobre corpos matáveis no contexto do sistema patriarcal. A decisão sobre a morte de uma mulher implica o princípio da soberania masculina no contexto amplo da violência contra corpos não-homens, a começar pelo corpo-mulher, seja mulher cis, seja mulher trans. É a soberania que instaura a hierarquização social *pari passu* à ameaçabilidade estrutural. Essa hierarquização é também corporal. Ela pressupõe o corpo do homem como superior, basicamente sustentando clichês como força física e mental que vêm a constituir um padrão de virilidade e outros elementos que servem como prova da masculinidade construídos em contextos históricos[19] sempre no âmbito da instauração, da manutenção e da partilha do poder entre homens.

O patriarcado é um regime de violência que depende da produção de narrativas em palavras e imagens relacionadas a gênero e sexualidade. Os estudos feministas ainda não encararam suficientemente sexo e gênero como construções, e sua dimensão política ainda não foi levada até as últimas consequências, senão em autoras como Monique Wittig,[20] ao confrontar o pensamento heterossexual e seu contrato com a novidade de um pensamento lésbico. Seria necessária uma "sexologia política" para desmontar o uso do sexo como arma contra o processo de naturalização do sexo.* A transformação do que é cultural em algo naturalizado – no sentido de produção de uma "segunda natureza" – faz parte do processo social e histórico. O ser humano em geral vive sem ter acesso à compreensão das formas de produção da vida, inclusive da vida simbólica. Ou seja, o ser humano vive sua vida ordinária sem atenção aos processos metateóricos de sua produção. Isso quer dizer que não pensamos no que estamos fazendo. O patriarcado é um regime de veridição, ou seja, de produção de sua própria verdade, de uma "fábula do gênero" (*gender fable*)[21] que deve parecer pura e de simples natureza.

Sexo e gênero são operadores do patriarcado, pilares de uma produção narrativa que visa estabelecer crenças que confirmem valores que devem incidir sobre a realidade. Assim como Walter Benjamin viu o capitalismo como uma religião, o patriarcado pode ser compreendido como uma religião de "culto ao macho" – uma "macholatria"** – do qual faz parte um estranho culto auxiliar, um culto necrófilo de mulheres mortas que se desenrola ao longo do tempo histórico no contexto de representações, seja na filosofia, na teologia, na literatura, na pintura e nas artes em geral. Não haveria patriarcado sem o domínio do campo da representação por parte da narrativa machista que precisa objetificar e fetichizar a mulher como mercadoria. Assim, noções como a de "mulher ideal" nada mais são do que a estetização da normatividade do sistema que apresenta uma versão edulcorada e aceitável,

---

* TIBURI, Marcia. Political sexology. *In:* BRANDALLERO, Sara; PARDUE, Derek; WINK, Georg (ed.). *Living (il)legalities in Brazil*: practices, narratives and institutions in a country on the edge. London: Routledge, 2020. O sexo sempre foi arma de combate – na forma de discursos, práticas, performances e até mesmo na produção de artefatos – utilizada pela extrema direita para conquistar o poder. O controle e o uso do sexo e dos papéis de gênero fazem parte de ditaduras e regimes de poder e guerra em todo o mundo. O sexo não é apenas uma ferramenta de poder, mas também o eixo de uma complexa tecnologia política composta por discursos e práticas que vão muito além do moralismo e visam desmantelar o trabalho dos estudos de gênero e, finalmente, atacar o cerne da democracia.

** Segundo Jane Caputi e Diana Russell, "Uma cultura feminicida é aquela em que o macho é cultuado" (CAPUTI, Jane; RUSSELL, Diane E. H. Femicide: sexist terrorism against women. *In*: RUSSELL, Diana E. H.; RADFORD, Jill (ed.). *Femicide*: the politics of woman killing. New York: Twayne Publishers, 1992. p. 21). Ver também TIBURI, Marcia. *O culto do macho*. Rio de Janeiro: Civilização Brasileira, [no prelo].

"estético-politicamente correta"* pela qual as vítimas são "agraciadas" com a armadilha que irá ceifá-las. A mulher ideal é plasticamente construída ao longo dos séculos por padrões como beleza, sensualidade, docilidade, maternidade, aceitando tais atributos como um colar que seria, na verdade, jugo e guilhotina.

Ora, *mulher* é corpo significado pela linguagem, a tal ponto que se pode defini-la em termos de design corporal e subjetivo. Gênero, no seu todo, sempre foi design. Enquanto design visual e, como tal, projeto que busca uma forma, potência em busca de atualização, a "forma mulher" se estabelece a partir da produção de parâmetros estéticos que sustentam fundamentos políticos, a mulher bela, recatada, dócil, frágil, calada agradou os homens sexual e politicamente. A imagem da mulher ideal alcançou seu ápice na história patriarcal, na representação da mulher morta. A Ninfa Morta é o capital patriarcal em sua forma espetacular mais especializada. O sistema de matança de mulheres que o patriarcado é precisa se apresentar em sua versão sublimada, como imago-política, o que se consegue por meio dos bens audiovisuais da indústria cultural machista, mas também das obras de arte mais respeitadas no âmbito daquilo que, um dia, foi chamado de "alta cultura". A tanato ou necropolítica torna-se imago-política ou até mesmo uma espectropolítica, relativamente à vida das imagens. Em termos simples, a estetização do machismo misógino assassino é necessária ao sistema. Na cultura patriarcal, as obras de arte – sejam literárias, pictóricas ou cinematográficas** – constituem o topo da sublimação do ódio misógino. Enquanto registros históricos de sentimentos presentes em épocas, as obras de arte dão testemunho da relação "amor-ódio"***

* Propus o conceito de esteticamente correto em *Ridículo político*: uma investigação sobre o risível, a manipulação da imagem e o esteticamente correto. Rio de Janeiro: Record, 2017.

** Alguns exemplos do cinema: *A dama do lago,* de Robert Montgomery (1947); *Fale com ela*, de Pedro Almodóvar (2002); *Foi apenas um sonho,* de Sam Mendes (2008); *Bellamy*, de Claude Chabrol (2009) e o coreano *Poetry*, de Lee Chang-dong (2010).

*** A expressão "amor-ódio" aparece na *Dialética do esclarecimento* e se encaixa perfeitamente no que estou dizendo: "O amor-ódio pelo corpo impregna toda a cultura moderna. O corpo se vê de novo escarnecido e repelido como algo inferior e escravizado, e, ao mesmo tempo, desejado como o proibido, reificado, alienado. É só a cultura que conhece o corpo como coisa que se pode possuir; foi só nela que ele se distinguiu do espírito, quinta-essência

na direção das mulheres, elas mesmas representantes do corpo temido e odiado na história das religiões.[22] Se pensarmos o patriarcado como uma religião de culto ao macho, no sentido do próprio capitalismo como religião, nela tudo converge para o "sacrifício", sendo a matança a sua forma secularizada. Nesse caso, a mulher não é cultuada, senão quando morta. Escamotear a matança usando o "belo" como desculpa é o objetivo da estetização no contexto de uma devoração predatória em que todos os corpos – e suas imagens – devem estar a serviço e se submeter ao sistema.

Assim é que a presença da imagem visual ou verbo-sonora da mulher morta se tornou usual em textos e obras de arte. Mais que um mero tropo, uma mulher morta se tornou fórmula de sucesso. Ela já estava em cena nas tragédias gregas,* mas reapareceu mais tarde numa formulação de Edgar Allan Poe, para quem "a morte de uma bela mulher

---

do poder e do comando, como objecto, coisa morta, 'corpus'. Com o auto-rebaixamento do homem ao corpus, a natureza se vinga do facto de que o homem a rebaixou a um objecto de dominação, de matéria bruta. A compulsão à crueldade e à destruição tem origem no recalcamento orgânico da proximidade ao corpo, de maneira análoga ao surgimento do nojo, que teve origem, de acordo com a intuição genial de Freud, quando, com a postura erecta e o afastamento da terra, o sentido do olfacto, que atraía o animal humano para a fêmea menstruada, tornou-se objecto de um recalcamento orgânico. Na civilização ocidental e provavelmente em toda civilização, o corpo é tabu, objecto de atracção e repulsão. Para os senhores da Grécia e do feudalismo, a relação com o corpo ainda era determinada pela habilidade e destreza pessoal como condição da dominação. O cuidado com o corpo (*Leib*) tinha, ingenuamente, uma finalidade social. O *kalos kagathos* só em parte era uma aparência, o ginásio servindo, por outra parte, para preservar o poder pessoal, pelo menos como *training* para uma postura dominadora" (ADORNO, Theodor; HORKHEIMER, Max. *Dialética do esclarecimento*. Tradução Guido Almeida. Rio de Janeiro: Jorge Zahar, 1984. p. 217).

* LORAUX, Nicole. *Maneiras trágicas de matar uma mulher*. Tradução Mário da Gama Kury. Rio de Janeiro: Jorge Zahar, 1988. Segundo a pensadora: "Faz bem matar as moças em pensamento, em narração" (p. 11); "Édipo terá de lançar-se contra a porta, Teseu esbravejará e suplicará que lhe abram os ferrolhos: só então poderão ver suas mulheres. Mortas. Os espectadores não veem o corpo de Jocasta, mas verão o de Fedra, da mesma forma que o de Eurídice, aparecer à sua vista ao mesmo tempo que à de Creonte – e o mensageiro sublinhará o jogo de cena: Pode-se vê-la, pois ela não está mais em seu retiro (*en mykhois*). Admirável jogo do visível e do oculto, em virtude do qual não se vê a morte de uma mulher, mas somente uma mulher morta. Então, como mais nenhum interdito pesasse sobre essa lúgubre contemplação, a ação dramática pode continuar, e mesmo, como no Hipólito, organizar-se daí em diante em torno do corpo da morta e de sua presença silenciosa: Fedra desapareceu, mas seu corpo está ali..." (p. 49).

é inquestionavelmente, o tema mais poético do mundo",*,** que pode soar mórbida aos ouvidos atuais, mas que se repete num *continuum* histórico sem questionamentos até o século XX, quando pesquisadoras mulheres começam a se ocupar do tema. Certamente, apagar o vínculo entre o estético e o político é essencial para a manutenção do patriarcado. Partindo do pressuposto de que todo regime de pensamento, também o regime de pensamento estético, tem uma política – no sentido da "partilha do sensível",[23] enquanto aquilo que dá forma à comunidade como uma determinada relação entre modos do "fazer", do "ser" e do "dizer", "entre a distribuição dos corpos de acordo com suas atribuições e finalidades e a circulação do sentido; entre a ordem do visível e a do dizível"[24] –, se trata de compreender o regime estético do patriarcado como um regime político.

A política sempre foi estética e a estética sempre foi política. A política estética do patriarcado não precisa apenas do macho decorativo que se impõe como imagem da soberania, mas também da exposição da vítima, ela mesma uma exposição estético-política partilhável e organizadora das relações de poder, dos papéis e das funções, inclusive a função de regulação do medo, fator fundamental na sustentação do sistema patriarcal. Os efeitos miméticos e catárticos com a representação das mulheres vivas são inegáveis sobre o imaginário coletivo e o individual dos homens. A representação do regime patriarcal – alinhado ao sistema sexo-gênero – organiza o mundo do homem universalizado do qual a mulher é uma prótese.

O mesmo se pode dizer da representação das mortas. Ou seja, se determinadas relações linguísticas – entre o visível e o dizível – organizam a comunidade, é preciso compreender a política presente na

* POE, Edgar Allan. The raven, and The philosophy of composition. *Project Gutenberg.* Disponível em: https://www.gutenberg.org/ebooks/55749. Acesso em: 10 maio 2025; POE, Edgar Allan. The philosophy of composition. *Graham's Magazine*, v. XXVIII, n. 4, p. 163-167, April 1846: "When it most closely allies itself to *Beauty:* the death, then, of a beautiful woman is, unquestionably, the most poetical topic in the world – and equally is it beyond doubt that the lips best suited for such topic are those of a bereaved lover".

** Com exceção dos casos discriminados nas notas, as traduções de obras estrangeiras são da autora. (N.E.)

fórmula estética necrófila e necropolítica da "mulher morta", sua presença e sua função no imaginário literário, filosófico e social ponderando sobre o nexo mimético entre a representação de mulheres mortas e a realidade na qual as mulheres são assassinadas em estatísticas estarrecedoras pelo mundo afora. Este livro busca compreender o papel das palavras, das narrações e dos textos na construção de um imaginário* de matança de mulheres presente na história escrita e na história não escrita do patriarcado.

Mulheres mortas tornaram-se figuras emblemáticas nas artes ao longo das eras. De fato, elas podem ser simbólicas, alegóricas, mas, sobretudo, elas são figuras fascinantes. Embora o fascínio como efeito estético possa valer por si e até mesmo ser o fato que sustenta a partilha do sensível patriarcal – um delírio partilhado entre homens –, é preciso levar em conta o elemento mimético implicado nessa partilha. O emblema da *bela mulher morta* é partilhado, vindo estruturar um circuito informacional cujo caráter hermenêutico precisa ser compreendido no esquematismo patriarcal. Tais imagens não apenas se instauram em um âmbito decorativo, com o qual se confunde o estético, mas também implementam o ontológico, ou seja, dizem o que é. Além disso, toda imagem participa de um âmbito ético, ou seja, toda imagem também diz o que "deve ser". Toda imagem mostra, sendo que no mostrar há uma visibilidade e uma dizibilidade que "traça, e significa, uma re-divisão entre as posições dos corpos, sejam eles quais forem, e o poder da palavra soberana, porque opera uma re-divisão entre a ordem do discurso e a das condições"[25] nas quais o discurso se faz. Nessa citação, Jacques Rancière fala da escrita, mas vale também para as imagens. Se a própria democracia é um "regime de escrita" concernente a textos, um regime de imagens também implica a partilha, em que pese o retorno ao místico e ao sagrado guardado no "mistério" que há em toda imagem e que a escrita vem abalar com sua potencialidade de linearização, ou seja, de

---

* LORAUX, Nicole. *Maneiras trágicas de matar uma mulher.* Tradução Mário da Gama Kury. Rio de Janeiro: Jorge Zahar, 1988. p. 11: "recorrer à ordem da linguagem para matar Fedra ou Dejanira talvez seja uma das dimensões constitutivas do trágico em sua definição grega. Ao menos não se deve subestimar o benefício imaginário muito real que essas mortes apenas ditas deviam trazer a um público de cidadãos".

explicação.[26] Assim como a escrita é muda, as imagens também o são, mas ambas são ao mesmo tempo "falantes demais". Ora, se a partilha do sensível implica "a partilha do *logos*, que supõe, ela própria uma ontologia",[27] o mesmo vale para as imagens, elas mesmas implicadas no *logos*, como vemos tão claramente nas encenações trágicas e teatrais de um modo geral. Ora, as obras de arte são objetos ou acontecimentos disruptivos, intervalares, lacunares que estão sempre em relação com a realidade, representando ou apresentando algo em relação a ela, afirmando-a ou negando-a, mas também informando algo a ela, e, sem dúvida, as obras de arte, ao participarem da construção do imaginário, acabam por influenciar a realidade.

A separação imagem-realidade se torna cada vez menos plausível na sociedade do espetáculo na qual a imagem se torna capital e mercadoria fungível. O que ainda se chama de patriarcado precisa levar isso em conta. O patriarcado – ou o neoliberalismo, com o qual ele se confunde hoje – calcula sobre a vida, mas também sobre a vida das imagens, ou seja, o campo das representações em geral. Assim, se pode dizer que o patriarcado interfere e molda todas as práticas estéticas. Um cálculo sobre a imagem, um imago-poder, um videopoder patriarcal, tendo em vista que a produção da imagem é, ela mesma, produção de mercadoria.

O patriarcado neoliberal é a expressão mais avançada e especializada do patriarcado do espetáculo, ou seja, o patriarcado biopolítico no qual se oculta o amálgama entre imagem e corpo. Na razão patriarcal, ela mesma um modo de pensar disseminado, aprende-se a aceitar as separações entre corpo e alma, espírito e matéria, ser e parecer, ontologia e imagem. Toda uma tradição se especializou em mistificar e apagar nexos para, depois, estabelecer ou administrar relações previamente apagadas conforme conveniências.

É com a noção de um "duplo corpo" da mulher – a carne e a efígie – que temos que nos deparar em tempos de biopolítica quando um ponto de coincidência entre a vida nua e a imagem da vida nua se faz indiscernível. Giorgio Agamben trabalhou com a implicação da vida nua na política, mas, desde que a política foi rebaixada à publicidade, ou seja, à forma do espetáculo, ele mesmo uma forma econômica, ou "esteticonômica", é preciso verificar essa nova implicação. O lugar decisivo da ação soberana, ou seja, do poder de matar, se dá entre a via nua e o espetáculo. Somos, portanto, obrigadas a articular a imagem da vida nua como capital e a imagem da mulher capturada na publicidade atual, como um dia ela foi capturada na pintura. A imagem da mulher é uma marca publicitária na qual a vida nua, a carne à qual a mulher é rebaixada, é vendida como se vende toda e qualquer carne no mercado. Carne que só pode ser vendida enquanto é carne morta. Toda carne é morta e toda mulher rebaixada a carne somente pode sê-lo quando morta. O patriarcado é sempre uma política sexual da carne.[28]

* * *

Ninfa Morta: uma história do ódio às mulheres resulta de uma pesquisa de mais de vinte anos. Entre 2009 e 2010 realizei um pós-doutorado em Artes com Claudia Valladão de Mattos na Universidade Estadual de Campinas (Unicamp) que me levou a escrever alguns trabalhos acadêmicos sobre Ofélia, Gradiva e Diadorim. Eu já havia feito uma análise sobre a questão biopolítica no conto de Branca de Neve que foi publicada na coletânea *Mulheres, filosofia ou coisas do gênero*[29] e que eu havia apresentado num congresso de filosofia do direito em 2003. O tema das mulheres mortas atravessou os trinta anos em que estive dedicada à vida acadêmica encerrada na Universidade Paris 8, na França, em 2023. Acreditei que era preciso retomar essa investigação e que talvez ela possa ser uma contribuição tanto aos Estudos de Gênero, à filosofia feminista, quanto à luta feminista que não teme descer aos arquivos infernais do patriarcado.

Nessa pesquisa uma imagem denominada "Ninfa" por alusão à imagem de jovens mulheres que apareciam em relevos e afrescos gregos e romanos, bem como em pinturas e esculturas renascentistas, chamou minha atenção. Tais imagens foram historiografadas por Aby Warburg em um trabalho construído entre 1921 e 1929 que recebeu o nome de *Atlas Mnemosyne*.[30] Warburg trabalhou com a ideia de que as imagens sobrevivem no tempo, irrompendo de tempos em tempos devido a impulsos afetivos. Seguindo a intuição de Warburg, percebi que, além da sequência de Ninfas vivas andantes com seus vestidos esvoaçantes catalogadas nas pranchas 73 e 77 do Atlas, havia uma sequência de imagens de mulheres que se repetia na história iconográfica, contudo tais mulheres não caminhavam, nem carregavam alimentos e bebidas em seus braços como as Ninfas de Warburg. Elas estavam mortas. Se as "Ninfas" são caracterizadas por seu movimento, a essa sequência de mulheres mortas na história das imagens poderíamos chamar de "antininfas". São as Ninfas cujo movimento foi interrompido e que irrompem como imagens ou como "fórmulas" do ódio patriarcal atravessando as formas artísticas.

A morte das mulheres é o fundamento do que chamo de "esteticonomia-política" patrirracialcapacitalista que encontra sua forma teórica e simbólica no mundo das imagens, na literatura e nas artes. A esteticonomia implica um cálculo sobre o aparecer num contexto de valores. O termo "fundamento" assume neste livro uma conotação genérica, de estofo, base ou episteme, pretendendo fugir ao peso da metafísica, ela mesma uma forma de teorizar masculinista pela qual se apaga o corpo, a natureza e a materialidade, atributos sempre relacionados às mulheres na produção teórica. Pretendo, assim, estabelecer os parâmetros de uma filosofia política crítica, embora certo diálogo com os termos ontológicos nos quais a filosofia política tradicional se estabeleceu seja necessário. Certamente, a intenção deste livro é superá-los dialeticamente. Para isso, é preciso ter em vista que uma crítica determinada do patriarcado é feita por meio de seus próprios termos para não correr o risco de se tornar abstrata, mas, ao mesmo tempo, deve tomar cuidado com suas balizas morais, sob pena de reproduzir a estupidez e a maldade do regime, já que, ao falar de patriarcado, estamos falando de uma rede de ardis, emboscadas, armadilhas, rasteiras e todo tipo de artimanhas para garantir que privilegiados – que poderíamos com tranquilidade definir como "predadores" no sentido de "lobo" tal como encontramos na literatura antiga e moderna – sejam alimentados e tenham todos os seus desejos, vontades e, até mesmo, perversões satisfeitos.

Neste livro, procedo a uma reflexão sobre o patriarcado como sistema capital no qual se calcula sobre a utilidade e a inutilidade dos corpos femininos até o cômputo final de uma sentença de morte. Busco compreender a presença na história da arte e da literatura de algumas dessas figuras portadoras do que Warburg chamou de "fórmula de páthos" (*Pathosformel*). Se o páthos em Warburg se refere a um afeto que irrompe na forma de uma imagem, o ódio é o páthos patriarcal propriamente dito.

Se a história das mulheres é uma história de esquecimento, ele mesmo é uma categoria que não pode ser deixada de lado no processo da análise do patriarcado. Porém, a expressão "esquecimento" carrega algo de espontâneo, como se fosse um processo natural. Mais correto é falar em apagamento, mutilação existencial e até mesmo em aniquilamento quando se trata de pensar na história das mulheres. Mostrar as transformações da imagem, dos papéis, das lutas dos seres heterodenominados mulheres,* como teria sido possível para esses seres atravessarem e viverem suas vidas no contexto da história dos homens, é uma tarefa que vem sendo levada a termo por pesquisadores em muitos países, contudo uma investigação capaz de propor uma leitura reflexiva relacionada à construção desses corpos projetados para o serviço e o descarte pode levar a consequências teóricas desagradáveis. Ou seja, uma leitura livre de moralismos patriarcais, autônoma e eticamente responsável, se torna necessária contra a misoginia fundacional de um sistema de rígida vigilância moral. Tal leitura implica a possibilidade de ser mal recebida por conservadores que fazem cortina de fumaça para que o projeto de matança que o patriarcado é possa se encaminhar no ritmo de sua necessidade tanatopolítica de aniquilação dos corpos cuja descartabilidade está desde sempre programada. É nesse contexto que o conceito "mulher" no singular e de "mulheres" no plural precisa ser analisado em sua relação com o conceito de misoginia.[31]

Para além do prólogo, que busca colocar o problema de maneira sensível a partir da curiosa aquarela de Max Pirner, dividi o livro em duas partes. Na primeira, abordo os fundamentos ontológicos, políticos e "esteticonômicos" da cultura do feminicídio, ou, em palavras mais diretas, busco dar forma a uma filosofia política do feminicídio no que chamei de "Máquina Feminicida". Na segunda parte, apresento

---

* Sobre a questão da heterodeterminação, ver AMORÓS, Celia. *Hacia una crítica de la razón patriarcal.* 2. ed. Barcelona: Anthropos, 1991.

Modelos, ou seja, analiso personagens que, à sua maneira, representam, de modo paradigmático, elementos do circuito feminicida da sociedade patriarcal.

Com esta longa introdução, espero que a tese que emoldura o todo do livro não assuste quem repousa na rede da naturalização patriarcal: a misoginia em sua mais íntima definição, como discursividade e textualidade, como literatura, como atitude verbal e como produção imaginária em geral, implica a teoria e a prática de uma ameaça, a saber, a ameaça de morte, que é determinante na vida das mulheres, seres que, por sua vez, são produzidos pelo patriarcado na base do ódio originário que constitui a quintessência do sistema.

Reivindicar direitos num cenário antidireitos em que as mulheres continuam sendo tratadas como inimigas é um caminho infinito e cheio de armadilhas, caminho pelo qual se chegará a lugar nenhum enquanto a lógica do sistema se mantiver intacta. A luta feminista perturba a cena patriarcal; ela precisa avançar como luta por hegemonia, algo que não acontecerá sem uma disputa de ideias, sem uma contestação epistemológica que venha amparar lutas políticas concretas que de modo algum se apartam de teorias com as quais se entrelaçam. É evidentemente necessário compreender a lógica do sistema e a epistemologia com ele comprometida, mesmo que inconscientemente, se quisermos interromper seu funcionamento.

A esperança que move a exposição a seguir visa à superação da injustiça e da matança na prática. O pensamento reflexivo precisa ser capaz de ir além do medo que sustenta todo acordo com o sistema.

PARTE I
MÁQUINA FEMINICIDA

O patriarcado é uma máquina feminicida. Analógica e digital, seu motor converte formas de energia simbólica, psíquica e física em energia mecânica de matança. Como uma turbina que funciona por pressão atmosférica, a matança não é um evento aleatório ou pontual, ela é uma constante. Condições de possibilidade ambientais permanecem estáveis sob a violência e a morte prometidas. A ameaçabilidade garante o equilíbrio do sistema. Diante de qualquer desequilíbrio ou necessidade, parte-se para a matança dos corpos insurgentes. A única chance das vítimas em potencial para escapar do assassinato potencial é se manterem submissas adequadas a seus papéis previamente estipulados. A submissão é o destino. O ato contínuo de atacar, violentar e matar seres definidos como mulheres de diversas maneiras e por diversos caminhos. O feminicídio é o potencial mais profundo do sistema misógino, sempre pronto a ser ativado contra a totalidade dos corpos visados nos quais suas leis secretas são inscritas. As mortes se repetem num *continuum* espaçotemporal no qual as mulheres vivas podem ser consideradas sobreviventes. Seu acontecimento se aplica a uma política geral de matança contra seres não-homens em geral. A destruição do que é marcado como "negativo" é a lei interna de seu funcionamento, baseado na supremacia da identidade contra o não-idêntico. A lei patriarcal "Matarás teu dessemelhante", baseada no princípio de identidade, deve permanecer oculta, assim como a equação mística que separa corpo matável e corpo matador por meio da operação de generificação dos corpos. A ginecropolítica incide sobre o gênero. O sistema patriarcal é, ele mesmo, um regime político e estético, ideológico e teológico, é econômico e judicial, julgando e decidindo sobre mulheres e corpos não-homens. A ameaçabilidade flutuante produz uma atmosfera de mal-estar social, institucional e subjetivo. A impulsão de morte confunde-se com a pragmática da morte, na qual o adiamento da morte tem a função subjetivadora da tortura. O jogo de psicopoder terrorista visa docilizar corpos femininos pela internalização das regras patriarcais. A programação da morte de mulheres depende de matadores. Antes da força de um homem individual capaz de matar, a misoginia prepara o abate de um ser previamente marcado, subjetivado e essencializado. A ação do matador é soberana e definitiva. Nessa ação letal reside o projeto da supremacia masculina, baseada na distinção do outro por meio de sua humilhação. O patriarcado é o cerne de todos os terrorismos, do Capitalismo ao Talibã. A autorização sobre o corpo matável, pré-significado para a matança elevada a ontologia, é a operação que devemos compreender para além da psicologia individual ou social dos assassinos.

MISONTONIGIA: ONTOLOGIA E GOVERNO DO SER MATÁVEL

A associação entre o significante ódio e o significante mulher remonta aos primórdios da cultura patriarcal, confundindo-se com ela. Na palavra "misoginia", juntam-se as palavras gregas μίσος, para expressar o afeto de repulsa e aversão, e γυνή, significando mulher. O ódio é histórico e presente, ele irrompe de diversas formas sempre violentas em contextos diversos numa escala que vai do mais sutil ao mais extremo, implicando um impulso fundador e refundador da cultura patriarcal. Esse impulso é a própria pulsão de morte, que é, por sua vez, o movimento inerente às faculdades da razão e da sensibilidade, caracterizada pela brutalidade e pela frieza masculinas que compõem o que se pode definir como esquematismo patriarcal, pelo qual uma determinada ideia de mulher é conectada à multiplicidade dos corpos particulares inseridos em um contexto de experiência. Marca-se um corpo, o corpo do outro, com uma ideia prévia, que tem o teor de uma etiqueta ou clichê. O sexo nada mais é do que uma "marca de gênero"[1] sem a qual não existe gênero. Sua função não é outra que a de marcar. O outro não é mais nem menos do que aquele que, à mercê, é marcado e, nesse ato, é destituído de sua dignidade potencial, transformado em alteridade negativa e apagado do processo de reconhecimento, à medida que é tornado um objeto. Marcar é, nesse sentido, o primeiro movimento do ódio, sendo o ódio, ele mesmo, um círculo de "afetos tristes" como a inveja e a tristeza, conforme a definição de Spinoza,[2] que se fecha na morte. Afeto agressivo que acompanha o impulso e o elogio da morte, o ódio* sempre esteve presente ao longo da história dos homens, a história do patriarcado como um todo, evoluindo através dos tempos.

"Misoginia" é uma palavra cada vez mais presente no discurso popular de nossa época. Fala-se a partir da misoginia, ela mesma uma "ginofobia", bem como do "racismo sexual"[3] a ela associado e presente em múltiplas sociedades, quiçá todas, e, mesmo que se fale também contra a misoginia, seu conteúdo e sua maneira de funcionar implicam a fisiologia do sistema como um todo. Por isso, até mesmo a crítica consciente à misoginia pode cair em contradição e se tornar misógina, considerando que o ódio às mulheres é a fisiologia do sistema patriarcal. A metabólica misoginia do todo no qual se exercita a linguagem do sistema não deixa as melhores intenções de fora. Não se pode afirmar que a misoginia esteja na origem das línguas, mas certamente se associa

* Embora eu não vise a uma abordagem psicanalítica, ainda que certos conceitos de viés psicanalítico possam compor minhas reflexões, deixo uma pista quanto ao tema do ódio que abrevia meu caminho neste livro: "Alain Badiou (1988/1996) encontra na matemática, em particular na teoria dos conjuntos de Cantor, as bases dessa ontologia do ser concebido nem tanto como uma retirada de sua presença (Heidegger), mas antes como subtração da presentação que ela condiciona. Ele escreve: 'o vazio é o nome do ser' (Badiou, 1988/1996: 53); toma o vazio como o inapresentável de toda presentação. É esse o ponto visado pelo ódio. É exatamente por essa razão que se torna tão difícil falar dele e encontrá-lo em estado puro no curso das análises onde ele aparece sempre misturado ao erotismo e ao amor. O ódio é realista, seu objeto é o real, ele recusa o aparelho de linguagem onde o sujeito ora se encontra, ora se perde, nos desfiladeiros da palavra. Por outro lado, podemos constatar que a própria definição da palavra 'ódio', estranhamente, ou está ausente, ou sem destaque e pouco desenvolvida nos verbetes dos dicionários onde habitualmente procuramos nossas referências. Este conceito de ódio está ausente no *Vocabulário de psicanálise* de Laplanche e Pontalis (1968). Ele faz menção ao ódio somente quando se refere à ambivalência, isto é, quando está ligado ao amor. Também não se encontra a definição desse conceito no *Dicionário de filosofia* de Lalande. Quanto ao *Dicionário histórico da língua francesa* de Alain Rey, um tesouro da etimologia da língua francesa (1992), é espantoso como é pobre e avaro quanto à etimologia dessa palavra; indica em apenas algumas linhas que 'a palavra *haine* (ódio) provém do verbo *hair* (odiar)', oriundo do antigo francês a partir do alemão antigo (*hoch Deutsch*). Portanto, muito pouco nos dicionários para falar daquilo que move o mundo, ou seja, a paixão do sujeito que, como quer Lacan, visa a destruição de seu objeto". GORI, Roland. O realismo do ódio. *Psicol. clin.*, Rio de Janeiro, v. 18, n. 2, p. 125-142, 2006. Disponível em: http://pepsic.bvsalud.org/scielo.php?script=sci_arttext&pid=S0103-56652006000200010&lng=pt&nrm=iso. Acesso em: 17 jan. 2025.

ao seu exercício material na história. A força da linguagem misógina é estrutural e impulsional, tanto que ela precisa ser controlada. Quando se alega que alguma entidade feminina paira sobre um corpo qualquer, quando se discursa sobre o "sagrado" desse corpo, ou seja, quando se pressupõe uma essência* da mulher, no momento em que se apela à "mulher" como uma forma estética – ou um estereótipo –, ou seja, quando se espera que a forma estética seja acompanhada de uma ética, isto é, no instante em que se impõe um *dever-ser* a um corpo marcado como mulher, quando mulher vem a ser a imagem impressa no corpo de um indivíduo a ser aceita por tal indivíduo no contexto de uma obrigação compulsória, quando há marcação de gênero, a misoginia está sempre presente. Não há gênero sem ódio, sem a ação de odiar do ser matador ou de ser odiado do ser matável. O ato de marcar com o gênero ou o sexo é misógino porque só se marca a mulher com o sexo; o homem não é marcado, senão quando a homossexualidade que o aproxima do feminino entra em jogo. É nesse sentido que gênero é uma dívida compulsória e, sendo dívida, é imposto na esteticonomia política do patriarcado. Ora, quem não paga o imposto é punido. Enquanto se perde de vista a condição de "marca", de emblema, com que um corpo é sinalizado a partir de características específicas dentro do sistema codificado, onde funcionam as marcações do patriarcado, a misoginia segue sendo fomentada e estimulada.

---

* "Além das ficções fundacionalistas que sustentam a noção de sujeito, há, porém, o problema político que o feminismo encontra na suposição de que o termo *mulheres* denota uma identidade comum. Em vez de ser um significante estável que comanda o consentimento daqueles que pretende descrever e representar, *mulheres,* mesmo no plural, tornou-se um termo problemático, um local de contestação, uma causa de ansiedade. Como sugere o título de Denise Riley, *Am I That Name?* é uma pergunta produzida pela própria possibilidade dos múltiplos significados do nome. Se alguém 'é' uma mulher, certamente isso não é tudo o que se é; o termo não é exaustivo, não porque uma 'pessoa' pré-gendrada transcenda a parafernália específica de seu gênero, mas porque o gênero nem sempre é constituído de forma coerente ou consistente em diferentes contextos históricos e porque o gênero interage com modalidades raciais, de classe, étnicas, sexuais e regionais de identidades constituídas discursivamente. Como resultado, torna-se impossível separar o 'gênero' das interseções políticas e culturais nas quais ele é invariavelmente produzido e mantido." BUTLER, Judith. *Gender trouble*: feminism and the subversion of identity. New York: Routledge, 1990. p. 6.

Se marca um corpo com o "selo" mulher, sendo mulher o sexo, antes de marcá-lo como "humano",* ela mesma a insígnia reservada aos homens e que, com muito custo, veio a ser aplicada às mulheres, embora os direitos femininos, ou melhor, dos corpos-mulheres, ainda não sejam unanimemente tratados como "humanos". Ao mesmo tempo, a obrigação de parecer mulher, de realizar ou efetivar em um corpo heterodenominado mulher a ideia de mulher, ou seja, de realizar em um corpo particular a ideia de algo como a "mulher essencial", é exigência do sistema sobre os corpos que ele marca com o objetivo de utilizá-los para seus fins. Esse *dever-ser* constitui a *heteronormatividade*. Discernir a ideia de "mulher" ou de "mulheres", corpos que foram heterodenominados a partir de uma ideia essencial forjada, de uma cesura violenta, instauradora e mantenedora da violência, torna-se uma anatomia necessária.

Misoginia é governo dos homens sobre o corpo e a vida das mulheres. Como prática linguística, a misoginia se constitui em discurso de ódio dos homens, sendo "mulher" a metáfora geral que desencadeia os gestos, movimentos e ações pelos quais se pode conhecer o ódio. Para além do discurso, mas ainda na vida da linguagem sem a qual não há sociedade, a misoginia é a prática, a atividade ou o exercício concreto do ódio sobre os corpos marcados. Concomitante e consubstancial ao todo dos processos discursivos e práticos, a misoginia modula as atividades da vida como um todo, sendo criadora e recriadora de subjetividades que sustentam a concretude fundada em relações humanas situadas em contextos históricos, sociais, geopolíticos. Tais contextos são antimulheres, e a presença dos corpos-mulheres é tratada por parte dos sujeitos homossociais como uma necessidade ou uma concessão. Misoginia é um círculo de afetividade odienta naturalizada que impulsiona a violência dos homens, servindo para aniquilar mulheres e, ao mesmo tempo, promover a instauração da comunidade homossocial na qual a mulher é presa, no duplo sentido dessa acepção.

A misoginia é patriarcal, e, como o sistema com o qual se confunde, ela é expansionista e colonizadora. Ela se estende sobre a vida como um

* Sobre a ideia de uma maquina antropológica, ver o livro *O aberto,* de Giorgio Agamben. Rio de Janeiro: Civilização Brasileira, 2013.

todo, a vida física, a vida sensível, a vida da linguagem. Seja humana, seja de outras espécies, a misoginia limita a vida, ela age sobre corpos, sobre espaços, sejam biomas, florestas, mares, sejam cidades ou lares. A misoginia se entrelaça ao poder patriarcal em seu desejo por territórios de múltiplos povos reduzidos a capital e visa a uma escala planetária na qual o planeta enquanto tal é reduzido a capital.* A misoginia é totalizante e deixa evidente o caráter igualmente totalizante do patriarcado – produtor de corpos como mercadoria –, que não deixa espaço vazio a ser ocupado por algo que seja "Outro" em relação ao sistema do ódio. O "Outro" enquanto figuração da alteridade é o que deve ser negado, sendo a mulher a metáfora paradigmática dessa negação em função da ideia da "diferença sexual". A categoria do "Outro" implica uma produção, da qual a mulher é modelo. A essa figura do "Outro" é negada a condição de sujeito. Sujeito, por sua vez, é uma invenção epistemológico-política que sustenta o patriarcado como sistema de poder e privilégio dos homens, por isso a condição de "sujeito", seja do conhecimento, seja do poder, seja o sujeito de direitos, sempre foi negada à mulher e reservada aos homens; foi negada mesmo a certos homens em contextos institucionais, por exemplo, a igreja sempre tratou o sujeito como o demônio a ser exorcizado.[4] O Sujeito é criação do falocentrismo, que novamente se confunde com a misoginia de maneira geometricamente projetiva, expressando o patriarcado em sua totalidade como processo de produção da linguagem que é, ao mesmo tempo, produção de violência contra mulheres e seres marcados com o estigma do feminino.

A misoginia é ainda o conjunto dos meios de produção do patriarcado, sendo ela mesma um modo de produção simbólica e concreta. Se poderia dizer que a misoginia é um dispositivo, em função de sua natureza essencialmente estratégica, contudo faz mais sentido defini-la como o liame que entrelaça o conjunto dos dispositivos, dentre os quais Deus, o Capital, o Sexo são elementos essenciais sem os quais a manutenção do lugar da forma social dominante "Homem" é impossível. Em um dispositivo, segundo palavras de Michel Foucault, estão em jogo

* O próprio planeta torna-se a "mercadoria-mundo". Trabalho esse tema em *Mundo em disputa:* design de mundo e distopia naturalizada. Rio de Janeiro: Record, 2024.

relações de força, intervenções racionais e combinadas dessas relações, seja para orientá-las em certa direção, seja para bloqueá-las ou para fixá-las e utilizá-las.* O dispositivo é uma espécie de mecanismo de manipulação cuja mão é invisível. Seu funcionamento é difuso e difícil de neutralizar. A misoginia não é simplesmente um dispositivo que substitui outros, que está ao lado de outros, mas o conjunto geral dos dispositivos de poder, todos eles essencialmente misóginos em si mesmos.

Dispositivos dependem de ativações cujo moto se perdeu num jogo geometricamente projetivo e variável. Deus, Capital, Sexo, Raça, Classe funcionam como um ninho de víboras mecânicas entrelaçadas em circunvoluções, como as figuras de H. R. Giger em que os monstros são tecnológicos e orgânicos ao mesmo tempo. A misoginia está sempre estruturalmente ativada – na ontologia geral da sociedade existente – e, ao mesmo tempo, é intensificada na superfície por meio de atos concretos de agentes vivos, o que faz saber que a misoginia corresponde muito mais ao todo dos processos que a um elemento isolado. Na verdade, a misoginia costura as partes do patriarcado, dando-lhe uma coesão única. A universalidade é misógina. Por isso, se pode dizer que o sistema não é casualmente ou acidentalmente misógino, mas a misoginia define o ser e o devir do sistema. A ontologia é misógina. Nesse caso, o sistema é radical e, substancialmente, uma "misontoginia", termo que ajuda a expressar o enraizamento do ódio na ontologia patriarcal.

Isso quer dizer que o sistema patriarcal precisa produzir a mulher – o "Outro" –, e essa produção implica uma violência originária e substancial que se repete processualmente. A forma aparentemente acidental da violência é apenas sua forma de aparecer, pois ela é necessária ao funcionamento do sistema. "Primeiro" tem o sentido de originário, de algo que se repete ontologicamente no tempo, para além de uma suposição histórica ficcional. A misoginia não é apenas o ataque a uma mulher, às mulheres como conjunto ou grupo, mas a máquina que produz o corpo-mulher atacando esse corpo, para, na sequência,

* Esse termo passou a ser bastante debatido e utilizado desde FOUCAULT, Michel. *Dits et écrits*. Paris: Gallimard, 1976-1979. v. III. p. 299-300. Ver também AGAMBEN, Giorgio. *O que é um dispositivo?* Chapecó: Argos, 2014.

reproduzir o ataque. Isso quer dizer que a máquina da misontoginia se tornará máquina feminicida. Esse ataque é sistemicamente necessário, como é necessário destruir um Golem que passasse a atrapalhar o funcionamento da sociedade para a qual foi criado.* A comparação com a figura do Golem permite entender a criação de um corpo que se aciona por um nome e que pode ser destruído pela manipulação desse nome. Assim, a marca da "mulher" serve para definir e para destruir através da palavra. Como o Golem, o significante "mulher" não foi criado por um sujeito que primeiramente se autorreconhecesse como mulher, assim como o significante "negro" não foi criado pelas pessoas heterodenominadas negras,** mas a serviço do sistema da identidade masculina branca, dona dos meios de produção, considerando que a mulher sempre foi meio de produção e reprodução, em certo sentido "*res*", do mesmo modo como eram considerados os animais e, muitas vezes, menos do que eles. "Mulher", assim como "negro" – bem como "deficiente", "judeu", "muçulmano", "bicha", "viado" e muitos outros marcadores, usados como insulto contra corpos não-homens –, carregam o nexo marcação-destruição que pode definir bem o que significa

* Na lenda do Golem, esse ser traz na testa a palavra תמֱא (*emêt*), que significa verdade. Quando o rabino que o criou retira a primeira letra, a palavra תמֱא (*emêt*) se torna מֱא, *mêt*, ou seja, "morto". Ver o filme de Paul Wegener de 1920 intitulado *O Golem*: como veio ao mundo (*Der Golem, wie er in die Welt kam*). Se consideramos que se usa o termo "*golem*" para "imbecil" e "estúpido" no hebraico moderno, a associação com a ideia de uma "imbecillitas mentis" própria das mulheres na tradição do discurso misógino adquire ainda mais sentido.

** Ver MBEMBE, Achille. *Necropolítica:* biopoder, soberania, estado de exceção, política da morte. São Paulo: N-1 Edições, 2018. *E-book*: "Em especial do termo negro, emanou por muito tempo uma energia extraordinária, ora como veículo de instintos inferiores e de potências caóticas, ora como signo radiante da possibilidade de redenção do mundo e da vida num dia de transfiguração. Além de designar uma realidade heteróclita e múltipla, fragmentada – fragmentos de fragmentos sempre novos –, esse termo assinalava uma série de experiências históricas dilacerantes, a realidade de uma vida vacante; a ameaça assombrosa, para milhões de pessoas apanhadas nas redes da dominação racial, de verem seus corpos e pensamentos operados a partir de fora e de se verem transformadas em espectadores de algo que, ao mesmo tempo, era e não era a sua própria existência. E não é tudo. Produto de um maquinário social e técnico indissociável do capitalismo, de sua emergência e globalização, esse termo foi inventado para significar exclusão, embrutecimento e degradação, ou seja, um limite sempre conjurado e abominado". Ver também GUILLAUMIN, Colete. Enquanto tivermos mulheres para nos darem filhos, a respeito da raça e do sexo. *Estudos Feministas,* ano 2, p. 228-233, 2. sem. 1994.

"ódio". O "Outro" como criação implica sua destruição potencial como em uma posse, caso não contemple o fim a que se destina.

Misógina é a máquina de produção patriarcal que marca mulheres com o sexo, separando-as dos corpos-homens através de uma distinção produzida e, por definição, misógina. Misóginas são, necessariamente, as relações que re-ligam homens e mulheres a partir dessa cesura, corpos que entram em cena em um ritual que é o patriarcado, ele mesmo um criptoteatro em que corpos atuam em conformidade com as regras heteronormativas desse sistema, regras previamente programadas inerentes à repulsa originária destruidora. Práticas e discursos são movidos para a criação e a manutenção de corpos adestrados para o teatro "misontógino". Trata-se, no caso, de corpos docilizados no papel de submissos, que, no entanto, assumem a identidade e a liberdade de sujeitos, ou seja, de seres, que devem ver a si mesmos como pensantes e livres e que, paradoxalmente, se tornam sujeitos no processo do seu assujeitamento. Eis a contradição misógina em sua função essencializadora. Misógina é máquina de subjetivação, mas não sem antes ser uma máquina ontológica produzida pela cultura patriarcal que, enquanto tal, é também uma máquina de governo, ou seja, aquela cujo objetivo é instaurar a divisão dos que têm poder e dos que não têm poder, e, estando a vida biológica envolvida nisso, o poder de matar de uns contra a impotência de viver de outros. É sobre o corpo feminino que se estabelece esse fato concreto, naturalizado e transformado em objeto e subsumido no Sujeito Transcendental patriarcal "Homem".

As mulheres estão desde seu nascimento marcadas pelo sexo, como afirma Simone de Beauvoir,[5] tendo em vista que, nesse sentido, sexo não é diferente de gênero. Wittig diz que é a opressão que cria o sexo e não o contrário,[6] considerando que "o contrário seria dizer que o sexo cria a opressão, ou dizer que se pode encontrar a causa (origem) da opressão no sexo em si, em uma divisão natural dos sexos preexistente à (ou fora da) sociedade". Contudo, se pode afirmar que sexo é uma categoria criada para a marcação possível de determinados corpos que não fazem parte do sistema de reconhecimento anatômico falocentrado. O homem é uma imagem construída na história, mas sempre para ocupar hegemonicamente o espaço a partir de uma cena em que o personagem principal é ele. A marcação pelo sexo tem o sentido de estigma, de afirmação de uma função de um órgão que serve de parâmetro para uma função geral do corpo e, por fim, do próprio ser. Sexo permite classificar e ontologizar. Assim como acontece com gênero. De fato, sexo e gênero são categorias que se confundem, como bem percebeu Judith Butler,[7] exceto por um aspecto que não pode ser apagado. O sexo não pode ser subsumido no gênero, à medida que é sobre sua base que se constrói a naturalização do próprio gênero. Sexo é o marcador inicial; subsumi-lo no gênero implica apagar o fato ao qual ele se destina. Portanto, sexo também deve ser lido como categoria de análise. Sexo, assim como gênero que dele se deduz no discurso autoritário que caracteriza o patriarcado, é o signo de origem estético-política que, de modo absoluto e totalitário, será um operador da violência na condição de produtor ou receptor de violência. Como diz Wittig, "existe apenas sexo que é oprimido e sexo que oprime",[8] porque não existe sexo fora das relações de poder, o que faz pensar que sexo é poder desde a sua determinação teórico-prática, sexo é poder no sentido simbólico e material ao mesmo tempo. E, se sexo é poder, trata-se de poder soberano, da marca naturalizada do poder soberano no sentido da agência dada nesse poder enquanto ele é, ao mesmo tempo, violência. Se, como marcador, a categoria sexo implica a violência, gênero será a continuidade da violência na marcação do sexo em escala moral e política. Daí o uso violento que fundamentalistas fazem da palavra "gênero" associada a "ideologia de gênero".

Justamente nesse sentido, porque o sexo é implicado com poder e o poder com violência, o patriarcado se constitui em cultura do estupro no momento em que se determina a função dos órgãos confundidos com o sexo. A violência contra as mulheres tem um fundo sexual, às vezes se realizando concretamente como estupro. Nesse sentido, o patriarcado implica um limiar de barbárie no todo do seu funcionamento, pois, mulher sendo sexo e sexo sendo signo, o signo heterocriado, foi criado para um tipo de interação desejável ao patriarcado. Essa interação pelo signo sexo pressupõe a violência embutida no próprio signo. A agência da marcação não é casual. Nenhum signo é silencioso. O estupro é um potencial inerente à marcação pelo sexo. Ele nasce com a marcação pelo sexo. Portanto, o que se pode chamar de "limiar de barbárie" não viria de uma natureza forte por oposição a uma natureza fraca como se construiu filosófica* e historicamente, mas uma determinada elaboração linguística, teórica e ideológica, para garantir a sujeição de um corpo e de uma existência inteira a uma forma de existência que violenta esse corpo a seu serviço. O corpo masculino teria uma função se ele não fosse hegemônico. Reproduzir para o corpo masculino não tem o mesmo sentido do que para os corpos femininos. A função do órgão sexual masculino – e do seu corpo como um organismo inteiro – é falogocêntrica, ou seja, o pênis é uma espécie de órgão hegemônico, praticamente habilitado na cultura como algo espiritual, tal o significado teológico e místico do falogocentrismo que produz um "falocratismo triunfante", nos termos mais diretos de Françoise d'Eaubonne.

A marcação das mulheres acontece no nascimento, que, diferentemente do que Hannah Arendt definiu como natalidade,[9] uma categoria

---

* Em "Considerações sobre o tema da mulher no pensamento de Aristóteles", Maria da Graça Ferreira Schalcher mostra a complexidade dos termos e do pensamento de Aristóteles sobre o tema. A autora evita colocar Aristóteles como um mero sexista. Independentemente isso, a cultura grega era sexista e a tradição que dela derivou também. "A partir dessa colocação é possível pensar a ausência, na fêmea, de determinados órgãos, no caso os masculinos, no sentido de privação de algo que ela deveria naturalmente possuir? É o que pode parecer à primeira vista, pois é no contexto de uma sequência decrescente de graus de imperfeição (que culmina na dimensão, contra a natureza, da teratologia) que o nascimento de uma fêmea traduz uma espécie de insucesso na finalidade de produzir o melhor, a partir da resistência da matéria em receber uma determinada forma, a masculina, cujo resultado é um macho incompleto, mutilado (πεπηρωμένον) G.A., II,3, 737a. Contudo, essa constatação precisa ser nuançada, já que é exatamente em função da geração que macho e fêmea são assim constituídos, sendo essa 'incompletude' tanto natural como necessária, no conjunto da natureza; desse ponto de vista, a ausência dos órgãos masculinos não pode ser considerada uma privação, nem mesmo uma imperfeição ou anomalia no sentido próprio do termo e muito menos como algo contra a natureza. Nesse contexto, natural não possui um sentido meramente biológico, mas um sentido de finalidade e perfeição requerendo o nascimento tanto de fêmeas como de machos para salvaguardar o gênero animal, onde ambos são distintos G.A., II, 731b35; IV, 767b. Pois é a partir dessa diferença que são ditos princípios da geração (τῆς γενέσεωζ ἀρχὰζ): um, o macho, apartando o princípio motor (τῆς κινήσεωζ) e gerador (τῆς γενέσεωζ) e o outro, a fêmea, o princípio material (ῷζ ὕληζ) G.A., I, 716a". O texto pode ser encontrado na *Revista Phoinix*, Rio de Janeiro, v. 4, p. 331-344, 1998. Disponível em: https://revistas.ufrj.br/index.php/phoinix/article/download/36550/20120/97876. Acesso em: 10 maio 2025. Ver ainda, de Aristóteles, *A política.* Tradução Roberto Leal Ferreira. São Paulo: Martins Fontes, 2006; *Metafísica.* Edición trilíngue por Valentin Garcia Yebra. 2. ed. rev. Madrid: Gredos, 1970.

relacionada ao "começo" de um indivíduo humano da política, representa muito mais uma categoria biopolítica. O nascimento é biopoliticamente fundamental para todos os seres, pois implica nacionalidade, pertença religiosa, pertença à raça, à classe e ao gênero. Para uma mulher, o nascimento implica o dado do sexo – considerando que a ideia do sexo biológico foi inventada como uma artimanha discursiva – como o dado a partir do qual se calcula uma vida a serviço do mundo universalizado dos homens. A "condição humana de Arendt" não vale para a mulher porque seu sexo – e, por consequência o gênero – jamais podem ser apagados. Uma mulher é apagada social e politicamente, mas jamais esteticamente. Pode-se afirmar que todas as mulheres são calculadas política e socialmente, mas não sem antes serem calculadas esteticamente segundo uma lógica da medida que também é ideologia da medida, sem a qual não há cálculo sobre o corpo, do mesmo modo que se faz com animais e com pessoas escravizadas, sem mensurar o valor desse corpo.

A ansiedade patriarcal com as medidas corporais faz parte da necessidade de adequação do corpo ao design da mulher idealizada, pois toda marcação é também uma produção de design. O corpo feminino deve ser idealizado na prática, ou seja, "desenhado", "moldado", "cortado", para atender ao padrão industrial da cultura patriarcal no qual o homem é o valor[10] e o corpo marcado como mulher é des-valor que adquire certo valor quando adequado à sua necessidade no todo. A lógica da medida desvaloriza todos os outros corpos a partir do corpo-valor masculino. Ela sustenta o monopólio da violência patriarcal, apanágio da masculinidade. O ser mulher obedece ao dever-ser mulher e é talhado pigmaleonicamente.

Mulher é um universal negativo, e não "parte da humanidade" universal. Portanto, a expressão "O Homem" para designar a humanidade não subsome a mulher como parte da humanidade, mas apenas a exclui. Essa é a verdade cínica, por assim dizer, do patriarcado em sua dimensão teórica e discursiva. Na verdade, mulher é o que, não sendo um homem, não deveria ser, pois, ao não ser para si como um homem, não é "Sujeito", mas assujeitada. Não sendo sujeito, ela não deveria existir como Sujeito do conhecimento e do direito, bem como do poder, e não pode vir a constituir o universal com ele.

Sob a lei do "não dever existir" enquanto vive, um verdadeiro mandamento de inexistência é imposto ao corpo vivo. A identidade assujeitada ao "Sujeito patriarcal" apenas a muito custo será capaz de luta por libertação. Quando uma menina nasce, o lamento familiar por ela ter nascido sela o destino desse ser cuja realização como ser humano, como diz Beauvoir, é impossível justamente por ela estar, desde o fato corporal de seu nascimento, marcada como um sexo, como a mulher. Como "marca" de ontologização, o sexo é administrado numa espécie de controle de qualidade da fábrica patriarcal, assim como se faz com produtos e animais para abate.

O primeiro ato de violência sofrido por uma mulher e que lhe dá origem está em seu nascimento. O resto da vida de uma menina será uma sucessão de violências rumo à adequação do corpo à ideia prévia com que sua família patriarcal está informada no mesmo sentido escolástico da *adaequatio rei et intellectus*. Uma menina cresce aprendendo o gênero a partir da marcação de seu sexo. O pensamento patriarcal funciona a partir da construção de uma verdade à qual as coisas – e os corpos vivos – devem se curvar. Daí a importância de assegurar o ser do pensamento e o Sujeito do Conhecimento como apanágios masculinos diante de uma suposta impotência feminina. Se a separação a partir do sexo se dá no nascimento e é uma violência, ela é, ao mesmo tempo uma violência inaugural sexual. Toda violência, ao mesmo tempo, visa separar, distinguir os homens como não-mulheres – segundo Françoise D'Eaubonne, "não-mulher"[11] é a melhor definição de homem –, e para isso é preciso defini-las como algo de negativo: menor, fraco, impotente, incapaz. O ódio se torna o afeto necessário à separação da mulher, mas também à sustentação que deve se expressar como ódio em seus efeitos concretos.

Assim, a misoginia funciona como uma *episteme*.* Ela é o coração de um método que extrapola o pensar, mas começa com ele e segue definindo os caminhos das práticas num *continuum* histórico ininterrupto. Submetidas desde a marcação sexual inaugural à violência – uma

---

* Uso episteme no sentido de Foucault em *As palavras e as coisas*. 10. ed. São Paulo: Martins Fontes, 2016.

violência que não cessa –, chega-se rapidamente a uma morte prometida. Entre ser marcada pelo sexo e marcada para morrer por conta desse "sexo" não há solução de continuidade. Ser marcada com o sexo é ser marcada para a morte. A misoginia é o começo do feminicídio num círculo vicioso ininterrupto todo construído sobre a mulher como corpo odiado.

Nesse contexto, o que veio a ser chamado de violência simbólica* se estabelece na experiência da linguagem como misoginia. A misoginia não é a exceção, mas a regra dessa linguagem que depende de um núcleo que vem a ser a metáfora da mulher. Tal como se lê em Gayatri Spivak: "uma certa metáfora da mulher produziu (em vez de

---

* Sobre a violência simbólica, Bourdieu dirá que: "Também sempre vi na dominação masculina, e no modo como é imposta e vivenciada, o exemplo por excelência desta submissão paradoxal, resultante daquilo que eu chamo de violência simbólica, violência suave, insensível, invisível a suas próprias vítimas, que se exerce essencialmente pelas vias puramente simbólicas da comunicação e do conhecimento, ou, mais precisamente, do desconhecimento, do reconhecimento ou, em última instância, do sentimento. Essa relação social extraordinariamente ordinária oferece também uma ocasião única de apreender a lógica da dominação, exercida em nome de um princípio simbólico conhecido e reconhecido tanto pelo dominante quanto pelo dominado, de uma língua (ou uma maneira de falar), de um estilo de vida (ou uma maneira de pensar, de falar ou de agir) e, mais geralmente, de uma propriedade distintiva, emblema ou estigma, dos quais o mais eficiente simbolicamente é essa propriedade corporal inteiramente arbitrária e não predicativa que é a cor da pele" (p. 8-9). "Ao tomar 'simbólico' em um de seus sentidos mais correntes, supõe-se, por vezes, que enfatizar a violência simbólica é minimizar o papel da violência física e (fazer) esquecer que há mulheres espancadas, violentadas, exploradas, ou, o que é ainda pior, tentar desculpar os homens por essa forma de violência. O que não é, obviamente, o caso. Ao se entender 'simbólico' como o oposto de real, de efetivo, a suposição é de que a violência simbólica seria uma violência meramente 'espiritual' e, indiscutivelmente, sem efeitos reais. É esta distinção simplista, característica de um materialismo primário, que a teoria materialista da economia de bens simbólicos, em cuja elaboração eu venho há muitos anos trabalhando, visa a destruir, fazendo ver, na teoria, a objetividade da experiência subjetiva das relações de dominação" (p. 46). Ver BOURDIEU, Pierre. *A dominação masculina*. Tradução Pierre Kühner. 11. ed. Rio de Janeiro. Rio de Janeiro: Bertrand Brasil, 2012. Ver também BOURDIEU, Pierre. *Sur la télévision*. Paris: Liber, 1996: "A violência simbólica é uma violência que se exerce com a cumplicidade tácita daqueles que a sofrem e também, frequentemente, daqueles que a exercem na medida em que uns e outros são inconscientes de a exercer ou a sofrer" (p. 16). E, por fim: "O que denomino de violência simbólica ou dominação simbólica, ou seja, formas de coerção que se baseiam em acordos não conscientes entre as estruturas objetivas e as estruturas mentais" (BOURDIEU, Pierre. *Sur l'État*: Cours au Collège de France (1989--1992). Paris: Raisons d'Agir: Seuil, 2012. p. 239).

meramente ilustrar) um discurso que somos obrigados 'historicamente' a chamar de discurso do homem".* Segundo ela, "dada a carga aceita das noções de produção e constituição, poderíamos reformular isso: o discurso do homem está na metáfora da mulher".[12] A misoginia é esse discurso do homem que se produz em torno de uma mulher produzida. Assim, Lacan, por exemplo, falou da existência de quatro discursos (do mestre, do discípulo, da histeria e do psicanalista), mas poderia ter resumido em dois: o discurso patriarcal e o discurso crítico do patriarcado, o discurso antipatriarcal, que é também anticolonial. A misoginia é o coração do "projeto espiritual" do patriarcado, ele mesmo um discurso de homens que se autocompreendem como donos da lei, ou seja, que se entendem num processo de homossocialização como soberanos em si mesmos e democráticos uns com os outros a partir do signo "mulher" sobre o qual falam, que usam para marcar corpos e diferenciar-se corporal e simbolicamente. No signo mulher o patriarcado condensa toda a negatividade do sistema. A associação da mulher com a natureza, o corpo, a morte e as figurações do "Outro" é apenas a prova disso.**

No contexto da filosofia patriarcal, vemos o tema do espírito no sistema de Hegel como a formulação abstrata, racionalizada do caminho

---

* SPIVAK, Gayatri. Displacement and the discourse of woman. *In*: HOLLAND, Nancy. *Feminist interpretations of Jacques Derrida*. Pennsylvania: The Pennsylvania State University Press, 1997. Comentando a Filosofia do Direito de Hegel, sobre a distinção entre pensamento e objeto, dos quais Adão e Eva seriam os exemplos, a pensadora indiana cita o pensador alemão: "Uma vez que é no pensamento que primeiro me sinto em casa (*bei mir*), não penetro (*durchbohren*) em um objeto até que o compreenda; ele então deixa de se opor a mim e eu lhe retiro a sua própria (*das Eigene*), que ele tinha para si mesmo contra mim. Assim como Adão diz a Eva: 'Você é carne da minha carne e osso do meu osso', assim a mente diz: 'Esta é a mente da minha mente', e a alienação (*Fremdheit* em oposição a *das Eigene*; alteridade em oposição à propriedade) desaparece". HEGEL, Georg Wilhelm Friedrich. *Sämtliche Werke*, vu. Leipzig: F. Meiner, 1920-55. p. 47; KNOX, Thomas Malcolm, Sir (Trad.). *Hegel, philosophy of right*. Oxford: Claredon Press, 1942. p. 226.

** Toda uma literatura sobre o "Outro" da razão surgiu em filosofia. Por exemplo: BÖHME, Hartmut; BÖHME, Gernot. *Das Andere der Vernunft*: Zur Entwicklung von Rationalitätsstrukturen am Beispiel Kants. Frankfurt am Main: Suhrkamp, 1985. Ver também: IBER, Christian. *Das Andere der Vernunft als ihr Prinzip:* Grundzüge der philosophischen Entwicklung Schellings mit einem Ausblick auf die nachidealistischen Philosophiekonzeptionen Heideggers und Adornos. Berlin: De Gruyter, 1994. https://doi.org/10.1515/9783110878783.

devorador do Outro, do processo colonizador do "Espírito patriarcal", da "razão patriarcal"* e seu "*ethos*" sanguinário e sacrificial. Esse projeto espiritual implica o patriarcado como uma religião (e o feminismo ou sua crítica como heresia), um ritual no qual a ordem simbólica é organizada pela misoginia entendida como metabolismo e, até mesmo, como fisiologismo masculinista pelo qual homens privilegiam uns aos outros com base em uma codificação essencializadora organizada contra o "inessencial" feminino, cuja senha é o "sexo" ao qual se faz violência. É preciso nadificar certos corpos, e isso acontece marcando esses corpos de alguma maneira, para funcionar no sistema de poder. Essa maneira implica o rebaixamento pelo signo, no caso, o sexo. Sexo é, nessa linha, um marcador originário, e o gênero é a sua especialização. Mulher é a marca do não-ser-homem, no sentido do que Simone de Beauvoir definiu como o "Outro",[13] como um negativo; sua função simbólica é também sustentar a cognoscibilidade masculina, ou seja, ser o garante de um sistema ontológico e "misontógino". O não-ser-homem de uma mulher é necessário para que o corpo-homem possa ser, enquanto um corpo masculino que venha a não ser será interpretado como o corpo de um traidor. O ódio aos homossexuais na cultura patriarcal é análogo ao ódio ao corpo de uma mulher e também ao corpo de lésbicas dissidentes de um sistema de subjugação.

A noção de "mundo codificado" de Vilém Flusser ajuda a compreender o patriarcado e a produção de gênero a partir do valor-cisão, outra tradução para a expressão de Scholz que eu adapto ao tema de Flusser. O valor-cisão define o projeto, ou seja, o design que depende justamente dessa cisão como princípio de organização e como vetorização. Mundo codificado é um mundo construído a partir de símbolos ordenados, no qual se represam informações adquiridas.[14] Segundo Flusser, "o objetivo do mundo codificado que nos circunda" é fazer com

---

* Adorno e Horkheimer, em sua *Dialética do esclarecimento,* publicada nos anos 1940, apontam para o caráter patriarcal da razão que rege a sociedade da dominação masculina. Do mesmo modo, a espanhola Celia Amorós analisa a Fenomenologia do Espírito colocando Hegel no topo dos próceres da razão patriarcal (AMORÓS, Celia. *Hacia una crítica de la razón patriarcal.* 2. ed. Barcelona: Anthropos, 1991. p. 41).

que esqueçamos que "ele consiste num tecido artificial que esconde uma natureza sem significado, sem sentido, por ele representada".* Tais conceitos permitem pensar a assimilação e transferência analógica de esquemas pelos indivíduos, através de matrizes de percepção. O conceito de "domínio cognitivo" de Humberto Maturana, pelo qual se contempla o critério de aceitabilidade, ou seja, de que se pode reconhecer um mundo e aceitar que se trata de algo comum e partilhável, permite entender a participação do sujeito no processo do conhecimento e de sustentação do sistema.**

A misoginia, seja como discursividade, textualidade, literatura, ou como mera atitude verbal do mundo da vida, é um fator estrutural do patriarcado e, como tal, determinante na vida das mulheres como um todo. Produzidas pela máquina naturalizadora do patriarcado em cuja base está um ódio originário constituindo a quintessência do sistema, as mulheres são a representação do bode expiatório do regime ritual de sacrifício que é o patriarcado.

Máquina essencializadora, o patriarcado predefine "a mulher" como uma essência – sempre ligada à ideia de natureza – que serve para sustentar o sistema no qual a mulher é o recipiente e, ao mesmo tempo, define o foco do assassinato que seria o seu fim último. Faz sentido dizer que "qualquer definição essencialista da mulher, seja positiva ou negativa, feita por um homem ou uma mulher, é a definição fundamental da misoginia"[15] pelo fato de que a essencialização retira as mulheres da história, retira-as da cultura, alienando-as da condição de sujeitos do

---

* FLUSSER, Vilém. *O mundo codificado*. São Paulo: Cosac Naify, 2007. p. 90. O conceito flusseriano de "mundo codificado" tem nexos com os conceitos de "configuração" de Norbert Elias (ELIAS, Norbert. *A sociedade de corte*: investigação sobre a sociologia da realeza e da aristocracia de corte. Rio de Janeiro: Jorge Zahar, 2001).

** MATURANA, Humberto. *Cognição, ciência e vida cotidiana*. Organização e tradução Cristina Magro e Victor Paredes. Belo Horizonte: Ed. UFMG, 2001. p. 143. Maturana diz que há tantos "domínios cognitivos quantos forem os domínios de ações – distinções, operações, comportamentos, pensamentos ou reflexões – adequadas que os observadores aceitarem, e cada um deles é operacionalmente constituído e operacionalmente definido no domínio experiencial do observador pelo critério que ele ou ela usa para aceitar como ações – distinções, operações, comportamentos, pensamentos ou reflexões – adequadas às ações que ele ou ela aceita como próprias deste domínio".

conhecimento e do direito. Considerando ainda que a própria definição de mulher depende dos interesses dos agentes definidores, a "essência" da mulher, na verdade, não tem nada de "essencial", senão que por meio dessa "essencialização", ela mesma uma projeção das necessidades do sistema patriarcal, se mantém a ordem. Esse sistema inclui um programa de design de corpos moldados conforme vetorizações. A "vetorização" faz o "design", ou seja, ela dá a forma adequada para que uma matéria alcance o seu "ser". É nesse sentido que gênero é design. Nesse sentido é que "gênero" é naturalizado para garantir o funcionamento do jogo – pré-codificado. Gênero é construção da cultura, que, no patriarcado, funciona como a nova natureza feminina que suplantaria o sexo como biologia.

A essencialização instaura uma ontologia, por trás da qual há uma teologia e até mesmo uma religião ou, pelo menos, uma idolatria, no mesmo sentido do "capitalismo enquanto religião".[16] Nessa teologia, que pode ser definida em sua versão secularizada e caricaturizada como "ideologia de gênero", não sendo à toa que esse discurso falacioso começa com uma reunião de religiosos no final dos anos 1990, é promovido o ódio ideologizado e doutrinário ao gênero como uma coisa de mulher, assim como o sexo é coisa de mulher ao qual o homem tem o privilégio de acesso irrestrito. Interromper esse uso do próprio corpo para os fins masculinos é uma das principais metas das lutas feministas.

O patriarcado é um sistema simbólico autorreprodutivo, sustentado em um fundamento místico, ou seja, numa imposição originária do valor do homem contra o desvalor das mulheres, algo que pode ser verificado em várias mitologias. No que concerne à civilização judaico-cristã, a repetida história do Gênese bíblico mostra a personagem Eva como um ser protético, cuja vida não é potente em si mesma. Mulher, Eva é o ser colateral, o objeto decorativo, auxiliar, subalterno, secundário e inessencial, nascido de uma parte menos importante do corpo masculino de Adão, origem mítica da vida. Eva é uma mulher prótese, do mesmo modo que as esposas na história do casamento. Eva é a costela manipulada por Deus. Figuração do mal segundo a misoginia estruturante no bojo do mito, ela será a responsável pela desgraça do homem, personagem central da narrativa simbólica, desenhado como um ser imaculado e sem falhas, um ser previamente desculpado, herdeiro e destinatário da bondade de Deus no paraíso perdido, que é justamente perdido por culpa de uma mulher traidora, favorecedora do demônio. Calculada teologicamente, a "natureza" feminina garante a culpa de umas, abonando também a irresponsabilização masculina pelos próprios erros. A irresponsabilização é ela mesma um privilégio, ou uma vantagem. Se a mulher é o agente mediador do mal, seria melhor viver sem ela, que, responsabilizada pela desgraça de Adão, viverá sob o sentimento de culpa e as dores físicas do parto. Se Adão recebe a sentença do trabalho por ter feito algo que não devia, ela recebe a sentença da dor física por ter levado Adão a fazer o que não devia. Desenha-se a noção de um perigoso potencial feminino como insidioso e ardiloso. As herdeiras sentenciadas de Eva herdarão uma culpa composta, a que devem por si mesmas e que devem pelos outros a quem seduziram. Característica essencial da matriz de subjetivação feminina, ou seja, da construção do gênero mulher, a culpa não pode ser expiada na religião do patriarcado, pois essa culpa, por existir e ser mancomunada com a negatividade demoníaca e da própria natureza, foi inscrita como estigma em sua ontologia. Na narrativa do esquematismo patriarcal, uma ideia pronta deve ser internalizada por todos, a saber, que o ser traidor que a mulher é seduz um ser puro e ingênuo chamado homem. Odiá-la por essa sedução e essa traição é um tropo teológico, mas também ontológico, em resumo, misontógino. O feminino é o fundo niilista do patriarcado concentrado no corpo odiado de uma mulher.

Patriarcado quer dizer, na prática, marcação e subjugação de corpos até o momento de seu abate final. O corpo abatido tem dois sentidos. Primeiro, o sentido de cansaço, de esgotamento, típico dos trabalhadores e dos escravizados, mas também o sentido de humilhação, de "abaixar a cabeça"[17] e ser, por fim, morto. Marcação e violência são sinônimos. Por fim, no que se configura como circuito feminicida, surge a culpabilização. A marcação não é um ato isolado, mas um jogo de continuidade de marcações/violências sofridas, um processo de reafirmação violenta do não ser do outro. Na cultura patriarcal, esse processo é conhecido e naturalizado. As mulheres não se adaptam por ignorância, mas pelo peso do jugo simbólico que pesa sobre suas cabeças.

Ser mulher implica ser culpabilizada pelo ato produzido por um outro. A subjugação é um meio para submeter os corpos, e o corpo subjugado é ele mesmo a matéria para manutenção do sistema. O corpo acaba por ser meio no sentido de coisa manipulada, como Eva foi manipulada por Deus segundo a lenda na qual está inscrita a verdade acerca da mulher; ela é criada como apêndice, como prótese, de uma parte inessencial do homem, para servi-lo, sempre subsumida a ele, servindo como prótese material e existencial em estado de não-ser para que o homem possa ser, tal o significado do velho provérbio: "por trás de um grande homem há sempre uma grande mulher", como se essa posição fosse um título de honra.

A MULHER ENTRE A MUTILAÇÃO E A PRÓTESE

A famosa sentença de Simone de Beauvoir "ninguém nasce mulher, torna-se mulher"[1] é constantemente mistificada. Sem fundamento na letra ou no espírito da autora, muitos gostaram de ver nesse "devir-mulher" uma positividade. Perde-se de vista a *dis-positividade* – no sentido de um dis-positivo em ação[2] – em jogo na produção do construto corporal espiritual heterodenominado mulher. Tal processo se dá como produção de adequação do corpo a um projeto ou programa. Trata-se da adequação da coisa ao intelecto na linha da noção tomista de *adaequatio rei et intellectus* anteriormente citada.

Sem dúvida, em certo elogio do feminino vigente na cultura patriarcal, a consagração do negativo é um fato. Esse elogio tem uma função moral. Ele vale para as mulheres, não para os homens. Enquanto uma mulher frágil e fraca é desejável, e a fraqueza e a fragilidade são nela uma espécie de título honorífico, nos homens esses atributos representam justamente o contrário. Para os corpos masculinos, são a força e a brutalidade – e tudo o que estiver estética, ética, econômica e politicamente ligado a isso – que são consagradas. A divisão moral garante a ontologia: o dever-ser orienta o ser.

O que chamo aqui de dispositividade relaciona-se ao dever-ser de cada um dos gêneros. Certamente há também um devir-homem que obedece às regras da heteronormatividade, e a dispositividade refere-se à adequabilidade dos papéis aos corpos. Contudo, na cena do patriarcado, um homem adéqua-se a si mesmo, e aos seus pares, jamais a uma mulher. Sendo hegemônico, um homem não é medido ou julgado por seu sexo, até porque seu sexo não implica a sua redução a carne a não ser na dissidência, quando o corpo masculino é associado ao feminino. Sendo dominante, ou seja, definindo-se na própria positividade, o homem não é marcado como sexo. Se seu corpo é o valor,[3] ele é a medida de todas as coisas. Ele é o padrão a partir do qual tudo adquire ou não sentido.

O devir mulher de uma pessoa corresponde a contemplar uma conformidade ao design de gênero, no qual o sexo é a chave, e se tornar uma espécie de prótese de um homem, ou seja, um corpo a serviço, a mulher devendo se tornar aquele corpo que realiza os trabalhos que um corpo masculino não pode – não deve, não deseja – realizar dentro do regime da heteronormatividade para não deixar de ser homem. O culto do macho é uma produção pela qual se consagra a força desde que, antes, a fraqueza tenha sido produzida.

A expressão "devir" pode ser existencialmente interessante, mas o devir-mulher perde de vista o caráter imposto e compulsório a que os corpos são impelidos no processo de "se tornar algo". Tornar-se mulher não é por si só um prêmio, uma benção ou uma vantagem existencial, quando muito será uma conquista para corpos dissidentes da heteronormatividade, no caso, as mulheres transgênero, para quem a condição de gênero implica outro sentido político ligado ao tema do reconhecimento, o que, em seu caso, implica também escapar da matança corrente em muitos países em altíssimos índices.[4] O reconhecimento como mulher implica direitos diferentes para mulheres trans e cis, por mais que esse reconhecimento quanto ao aspecto "ontológico" – sempre misontógino – seja necessário para o reconhecimento de direitos fundamentais e humanos. Reconhecimento é uma categoria útil em determinados contextos, mas não no patriarcado, no qual a produção dos corpos a serviço – ou como alimento – dos corpos privilegiados é a meta. Que esses corpos venham a se autoproduzir se insurgindo contra o patriarcado corresponde a uma reviravolta no sistema. Enquanto a produção corporal de mulher trans é heterodoxa, e dialeticamente inadequada – inadequada na adequação –, uma mulher cis é ortodoxa, e adequada. Contudo, a inadequabilidade estética e moral de qualquer uma será atacada em discursos e práticas, assim como acontecerá com a inadequação política, a heresia política que o feminismo, de fato, é diante da teologia política que o patriarcado é. O devir-mulher implica o devir da sujeição até que os assujeitados se insurjam contra os grilhões e interrompam o jogo de sujeição pelo roubo de significantes impostos transmutados em signos de rebeldia.

O devir-mulher mencionado por Beauvoir pode ser interpretado no sentido do devir-negro de Mbembe.* Na análise que esse autor faz do termo "negro", ele fala na invenção do negro e coloca uma pergunta:

> Se [...] o negro conseguir de fato sobreviver àqueles que o inventaram e se, numa dessas reviravoltas cujo segredo é guardado pela história, toda a humanidade subalterna se tornasse efetivamente negra, que riscos acarretaria um tal devir-negro do mundo à promessa de liberdade e igualdade universais da qual o termo negro foi a marca patente no decorrer da era moderna?[5]

O mesmo argumento vale para pensar a questão das mulheres e o termo "mulher" analisado e rejeitado como identidade pessoal por feministas lésbicas como Monique Wittig, para quem "mulher" é uma marca de opressão.** Também se pode aplicar às mulheres o condicional

* "Ainda mais característica da fusão potencial entre o capitalismo e o animismo é a possibilidade, muito clara, de transformação dos seres humanos em coisas animadas, dados numéricos e códigos. Pela primeira vez na história humana, o substantivo negro deixa de remeter unicamente à condição atribuída aos povos de origem africana durante a época do primeiro capitalismo (predações de toda a espécie, destituição de qualquer possibilidade de autodeterminação e, acima de tudo, das duas matrizes do possível, que são o futuro e o tempo). A essa nova condição fungível e solúvel, à sua institucionalização enquanto padrão de vida e à sua generalização pelo mundo inteiro, chamamos o devir-negro do mundo." MBEMBE, Achille. *Crítica da razão negra.* São Paulo: N-1 Edições, 2018. *E-book.*

** WITTIG, Monique. *O pensamento hétero e outros ensaios.* Belo Horizonte: Autêntica, 2022. *E-book.* p. 33-34: "Uma abordagem feminista materialista mostra que o que tomamos como causa ou origem da opressão é, na verdade, somente a marca imposta pelo opressor: o 'mito da mulher', junto com seus efeitos materiais e suas manifestações na consciência e no corpo apropriado das mulheres. Assim, essa marca não precede a opressão: Colette Guillaumin demonstrou que, antes da realidade socioeconômica da escravidão dos negros,

"se", ou seja, colocando em cena a proposição "se a mulher conseguir sobreviver àqueles que a inventaram", tendo em vista que, em relação a elas, a liberdade e a condição de sujeito jamais foi uma questão, porque a "mulher" nunca foi compreendida como outra coisa do que uma prótese do homem, daí o significado profundo da imagem religiosa de Eva criada a partir de uma costela, ou seja, de um osso pouco ou nada importante, de um homem. Se a existência do "negro" colocava o tema da liberdade no processo de escravização e o devir livre, a existência da mulher nunca foi uma questão porque, sendo branca ou negra, quando a questão racial esteve em jogo, ela sempre foi apenas um ser acoplado, praticamente um autômato ao qual foi negada a própria subjetividade e as demandas que a acompanham. A condição de sujeito sempre foi negada às mulheres, assim como a condição de indivíduo no liberalismo, tendo sido esse o primeiro direito reivindicado por feministas – europeias e brancas –, o de serem respeitadas em sua dignidade – como em Mary Wollstonecraft[6] – e se tornarem sujeito de direitos, por exemplo, à educação (como em Maria de Gournay[7]).

A posição protética da mulher implica o que Simone de Beauvoir definiu como mutilação. Uma mulher é um ser mutilado existencialmente. A condição da mulher é definida pela pensadora francesa como uma "existência mutilada".[8] Para se tornar prótese de um homem, uma mulher precisa mutilar em si mesma e necessariamente para si mesma, pois ser mulher significa não existir para si mesma. Beauvoir fala também de uma "transcendência" mutilada. Em suas palavras: "a jovem atira-se com ardor às coisas porque ainda não está mutilada em sua transcendência e o fato de não realizar nada, de não ser nada, tornará

---

o conceito de raça não existia, pelo menos não em sua acepção moderna, já que era aplicado à linhagem de famílias. Hoje, porém, tanto raça quanto sexo são entendidos como 'dado imediato', 'dado constatável', conjunto de 'características físicas' pertencente a uma ordem natural. Mas o que acreditamos ser uma percepção física e direta é somente uma construção sofisticada e mítica, uma 'formação imaginária' que reinterpreta características físicas (em si neutras como quaisquer outras, mas marcadas pelo sistema social) por meio da rede de relações em que são percebidas (são vistas como negras, logo são negras; são vistas como mulheres, logo são mulheres – mas, antes de serem vistas dessa forma, tiveram de ser feitas dessa forma)".

seu impulso tanto mais apaixonado".[9] Logo cedo, na condição de menina, uma mulher se depara com uma impotência imposta. Enquanto ao homem é permitido um devir para além de si rumo à transcendência, às mulheres é permitido apenas existir para o homem. A potência de uma mulher foi reprimida à força. Se "durante toda a infância foi a menina reprimida e mutilada; entretanto, percebia-se como um indivíduo autônomo", ou seja, era portadora de um outro desejo para si, tinha consciência de sua potência, "em suas relações com os pais, os amigos, em seus estudos e jogos, descobria-se no presente como uma transcendência", logo a realidade advém, permitindo que a jovem não possa senão "sonhar sua futura passividade"[10] na condição de mulher casada.

A mulher que em sua juventude ainda não descobriu a mutilação à qual está condenada vive o contrário da liberdade à qual Sartre dizia que o "homem" estava condenado. Ela vive outra condenação, nada glamurosa, a "condenação de ser mulher".[11] A mutilação existencial e transcendental é, às vezes, vivida na carne como "corte" concreto de uma parte[12] do corpo feminino, o clitóris, e vem a fazer parte do programa feminicida do regime patriarcal.[13] Sabemos hoje que a mutilação genital feminina era praticada em profusão na Europa do século XIX. Emma Eckstein, uma analisanda de Freud "diagnosticada" com "histeria", ou seja, "histerificada", havia sofrido concretamente uma mutilação genital, e Freud, em que pese todos os seus esforços por escutar as mulheres adoecidas – a propósito, pelo patriarcado –, não tratou o problema da sua mutilação com o cuidado devido na época em que ela esteve sob seus cuidados.[14] Física ou simbolicamente, de qualquer modo, mas sempre concretamente, a mutilação das mulheres se dá em nome de uma norma por trás da qual uma existência essencial, a do homem, define a existência inessencial, ou a inexistência social e subjetiva, das mulheres.[15]

O processo de criação do "Outro" do homem que a mulher é, em Beauvoir,[16] se comprova por meio desse processo de negativação material sobre o corpo arrancado de si mesmo, que é a mutilação. Um corpo é literalmente talhado a partir de um molde previamente desenhado para corresponder ao gênero. Para Beauvoir, "aceitar a si mesma como mulher é demitir-se e mutilar-se; e, se a demissão é tentadora, a mutilação é odiosa".* A mutilação é objetiva e subjetiva, estética, moral e politicamente consumada na vida de uma mulher. Ela é o destino da "mera vida" do corpo feminino, um "corpo deformado" nas palavras de Wittig.[17]

A mulher construída como "Outro", inscrita no negativo, pertencerá ao reino da falta. Ao reino obscuro da impotência do "não poder ser". A impotência se dará relativamente ao *dever de ser* uma mulher enquanto ser previamente programado pela cultura como um não-ser. Esculpida por um princípio de negação – criado pelo princípio de identidade** –, a mulher é sempre sobrevivente. Não uma falha natural, mas a falta é produzida em seu corpo pelo sistema tanto física como simbolicamente. Embora o ódio venha sendo tratado como "afeto", podemos defini-lo como uma racionalidade, como um princípio programador, como uma prática de violência, literalmente incisiva, sobre o corpo-mulher. O ódio é o vetor da mutilação essencial do corpo e da subjetividade, enfim, do ser como um todo. A ideia da mulher como falha da natureza, como sexo frágil, obedece ao ato de talhá-la, fendê-la, mas também ofendê-la, batendo-se contra ela, humilhando-a, na contramão da escultura masculina do falo, ele mesmo metáfora da completude, a imagem do "todo", a ideia de algo inteiro. Beauvoir sugere que uma informação é dada às mulheres no patriarcado: "A mulher, dizem, inveja o pênis do homem e deseja castrá-lo; mas o desejo infantil do pênis só assume importância na vida da mulher adulta se ela sente sua feminilidade como uma mutilação".[18] Ou seja, a feminilidade é uma espécie de herança, um carma, que uma mulher recebe sem que possa escolher separar-se dele.

---

* BEAUVOIR, Simone de. *O segundo sexo.* Tradução Sérgio Milliet. 2. ed. Rio de Janeiro: Nova Fronteira, 2009. p. 35. Beauvoir fala diversas vezes sobre a mutilação: "Compreende-se agora que drama dilacera a adolescente no momento da puberdade: ela não pode tornar-se adulta sem aceitar sua feminilidade; ela já sabia que seu sexo a condenava a uma existência mutilada e imota; descobre-o agora sob a forma de uma doença impura e de um crime obscuro. Sua inferioridade era somente apreendida, a princípio, como uma privação: a ausência do pênis converteu-se em mácula e em falta. É ferida, envergonhada, inquieta, culpada que ela se encaminha para o futuro" (p. 65 e 101).

** ADORNO, Theodor. *Dialética negativa.* Rio de Janeiro: Jorge Zahar, 2009. p. 205: "[...] o modelo real do princípio de identidade que é combatido enquanto tal pelo materialismo dialético, o esforço por igualar ao sujeito aquilo que lhe é desigual".

O ódio é o arquivo secreto que toda mulher deve portar no corpo, ele mesmo um corpo-arquivo do ódio que está dado em sua própria definição. Isso quer dizer que as provas de "veridição", de cognoscibilidade do ser mulher enquanto *ser adequado ao patriarcado*, devem ser apresentadas fisicamente em seu corpo, performaticamente em seus gestos, estética e moralmente no todo do seu ser. Assim, mulheres são seres construídos no patriarcado como seres essencialmente mutilados, mutilações que são marcas do ódio, ódio que, por sua vez, é uma racionalidade. No homem são as marcas da soberania que entram na preparação corporal, soberania em cujo núcleo está o ódio como potência da violência.

O corpo-mulher é considerado útil ou não, adequado ou não conforme padrões preestabelecidos. A adequabilidade é um parâmetro de opressão que aponta para o caráter da mercadoria, sobre seu ajustamento à ordem, ou seja, sobre sua potencialidade protética. A mulher adequada é a mulher "feminina". Como ideal, conceito, caráter, ou no que ficou conhecido como "universo feminino", o que veio a ser chamado de "feminino" deriva da imagem da mulher como "negativo" no sistema hierárquico patriarcal no qual homens são reconhecidos uns pelos outros como seres em si mesmos e para si mesmos, não associados a mulheres,* tão naturais em sua identidade coesa e não-feminina, positiva e não negativa, que sequer se coloca a questão da identidade masculina, enquanto todo o exercício feminino é o de lutarem por uma identidade quando na verdade seriam, do ponto de vista do patriarcado,

---

* KIMMEL, Michael S. Masculinity as homophobia: fear, shame and silence in the construction of gender identity. *In*: WHITEHEAD, Stephen; BARRETT, Frank (ed.). *The masculinities reader*. Cambridge: Polity Press, 2001: "O que os homens precisam é da aprovação dos homens. As mulheres se tornam uma espécie de moeda que os homens usam para melhorar sua posição na escala social masculina. (Até mesmo aqueles momentos de conquista heroica de mulheres carregam, acredito, uma corrente de avaliação homossocial). A masculinidade é uma encenação homossocial. Nós nos testamos, realizamos feitos heroicos, corremos riscos enormes, tudo porque queremos que outros homens nos concedam nossa masculinidade" (p. 214). "Para ser homem, é necessário não ser associado a uma mulher. O feminino se torna até o polo de rejeição central, o inimigo interior que deve ser combatido sob pena de ser também assimilado a uma mulher e ser (mal) tratado como tal" (p. 465). Citado por CARRARA, Sérgio; SAGGESE, Gustavo. Masculinidades, violência e homofobia. *In*: GOMES, R. (org.). *Saúde do homem em debate*. Rio de Janeiro: Editora Fiocruz, 2011. p. 201-225.

uma não-identidade, ou uma identidade negativa que, a partir da luta pelo "reconhecimento de uma identidade", é marcada como um "identitarismo" de um modo negativo, necessariamente pejorativo. À mulher mutilada cabe ser a prótese de um homem, contudo não há mulher não mutilada, mas há, como diz Wittig, as fugitivas* do sistema. O homem se constrói como caráter tendo o signo mulher como o seu contrário negativo, um fator de distinção. Isso implica uma produção de significantes cuja função é afirmar a oposição que culmina no Sujeito Absoluto, o Sujeito Transcendental da Razão Ocidental, ela mesma patriarcal, quintessência da paranoia masculinista constitutiva da matriz de subjetivação masculinista, caracterizada pela produção e devoração vertiginosa do outro à qual servem os corpos.

A cultura de matança de mulheres constrói o "feminino" como um conjunto de negatividades que operam ao modo de traços num design. O feminino é uma determinada vetorização. Ele funciona como uma prótese existencial no seu conjunto, estética e moral, que é talhada nos corpos femininos. Como uma prótese acoplada a um corpo, o feminino precisa ser implantado. Assim como uma mulher será a prótese do feminino no homem como "terceirização" do trabalho doméstico (alimentação, cuidados etc.) que uma mulher-esposa faz para um homem e terceirização do trabalho emocional dado na divisão do trabalho afetivo. Fragilidade, fraqueza, delicadeza são atributos negativos aplicados a todos os aspectos da vida do ser heterodenominado pelo patriarcado como "mulher", aspectos que são inculcados literalmente à força e internalizados inconscientemente pelos corpos-mulheres até que o despertar da consciência tenha lugar.

Humilhar, ofender, menorizar, subjugar, zombar, escarnecer, fazem parte da produção de experiência, do que se pode chamar de jogos de intersubjetivação[19] pelo qual homens e mulheres entram em devir como senhores e escravos. O programa que cabe ao homem é a soberania; à

---

* WITTIG, Monique. *O pensamento hétero e outros ensaios*. Belo Horizonte: Autêntica, 2022, *E-book*. p. 17: "Quando estão em apuros, exatamente como acontecia aos servos e escravos, as mulheres podem 'escolher' ser fugitivas e tentar escapar de sua classe ou grupo (como fazem as lésbicas) e/ou renegociar diariamente, termo por termo, o contrato social".

mulher cabe o papel de escravo. Se a humilhação é a mais antiga tecnologia política, uma tática de poder e violência originária e sistemática, ela faz parte da separação entre os sexos, ela mesma instaurada e reinstaurada em rituais cotidianos e institucionais. Todo um aparato ontológico, ou seja, um modo de ser, de aparecer e de agir que vai de palavras a gestos, de movimentos a posições, é exigido de um corpo feminino. Desde o começo, o nascimento, até o fim, a morte, demanda-se de uma mulher a sustentação de uma moral amplamente orientada em uma estética. Um controle sobre o corpo, o modo de ser e agir que constitui uma regra estética, uma imposição "performaníaca" – procedimentos estéticos, éticos, médicos, jurídicos, teológicos – sobre o corpo marcado como mulher para que ele se torne "feminino".

O patriarcado é um sistema capacitista generalizado que produz e pós-produz os corpos-mulheres como corpos-discapazes, mental e fisicamente, ao longo da história. A vida intelectual, moral e política dos corpos-mulheres é inferiorizada como tudo aquilo que é da ordem do espírito. Fala-se em divisão sexual do trabalho, em divisão sexual das emoções e sentimentos, mas é preciso falar também da divisão sexual estética.* Às mulheres coube historicamente o trabalho da beleza, de tornar seus corpos agradáveis aos homens. O corpo-mulher é produzido para contemplar o design de gênero que faz parte do esquematismo patriarcal. A servidão ao cânone do embelezamento faz parte do conjunto de imposições sobre o corpo-mulher, um corpo a serviço. A beleza – nela inclusa a sensualidade adequada e submissa – é, para os corpos-mulheres, uma lei, assim como o serão a maternidade e o silêncio em relação às falas masculinas. Nesse processo, todo corpo-mulher é estetizado na direção do feminino como um traço que o conduz à "vida nua". É a isso que serve a estetização das mulheres pelo programa da beleza. Confirmar e, ao mesmo tempo, disfarçar sua condição de prótese por meio de processos de naturalização que nada mais são do que apagamentos quanto ao funcionamento do sistema.

* Essa divisão foi muito bem desenhada em filoideólogos do patriarcado importantes como Kant, que não perdeu de vista a relevância da dimensão estética na fundamentação do processo de cisão dos gêneros.

No processo de produção do design de gênero, o corpo-mulher é desenhado para reproduzir a ordem e sustentá-la. Os corpos marcados com o feminino, mutilados para servir ao sistema, são submetidos à ambígua afetividade masculinista do amor-ódio[20] que sustenta a manipulação pela qual um corpo advém objeto. Certamente, o amor, que na divisão emocional do trabalho ligado ao cuidado com a vida ficou a cargo das mulheres, é um afeto melhor que o ódio, mas não é nele que se baseiam os procedimentos do patriarcado. O amor é cultivado no patriarcado a serviço dos cuidados necessários ao corpo e à vida masculina. Isso é tão verdade que apenas recentemente as mulheres passam a falar em autocuidado e uma mínima politização do cuidado como trabalho vem à luz. A serviço do sistema, o corpo é coisificado como mercadoria e usado conforme necessidades de trabalho, prazer ou reprodução. O corpo é instrumentalizado num pêndulo entre atração e repulsa. O jogo duplo do "amor-ódio" é vivido cotidianamente. Depreciação e humilhação fazem par com o elogio da beleza e de todas as adequações. Os corpos-mulheres inadequados moral ou esteticamente seguem sendo condenados.

O patriarcado é um sistema simbólico em que a produção de gênero obedece a uma divisão prática envolvendo corpos agentes da violência e corpos subjugados à violência. Trata-se de uma equação e de uma operação. Gênero pode ser visto como um papel, ou seja, um script a ser seguido no sentido de uma performance, o que implica uma leitura estética, mas também como uma posição de poder ou impotência dentro de uma ordem dada, em uma leitura política. A performance se dá numa ordem esteticamente configurada, em uma configuração esteticamente ordenada. A performance é imposta e visa garantir a posição, um lugar onde o corpo protético deve se situar para a manutenção do status quo privilegiado dos corpos falicamente instaurados.

Se corpos-mulheres avançaram rumo ao orgulho em *ser uma mulher*, essa é uma construção histórica que se dá como resistência ao patriarcado e analogamente ao que ocorre na retomada de um território sitiado. Feministas como Silvia Federici[21] e, antes dela, Merchant[22] mostram como nessa comparação reside o método de ascensão do patriarcado e onde também pode acontecer a sua queda.

A DISTINÇÃO MISÓGINA

A misoginia está para o patriarcado assim como a forma mercadoria está para o capitalismo. Assim como a forma mercadoria depende do fetiche, de um caráter aurático, a misoginia é, ela mesma, um discurso místico que utiliza a metáfora da mulher como eixo. Ela constitui a essência do sistema simbólico enquanto sistema linguístico e a forma de sua reessencialização, já que o projeto da lógica da essência patriarcal, do seu esquematismo, implica garantir que um corpo-mulher, a "mulher" ou "as mulheres", seja percebido como essência imutável. A função da misoginia, ela mesma uma operação linguística sem a qual o patriarcado como sistema simbólico e "frente colonial/estatal – empresarial – midiático – cristã"[1] não existe, é promover a marcação que será apresentada como diferença natural e, depois, como diferença cultural, o que também vem a ser uma armadilha, pois coloca a "diferença" como uma categoria essencial e que, necessariamente, será essencializadora e, em discursos médicos autoritários, servirá inclusive como fator de opressão sobre corpos que não se encaixem na heteronormatividade, como é o caso das pessoas definidas hoje como intersexuais.[2]

A diferença é um valor. O patriarcado é, por sua vez, um sistema de valores organizado na forma de uma esteticonomia política, ou seja, uma economia estética, simbólica e ritual, baseada em padrões de distinção a partir dos quais se organizam a inteligibilidade e a reprodução do sistema que se perpetua enquanto circuito de informação compartilhada. A informação que comunica facilmente se torna regra, norma e lei. Homens têm um valor em si, mulheres têm valor em conformidade com o valor-homem, mas desde que se mantenham sendo e parecendo uma mulher, ou seja, um corpo-performance que não saia da regra para a qual foi criado. Nesse contexto, a diferença é um conceito ligado ao valor que, na melhor das hipóteses, pretende simular equivalência entre partes situadas simbolicamente como complementares. Contudo, raciocínios a partir do universo dos símbolos, sendo a diferença sexual categorial no processo de sua compreensão, tendem a desprezar as relações sociais, suas tensões e imposições. Os elementos simbólicos só podem ser compreendidos esteticamente e entram no cálculo esteticonômico do sistema de poder e violência, no qual não há chance de desierarquização. Como a esteticonomia – o valor do aparecer – implica um caráter ritual, o patriarcado se instaura como culto ao homem e sacrifício das mulheres, como se vê em todas as esferas da vida privada e da vida pública. A distinção misógina serve para sustentar esse sistema de culto que oculta o seu jogo mercadológico.

O que Pierre Bourdieu chamou de distinção[3] vem a ser um conceito válido nessa discussão. No lugar da noção de diferença sexual, cuja fonte é a história da naturalização do sexo, podemos usar a expressão "distinção misógina". O conceito de diferença sexual se tornou polêmico,[4] pois a diferença entre sexo e gênero, entre biológico e cultural, que havia sido a grande novidade do século XX, foi destituída de sentido desde diversas pensadoras* apesar da insistência em mantê-la na sustentação do patriarcado. Distinção, por sua vez, é um marcador social que serve para definir funções a partir de valores organizados em escala e inteligíveis a partir de padrões. A distinção vale para diferenciações de classe, mas é possível usá-la no debate sobre sexo e gênero, sobretudo quando se consideram as mulheres como uma classe social[5] de trabalhadoras oprimidas a partir da marcação sexual.

A distinção misógina depende da cognoscibilidade estética. Homens precisam se reconhecer entre si, o que é possível por meio de

* Jacques Derrida, Michel Foucault e Judith Butler, além de muitas outras feministas.

posições construídas a partir de performances, de atos físicos propriamente ditos, mas também atos de fala. A distinção depende de uma produção. Tais elementos são padrões, ou seja, impressões, bitolas, sinais, etiquetas ou gestos e movimentos repetidos de modo constante que servem à distinção dos corpos. Em resumo, se trata das marcas e dos processos de marcação. Os homens partilham entre si algo que não pode ser partilhado com as mulheres, justamente porque os elementos dessa partilha comum se instauram como distinção das mulheres que ocorre a partir da marcação, que, por sua vez, se apresenta como diferença. Em termos ontológicos isso quer dizer que a mesmidade dos homens, sua identidade erigida como princípio – atrás do qual não haveria nada –, se constrói a partir da construída "não-identidade"* dos corpos-mulheres.

* * *

Assim como dissemos que o ódio é o arquivo secreto que toda mulher deve internalizar e portar em seu corpo, ele mesmo um corpo-arquivo do ódio patriarcal, a identidade masculina é, ela mesma, um arquivo desse ódio igualmente interiorizado, mas numa função politicamente diversa. O corpo-mulher deve internalizar o arquivo do ódio e portá-lo; o homem, ser que não é marcado por seu corpo e nem por seu sexo, atua protegido desse ódio porque o ódio constitui a base do privilégio. O ódio é um arquivo esteticonômico que se imprime sobre o corpo-mulher a partir das práticas patriarcais anatomopolíticas ou biopolíticas.

O conceito de arquivo permite tirar mais uma camada de poeira do conceito de patriarcado. Arquivo é um princípio – uma *arkhê* – que remonta aos documentos escritos e guardados pelos senhores do *arkhêion*, os arcontes, tal como encontramos em Jacques Derrida.[6] Por meio do conceito de arquivo pode-se pensar uma determinada codificação para além das ficções de uma origem no tempo acerca de um modo de vida no qual o *pater potestas* define regras de conduta para indivíduos e o

* Sobre a noção de não-identidade, ver ADORNO, Theodor. *Dialética negativa*. Rio de Janeiro: Jorge Zahar, 2009.

funcionamento social como um todo. A partir de Derrida, poderíamos entender patriarcado como "logocentrismo" e "falogocentrismo", o que nos permitiria trabalhar com o problema em termos lógicos e linguísticos, contudo a palavra "patriarcado" produz efeitos no campo do debate ético, político e jurídico, no contexto de específicos hábitos retóricos que cabe enfrentar. O falogocentrismo implica uma lógica de reprodução metabólica do sistema patriarcal. Arquivo é o conjunto de informações básicas que circula em sua fisiologia como um programa, um "*drive*" que permite direcionar os corpos para fins programados.

O arquivo implica sua própria forma, mas também um lugar onde guardar seu conteúdo e, assim, guardar-se. Se por *logos* se compreende a instância da lógica interna do sistema, ligada ao caráter epistemológico, ou seja, relativo ao modo como ele se estabelece enquanto saber, ou ciência, isto é, como conhecimento por oposição à mera opinião, na intenção de ser a terminologia verdadeira, que irá garantir a "veridição" na constituição do mundo habitável, é preciso colocar em jogo o operador "onde", pelo qual se entende a necessidade da topologia como categoria de análise. Na reflexão de Derrida sobre o arquivo, encontramos que é no que ele chama de "*tópos*" que se instaura uma lei. Ora, a lei implica, ela mesma, uma "lógica" no sentido de um princípio de funcionamento que se ativa a partir dela. A lei é o que não pode ser desobedecido não apenas porque ela sanciona uma obrigação sob pena de sanção, mas porque ela estabelece a maneira de se relacionar ao próprio ser. Além disso, a lei não funciona senão a partir de um lugar onde ela se guarda, portanto de uma domiciliação, para usar o termo de Derrida, onde ela pode se arquivar.

Na colônia penal, Kafka[7] expõe a questão topológica: a colônia é o lugar onde está instalada a máquina de tortura que será acionada por um oficial portador da sentença da lei a ser inscrita no corpo de um condenado que não tem acesso ao texto que o exproba. O conto de Kafka implica o lugar geral, a colônia penal, a máquina de tortura e o texto escrito na forma de um documento que é, contudo, ilegível, cuja mensagem incompreensível será inscrita no corpo. A inscrição é uma informação registrada por uma máquina sobre um corpo inconsciente da pena a que é submetido. Mas consciente da dor ou, melhor, conhecedor da dor na própria carne. A inscrição não acontece fora desse lugar, de um *tópos*. Que haja arquivo quer dizer que há o lugar onde algo é guardado e que sua transmissão depende desse lugar. A origem do arquivo, como nos museus, sempre pode ter se perdido, mas isso pouco importa; os arquivos históricos seguem guardados em seu potencial de conhecimento, verdade e mesmo atuação sobre a vida atual. É da natureza do arquivo que ele possa ser atualizado.* O arquivo implica um valor de informação que está para além do valor de troca e do valor de uso; trata-se de um vetor de força e orientação. Nesse caso, se pode dizer que o patriarcado é o arquivo do ódio contra as mulheres que segue sendo atualizado no regime de privilégios independentemente de que origem possa ter na linearidade histórica diante do fato de sua atualidade.

Lei e Lugar, *nómos* e *tópos*, para usar os termos gregos de Derrida, aludem a linhas desenhadas, a vetores de força. Se o patriarcado é um arquivo, ele tem forma, a forma de si mesmo; se ele é um guardado, ele é seu próprio conteúdo; se ele é uma gaveta ou uma estante, ele está preenchido pelo discurso sobre e contra as mulheres que é a misoginia. O patriarcado opera invadindo e se reconstruindo no corpo-mulher, esse corpo "amado-odiado", um corpo esquecido de si, que nunca foi um ser-para-si, mas preparado para prestar serviços, sendo, ele mesmo, parte da engrenagem que alimenta a máquina que o irá destruir. O corpo-mulher é como o condenado da colônia penal de Kafka, que recebe uma sentença escrita na carne com dor e sem consciência. Como programa criador de um ambiente e um *habitus*, ele é conteúdo e é, ao mesmo tempo, forma. O que Derrida chama de função "institutriz" e "nomológica" define a lei.

A casa do arconte é o lugar onde se guarda a *arkhê* da masculinidade. Nas palavras de Derrida, os arquivos "habitam esse lugar particular, esse lugar de escolha onde a lei e a singularidade se cruzam no privilégio",[8] no "cruzamento do topológico e do nomológico, do lugar e da lei, do suporte e da autoridade", o tema da "domiciliação",

---

* Sobre a atualização e o "atualismo", ver: PEREIRA, Mateus Henrique de Faria; ARAUJO, Valdei Lopes de. *Atualismo 1.0*: como a ideia de atualização mudou o século XXI. 2. ed. Vitória: Editora Milfontes; Mariana: Editora da SBTHH, 2019.

"toponomológica", implica ainda o que Derrida vai chamar de "poder de consignação", que coloca signos e corpos em sincronia. Sem essa sincronia dos corpos em torno de uma consignação não haveria patriarcado. O ódio aos corpos dissidentes se torna compreensível. Assim, se pode dizer que os corpos-sujeitos homens se unem – com ou sem consciência – na sociedade patriarcal em torno da autoproclamação de sua importância e relevância, de sua essencialidade contra a desimportância, irrelevância e inessencialidade das mulheres.

O patriarcado é cênico. Uma cena em uma casa, que se dá em um lugar, sob um discurso que se estabelece entre pares. Exemplar é o Banquete – ou Simpósio – de Platão[9] quando, na festa da qual participam apenas homens na casa de Agaton, tendo algumas mulheres na posição de serviçais, flautistas e serventes, são retiradas do espaço no instante em que os homens vão começar a conversar sobre filosofia. O teatro do *logos* vai começar, e o tema é o amor. O espaço é partilhado por indivíduos homens incluídos uns pelos outros num processo "lógico". A "lógica" do "*logos*" se organiza conectando corpos masculinos. Não há outro parâmetro para essa reunião de homens que esteja além do corpo desses homens, que se oferece como credencial para estar em presença. O corpo-homem é a única garantia da participação. No Banquete, o ato de retirar as mulheres da conversa que está por iniciar é sumário e sem justificativa. O gesto misógino é, ao mesmo tempo, místico e político; ele gera a comunidade dos homens por meio da distinção corporal em relação às mulheres. A exclusão das mulheres é o gesto que permite a unidade dos homens, mantida em torno de corpos credenciados como se, entre eles, algum segredo devesse ser preservado. É o fundamento místico da unidade masculina, ele mesmo material, o corpo-homem que se autocoloca, se reconhece e se afiança como fundamento. A grande lição do Banquete platônico é que é preciso excluir as mulheres para dar coesão à comunidade masculina organizada em torno de um exercício discursivo. O diálogo sobre o amor fala do amor dos homens entre eles. O amor é um elo linguístico, ético e político organizado na forma de um diálogo.

Instaura-se o "bando" de homens a partir do "banimento" das mulheres da cena. No momento em que o discurso de Diotima é apresentado por Sócrates, as flautistas que estavam dentro são excluídas, enquanto uma figura feminina é incluída na conversa desde fora. As ideias de Diotima estão presentes por meio da voz de Sócrates, seu corpo não. Sócrates inclui suas ideias, mas seu corpo vive no espaço sagrado do templo, completamente externo ao Banquete onde os homens fazem o exercício dos seus prazeres, inclusive intelectuais, sem que as mulheres possam fazer o mesmo. Se pode dizer que Diotima está espiritualmente dentro, mas materialmente fora. As mulheres que servem – a flautista, além de tudo, é associada à Gorgó[10] – foram banidas corporalmente enquanto Diotima foi incluída espiritualmente, mas segue, como as outras, banida fisicamente, ou seja, ela está incluída enquanto excluída, excluída enquanto incluída. Ela é foracluída, sendo, portanto, uma velha imagem da exceção sobre a qual impera o patriarcado.

O *Simposium*, esse jantar na casa de Agaton, representa muito bem o que Derrida chama de *nómos* e o *tópos*, assim como o *logos*, formando um arquivo triádico da misoginia institucional. Os homens criam suas leis em seus espaços assegurados em seus corpos-linguagens. Na festa homossocial, homoestética, homopolítica, corpos-mulheres não têm direito à participação. Não podendo estar presentes, não tendo participação sequer como ouvintes no jogo falogocêntrico, a ação de retirada das mulheres do Banquete transforma esse texto em um monumento da misoginia filosófica ocidental. Diotima não é uma mulher respeitada, como alguns querem fazer parecer. Diotima é a representação do feminino abstrato, de uma mulher sem corpo e guardada no templo vivendo no mundo das ideias.

Não há motivo para excluir esses corpos-mulheres do debate senão o fato de que esses corpos sejam mulheres. É o caráter "mulher" desses corpos que leva a excluí-las. Sob o amor-ódio, os corpos-mulheres são desejáveis e indesejáveis ao patriarcado. Na posição de figuras servis e úteis elas podem permanecer até que, em algum momento, a decisão soberana do anfitrião arcôntico se faz e elas se tornem desnecessárias. O modelo da democracia masculina está dado. Não apenas as mulheres não fazem parte da construção da democracia dos homens como a democracia implica a exclusão das mulheres. A homossocialidade é consubstancial à democracia que se cria por meio da exclusão das mulheres.

A foraclusão de Diotima e a expulsão das serviçais e flautistas fornecem o modelo político ao qual as mulheres estão destinadas. Mulheres reais devem servir aos homens dentro da casa da qual são proprietários até que os homens resolvam trabalhar com as ideias, às quais as mulheres estão interditas; mulheres ideais, por sua vez, podem fornecer ideias desde que se mantenham longe dos homens – idealizadas como mulheres sagradas – na topologia patriarcal. Excluídas do jogo público, da pólis, mulheres são incluídas como excluídas* na casa. A casa não é o reino das mulheres por oposição ao reino público dos homens, mas o *tópos* onde as mulheres sobrevivem configurando corpos capturados na exceção.

A sociedade patriarcal se instaura como uma ordem – *toponomológica* – sustentada em um "fundamento místico" que não existiria sem o ódio aos corpos que são, ao mesmo tempo, necessários à manutenção do sistema, organizado toponomologicamente entre casa e cidade, entre esfera privada e pública. Tratadas a partir da lei do falo autoproclamado soberano,[11] ele mesmo organizado pela reunião sincrônica dos corpos masculinos em "bando", as mulheres são "banidas" para fora da vida pública e para dentro das casas, que são "suas" não sendo, pois, na verdade, as casas são propriedade de homens que possuem corpos-mulheres e corpos-escravos.

Misoginia e patriarcado são indissociáveis desde o "começo" no sentido de um caráter "originário", de um padrão genealógico, de balizas repetitivas, de manutenção do poder patriárquico. Como palavra, "patriarcado" guarda em si o "*pai*" e a "*arkhê*", o "começo e o comando", como se vê em Derrida, para quem a *arkhê* implica dois princípios:

---

* A colocação de Giorgio Agamben ajuda a compreender esse tema: "A exceção é uma espécie da exclusão. Ela é um caso singular, que é excluído da norma geral. Mas o que caracteriza propriamente a exceção é que aquilo que é excluído não está; por causa disto, absolutamente fora de relação com a norma; ao contrário, esta se mantém em relação com aquela na forma da suspensão. A norma se aplica à exceção desaplicando-se, retirando-se desta. O estado de exceção não é, portanto, o caos que precede a ordem, mas a situação que resulta da sua suspensão. Nesse sentido, a exceção é verdadeiramente, segundo o étimo, capturada fora (*ex-capere*) e não simplesmente excluída" (AGAMBEN, Giorgio. *Homo sacer: o poder soberano e a vida nua I*. Tradução Henrique Burigo. Belo Horizonte: UFMG, 2002. p. 25).

> [...] o princípio da natureza ou da história, *ali onde* as coisas *começam* – princípio físico, histórico ou ontológico –, mas também o princípio da lei, *ali onde* os homens e os deuses *comandam*, ali onde se exerce a autoridade, a *ordem* social, *nesse lugar* a partir do qual a ordem é dada – princípio nomológico.[12]

O patriarcado funciona na base de um princípio nomológico, ou seja, que instaura a lei; em palavras simples, estabelece o dever e a política dentro de limites, sendo ele mesmo um tipo de arquivo que gera "impressões" nos corpos e, desse modo, sustenta o comum, o que é partilhável dentro dos limites impostos, enquanto o que é cognoscível pelos participantes da comunidade. A casa é laboratório da produção política em que o gênero é central. Todo homem nesse sentido é "arconte", o guardião de um arquivo que é guardado dentro do "*arkhêion*" grego, a casa de quem comanda. A casa é o lugar do arquivo de masculinidade, da repetição da tradição e da propriedade, enquanto para a mulher a casa é um campo* de concentração no qual seu corpo é colocado à mercê da "força de lei" dos homens, organizada a partir do "fundamento místico da autoridade" masculina, como veremos adiante.

"Circuito feminicida" é o termo para expressar o nexo entre a esfera privada e a pública no que concerne às relações entre esses planos: a esfera pública, o mundo homossocial dos homens, onde as mulheres entram apenas como intrusas, e a esfera privada, onde homens exercem poder e violência sobre mulheres e corpos colocados em estado de submetimento. A sociedade dos homens separa e segrega corpos colocados dentro do "campo" que é o lar, ele mesmo "campo de concentração" de mulheres que pode vir a ser lugar de extermínio por assassinato. O assassinato de mulheres por seus parceiros é uma constante cultural. Homens e mulheres são criados, formados e educados nessa sociedade: eles para existir de maneira social, cultural, linguística, essencial e

---

* AGAMBEN, Giorgio. *Homo sacer: o poder soberano e a vida nua I*. Tradução Henrique Burigo. Belo Horizonte: UFMG, 2002. p. 175: "O campo é o espaço que se abre quando o estado de exceção começa a tornar-se a regra".

transcendental, elas, de maneira servil, para que eles existam.* Os homens são os únicos que podem atuar livremente no contexto do circuito feminicida que vem a ser o eixo estruturador dessa sociedade. Criadas no lar e para o lar, impedidas de participar da esfera pública, do mundo dos homens propriamente dito, as mulheres não tiveram escolha historicamente, e algo como "liberdade de escolha" passa a existir na história das mulheres apenas por meio da luta feminista por direitos iguais, que sempre serão direitos relativos ao que o mundo dos homens puder conceder aos que não são homens e nem sempre são tratados sequer como "humanos" pela máquina antropológica patriarcal. Entre a ordem do *domus* e a ordem da *civitas*, ou, em termos gregos, entre *oikos* e pólis, entre o privado e o público, as teorias machistas buscaram garantir a oposição entre o espaço "despolitizado" e a "política". Até hoje a ladainha da despolitização é repetida para evitar que se reconheça o modo como a mera vida das mulheres e de não-homens em geral é politicamente calculada. A tentativa teórica de fazer da "casa" ou do lar um lugar pré-político – ou des-político ou in-político – está na origem da violência que se denominou doméstica. O fato a ser analisado implica a "dominação" que começa no *domus*, que é exercida por parte da figura do "*dominus*", ou seja, o *kyrios*, o senhor de todas as coisas, encarnado em cada homem individual como um elemento simbólico, ou seja, encarnado em potência ou em ato sobre os corpos marcados com o estigma do feminino, sempre concebido como uma forma de negatividade.

* O exemplo mais conhecido nesse caso é o livro de Rousseau. *Emilio, ou da educação*. São Paulo: Unesp, 2022.

O MAL-ESTAR NA CULTURA PATRIARCAL: SEXO E GÊNERO COMO OPERADORES GINECROPOLÍTICOS

Gênero é um código na produção simbólica e linguística baseada em estratégias estéticas e na repetição social de um padrão. Enquanto fórmula, gênero acoberta o sistema que ele mesmo funda. A divisão sexual é seu princípio. Ela implica o que foi chamado por Roswitha Scholz de valor-dissociação,[1] pelo qual se entende a própria clivagem como um valor gerador de valores. Ao separar homem e mulher, dois valores se criam e assim sucessivamente, já que o "valor" não é neutro do ponto de vista sexual. O sistema binário define o "macho como valor"[2] e os não-machos como subvalores ou des-valores relacionados a esse valor. A negatividade do valor "mulher" – ou desvalor – corresponde à sua posição inessencial e subalterna. Mulher é menos-valor que constitui o mais-valor, ou supravalor do macho. O macho se confunde com o próprio capital e se torna o fetiche dos fetiches na sociedade da mercadoria fetichizada.

A divisão sexual se consolida como divisão do trabalho (o "cuidado" como "trabalho doméstico" é naturalizado como "feminino" e o "trabalho extradoméstico" é naturalizado como "masculino"), que se sustenta, por sua vez, sobre o conceito metafísico de "natureza" (humana, masculina e feminina), justificado, ainda, por uma divisão estética das faculdades. Na divisão social das emoções, os pensadores homens reservaram para o homem o atributo da razão e designaram aos corpos-mulheres atributos ligados à sensibilidade (afetos e emoções necessariamente conectados ao tema do cuidado[3]) e seus correspondentes estéticos ("belo" para mulheres, "sublime" para homens, como se vê desde Kant[4]). A produção de gênero anda junto à produção de sexo, envolvendo a modelagem de corpos, o que não acontece sem mutilação, sem um controle sobre a plasticidade física e mental. Tornar-se uma mulher implica um processo cuja ontogênese se dá no tempo de uma vida com talhos, cortes, incisões, preenchimentos, esvaziamentos, amputações, enxertos, cuja violência é inerente ao processo do devir-mulher.

Gênero se tornou uma categoria de análise, ao mesmo tempo que seu caráter de dispositivo se tornou evidente.* Foucault, que não usava a categoria "gênero", entendeu que o sexo era um dispositivo,[5] sendo que o dispositivo expõe justamente o nexo entre o trabalho corporal das mulheres e o trabalho derivado da produção. Contudo, para além da separação que opõe sexo e gênero, tendo em vista que ambos são criações culturais transformadas em uma segunda natureza – ou seja, são naturalizadas –, como categoria de análise, gênero ajuda a compreender a sociedade produtora do discurso da sexualidade que ajuda a acobertar processos de produção. A noção de dispositivo permite compreender o funcionamento e a produção do gendramento dos corpos ou, em outras palavras, sua generificação, sabendo que isso sempre significou sexualização, reprodução da espécie e servidão das mulheres aos homens.

A produção de gênero implica uma operação do poder/violência. A violência não é um excesso, nem um desvio do regime do poder; ela é seu modo de operar. Produzindo o gênero, a violência se perpetua por meio de sua criação num círculo vicioso em que a "tecnologia de gênero"[6] o utiliza na reprodução da violência, como se vê na famosa falácia da "ideologia de gênero" de fundamentalistas religiosos. Em outras palavras, se pode dizer que a heteronormatividade nasce da violência e sustenta a violência. A produção de gênero é política, mas é também biopolítica, visando programar corpos e vidas, garantindo o funcionamento do sistema.

---

* Assim como se dá com a raça, conforme demostrou Sueli Carneiro. Ver CARNEIRO, Sueli. *Dispositivo de racialidade*: a construção do outro como não ser como fundamento do ser. Rio de Janeiro: Zahar, 2023.

Enquanto dispositivo, gênero é um operador completo, tanto moral como político, sendo também um operador esteticonômico, ou seja, funcionando em termos de economia estética, plástica e corporal, calculando não apenas sobre a vida no sentido de formas de subsistência e da sobrevivência, como dizia Foucault,[7] mas também sobre o aparecer e o parecer, a percepção, a cognição, a sensibilidade, o corpo e suas formas de se apresentar. O que Guy Debord definiu como Sociedade do Espetáculo,[8] na qual a imagem se transformou em capital, nada mais é do que a especialização da forma mercadoria à qual as mulheres sempre estiveram submetidas, pois a história das mulheres é a história do controle sobre seus corpos, inclusive do estratégico controle estético sobre suas formas com a incidência inevitável numa subjetividade que também se deve adequar.

Padrões estéticos são mais fáceis de reconhecer na arte do que na cultura em geral e na vida diária onde eles são naturalizados. Os padrões do patriarcado são, nesse caso, cenicamente estabelecidos e compõem o que se pode definir como teatro ritual do gênero, que é marcado pelo que Judith Butler compreendeu como "performance"[9] de gênero. Nesse teatro ritual, o culto do homem se confirma no sacrifício físico e emocional das mulheres, elas mesmas transformadas em guardiãs dos deuses que as submetem, maltratam e sacrificam no contexto da vida privada, mas também no contexto público da espetacularização. Um corpo feminino sempre é exposto como se fosse carne para o abate. No fundo do culto religioso e capitalista do macho, o que se vê é o sacrifício, ou o abate potencial das mulheres, sempre comparadas a animais na política sexual da carne, iniciado com o processo de mutilação existencial e física. Nesse caso, se pode afirmar que gênero não é apenas um operador social e cultural que expõe a definição de papéis e posições de privilégio dos homens por oposição à subalternidade das mulheres, mas um operador tanatopolítico ou necropolítico essencial à soberania da ideologia suprematista masculina. O que se pode definir como *ginecropolítica* relaciona-se a essa matança, que não seria possível sem marcadores tanatográficos organizados num sistema nomotopológico que é o sistema patriarcal.

Assim como no racismo estrutural, a subjetividade está sitiada pelo machismo e pode reproduzir a fala do próprio algoz. Isso quer dizer que o signo "mulher" carrega o ódio a um corpo determinado pelo sistema para o serviço em geral, sexual, reprodutivo e todos os demais apoios administrativos necessários para garantir privilégios do gênero supravalorizado. Toda uma teoria da fragilidade e carência de qualidades precisou ser criada para garantir uma ideologia e sua função como produtora de imaginário. Na introdução a *O segundo sexo*, Simone de Beauvoir mostra como se dá a produção desse "Outro" tendo em vista que, em suas palavras, "há um tipo humano absoluto que é o masculino"[10] em relação ao qual os outros são relativos. A relatividade garante a desimportância e o desvalor, o caráter acidental de um diante do caráter substancial do outro.

Se homem é o sumo valor no sistema patriarcal, o próprio capital, em relação a ele, tudo o mais é medido. O que Adorno e Horkheimer chamam de "olhar do fabricante de caixão"[11] refere-se a essa lógica da medida. Já o desvalor implicado na negatividade é tratado em termos morais e políticos a partir da aversão, da inimizade e da repulsa. O ódio tem a função de moldar, mas também de impedir a vida que é percebida como ameaçadora, ou seja, elementos disruptivos que irrompem na "harmonia preestabelecida" do sistema de opressão devem ser afastados. O princípio masculino é um "fato social", dentro de uma estrutura hierárquica pela qual o homem enquanto macho é essencial e o corpo-mulher é o inessencial. O desvalor essencial serve de marca sobre o corpo da mulher, por oposição ao valor que é o corpo do homem.

Pierre Bourdieu, em sua análise da dominação masculina, nos lega a noção de gênero como "*habitus* sexuado",[12] ou seja, como um sistema em que "esquemas de percepção, de pensamento e de ação" são aprendidos no mundo da vida. Pode-se dizer que a casa, o lar, é o principal laboratório da sua produção junto a outras instituições nas quais os corpos são produzidos. Se gênero se organiza numa interação entre percepções, pensamentos e ações, cabe à mulher vivê-los sob a servidão, enquanto cabe ao homem viver como senhorio, como dominante, como autoridade. Se o *habitus* sexuado impõe para a mulher uma matriz de subjetivação marcada pela servidão, na qual gestos delicados e ligados ao padrão do cuidado, como alimentar, limpar, organizar, atender, ensinar, proteger, gestos dedicados ao outro como parte das performances e coreografias do conjunto chamado "feminino", o *habitus* masculino não implica o sexo, mas a posição universal humana, a representação do valor na violência, na brutalidade, na agressividade. Esse é o *nómos* a exercer-se na *topológica* que separa esfera pública e privada nas quais impera o homem.

Os aspectos brutais da masculinidade não são questionados; eles configuram um "estilo" no homem. Os gestos toscos, agressivos, em relação a si e ao outro, a naturalidade com que os homens se portam à espera de serem servidos pública ou privadamente por corpos-mulheres, denotam a naturalização com que se "habituaram". A agressividade, a dureza, aquilo que Kant entendia como "nobreza",[13] um certo ar de superioridade, despreocupado quanto ao mundo ao redor, e, no extremo, a potência da matança, são inseparáveis da condição soberana da qual o corpo-homem é portador no sistema. A decisão soberana faz parte da matriz de subjetivação masculina, ou seja, a decisão é dada ao homem, o que quer dizer que ele é "Sujeito", enquanto a mulher, a quem não é dada a mesma decisão, é um "Outro", uma coisa ou um objeto. Na cultura do feminicídio, a morte de uma mulher é naturalizada e ela pode ser culpabilizada por isso como toda a violência que sofre, mas uma mulher que ouse matar será vista como uma aberração da "natureza", como se ela tivesse irrompido numa cultura carente de violência.

Assim como Weber disse que "o capitalismo hodierno, dominando de longa data a vida econômica, educa e cria para si mesmo, por via da *seleção* econômica, os sujeitos econômicos – empresários e operários – de que necessita",[14] o patriarcado, que em nada se separa do capitalismo, cria para si mesmo os sujeitos generificados – homens e mulheres – de que necessita. Essa criação não é possível sem teorias e práticas de ódio configuradas na misoginia estrutural e estruturadora exercida por uns e sofrida por outros e muitas vezes exercida por quem é sua vítima. Gêneros são organizados a partir de uma diferença ideológica que garante o jogo da violência, ele mesmo um jogo de força pela sobrevivência em que um gênero matador age contra o gênero matável.

A prática originária e sistemática de matança de mulheres permite definir o patriarcado como um sistema que, em cada gesto e em cada ato, revela seu caráter tanato e necropolítico, ou "ginecropolítico", como venho sustentando. Construindo-se sobre a pena de morte contra mulheres e sobre corpos que remetem à ideia, imagem ou, em resumo, à marca da mulher, e ao significante "feminino", assim como sobre os corpos de todas as espécies para além da espécie humana no contexto da ginecropolítica universal, uma verdadeira política sexual da carne[15] legitima o abate. O patriarcado vem a ser uma máquina de produção e reprodução de sexo-gênero – baseado em estereótipos, mas também em uma episteme – por meio de múltiplas formas de violência que culminam no assassinato dos corpos visados.

Nesse contexto, sexo e gênero são operadores ginecropolíticos que não precisam ser separados, pois funcionam de maneira combinada e ajustada. Sexo e gênero servem como marcas ou marcadores impostos aos corpos em processo de construção. Monique Wittig percebeu que "sexo é a categoria política que funda a sociedade enquanto uma sociedade heterossexual"[16] e tratou o gênero como um tema linguístico, como um termo útil que, na verdade, implica o sexo. Fundamentalistas hoje atacam o "gênero" devido ao seu uso intelectual-analítico, enquanto a categoria sexo continua deixada de lado, para não chamar a atenção, porque o lugar de tabu do sexo é mais conveniente à manutenção do dispositivo sexual. Sexo é algo que pesa sobre as mulheres, enquanto gênero situa uma certa possibilidade de desmontar a opressão, desde que não seja novamente naturalizado, como muitas vezes acontece.

No contexto de uma análise materialista histórica, Wittig entende homens e mulheres como resultados de relações, e não como seres em si mesmos que teriam uma origem essencial ou natural em si mesmos. Usando o materialismo histórico como método, o "ser" é desromantizado em sua obra. De fato, é possível definir o "ser" como um efeito de relações, embora "ser" seja uma expressão bastante limitada devido à mania essencializadora e identificadora do esquematismo do pensamento patriarcal que o constrói. Para Wittig, "a categoria sexo é aquela que determina que é 'natural' a relação que está na base da sociedade (heterossexual) e por meio da qual metade da população, as mulheres, é 'heterossexualizada'". Ou seja, todas as mulheres são "submetidas a uma economia heterossexual".[17] Ninguém nasce heterossexual, torna-se – e esse tornar-se, no caso das mulheres, implica colocar o corpo a serviço da reprodução compulsória da espécie.*

Já o gênero seria, segundo a escritora que propõe o pensamento lésbico por oposição ao pensamento hétero, "o indexador linguístico da oposição política entre os sexos". Ela usa gênero no singular porque, de fato, segundo ela, "não existem dois gêneros, mas somente um: o feminino, pois o 'masculino' não é gênero. O masculino não é o masculino, mas o geral. O que existe são o geral e o feminino, ou melhor, o geral e a marca do feminino".[18] Gênero é, portanto, ele mesmo um marcador que, reconhecido como tal, pode ter um papel positivo como categoria de análise.

De fato, sexo e gênero estão indelevelmente associados. O trabalho da reprodução é um trabalho sexual, mas não somente. Ele é o trabalho das mulheres, por meio do qual outros "trabalhos de mulheres" se perpetuam e são apropriados pelos homens. O trabalho ligado à categoria sexo e o trabalho ligado à categoria gênero andam juntos. Se trata, como afirma Wittig, no caso do trabalho da casa, de um "trabalho associado 'por natureza' ao trabalho da reprodução, a saber, a criação dos filhos e as tarefas domésticas".[19] O argumento de Wittig estreita os laços entre sexo e gênero: a apropriação do trabalho das mulheres é executada da mesma maneira que a apropriação do trabalho da classe trabalhadora pela classe dominante. O patriarcado está para o capitalismo como a mulher para o trabalhador. Não se pode dizer que a produção dos corpos seja natural e o trabalho doméstico seja social, pois, na verdade, "natureza" e "cultura" estão associadas na ideia de trabalho, que deriva da ideologia da diferença sexual, na qual as mulheres devem acreditar para aceitarem com mais facilidade a obrigação de produzir, reproduzir e cuidar. De fato, quando as mulheres não aceitarem a reprodução

---

* Nesse sentido, Wittig afirma que "a categoria sexo é o produto de uma sociedade heterossexual que impõe à mulher a obrigação rígida da reprodução da 'espécie', ou seja, a reprodução da sociedade heterossexual". Além disso, ela afirma que a reprodução compulsória da "espécie" pela mulher é o sistema de exploração em que a heterossexualidade se baseia economicamente. WITTIG, Monique. *O pensamento hétero e outros ensaios*. Belo Horizonte: Autêntica, 2022. *E-book*. p. 81.

compulsória serão retaliadas por todos os lados, sendo o estupro um fator inapagável das sanções sobre um corpo-mulher.

Sexo é uma categoria mais forte do que gênero na obra de Wittig. O gênero é, na sua visão, o indexador linguístico da oposição política entre os sexos e da dominação das mulheres. "O gênero, como conceito, é fundamental no discurso político do contrato social como heterossexual",[20] mas ele se ergue sobre a categoria "sexo". Trata-se de categorias que agem sobre o real-social. Nos termos de Wittig, "a linguagem projeta feixes da realidade sobre o corpo social, marcando-o e moldando-o violentamente". Isso quer dizer que "o corpo dos atores sociais é formado pela linguagem abstrata, bem como pela linguagem não abstrata", que há "uma plasticidade do real na linguagem: a linguagem tem uma ação plástica sobre o real".[21] Isso quer dizer que os corpos atuam a partir de discursos, textos, papéis prévios lançados sobre esses corpos num horizonte hermenêutico patriarcal.

O discurso patriarcal se impõe exigindo a adaptação dos corpos, como uma espécie de predestinação ou condenação. Os corpos visados, por sua vez, criam mecanismos de proteção para sobreviver, e um deles é o mimetismo. Seres homens imitam homens dentro de um circuito codificado, corpos-mulheres imitam mulheres. Contudo, o mimetismo que os homens, em um sentido genérico, usam em geral para se proteger da natureza, as mulheres usam para se proteger dos homens. Se mimetizar-se é se tornar idêntico, é adequar-se para fazer desaparecer a diferença, os homens assimilam-se à natureza criando a cultura como uma segunda natureza, enquanto as mulheres se tornam adequadas aos homens. Gênero é, nesse caso, um fator de assimilação e, ao mesmo tempo, um conjunto de codificações.

Podemos definir gênero como uma matriz de subjetivação. Certamente os corpos-homens também são inscritos na exterioridade do gênero e devem internalizar a matriz. Contudo, a matriz masculina implica hegemonia, superioridade e a capacidade de praticar violência, além de muitos outros atributos que são interditados às mulheres. Nessa produção de positividade e dispositividade dos homens, as mulheres não passam de negatividades e inatividades. Uma equação que coloca homens como "o geral" e mulheres como "o sexo" e "o gênero" define a sociedade. Nessa separação legitimadora de todo tipo de violência contra os corpos-mulheres e até mesmo da sua matança reside o mal-estar na cultura patriarcal. O absurdo da diferença ontológica instaurada no regime sexo-gênero é camuflado por meio de naturalizações e de uma ideia de cultura que apenas re-naturaliza as categorias. O patriarcado é um regime perverso instaurado sobre uma mentira, e o mal-estar é a sua verdade sensível. Aquilo que Freud definiu como masoquismo feminino* nada mais é do que sintoma do mal-estar das mulheres sob o patriarcado, no qual sua "passividade" seria uma postura social e política provocada pelo medo e, mais, pela ameaça transformada em tecnologia política, como administração do medo, algo que pensadores do passado já haviam vislumbrado.[22]

Como regime autoritário e totalitário, o patriarcado faz circular a sensação de medo num cenário de sufocamento. O medo é real, tem relação com a violência, mas se apresenta difuso como uma espécie de miasma. Pode-se dizer que as mulheres vivem mergulhadas em uma espécie de "sentimento oceânico de pavor". Aquilo que Freud entendeu como "um sentimento de união indissolúvel, de pertencimento ao todo do mundo exterior",[23] típico dos poetas e dos neuróticos e que, em seu texto sobre *O mal-estar na cultura*, implicaria uma relação sem mediação com o todo, é vivido pelas mulheres como sufocamento inescapável sob as regras do regime e sua ofensividade constitutiva e ininterrupta. A ameaçabilidade é a condição sob a qual vivem as mulheres na sociedade patriarcal e, como tal, pode se tornar uma categoria de análise do sistema patriarcal como sistema do medo.

Se, como diz Freud, o mal-estar é próprio da cultura enquanto tal, já que a cultura se constitui como recalcamento dos prazeres e desejos que retornam recalcados, como culpa, o que se pode chamar de "mal-estar na cultura patriarcal" tem dois sentidos: de um lado coloca que a cultura é, ela mesma, em seu todo, algo patriarcal, e, nesse caso, o

---

* Um artigo que resume bem o tema em Freud e Lacan é "A metapsicologia do masoquismo: o enigma do masoquismo feminino e sua relação com a fantasia masculina", de Carolina Nassau Ribeiro (*Ágora*, Rio de Janeiro, v. XX, n. 2, p. 477-490, maio/ago. 2017. https://doi.org/10.1590/1809-44142017002009).

mal-estar de que fala Freud requer esse complemento: o mal-estar geral é, também, por definição, patriarcal, ainda que se possam criar zonas de exceção para fugir de seus ditames; de outro lado, a cultura patriarcal, na qual se experimenta o mal-estar, está intimamente ligada a outro conceito essencial da psicanálise, o de pulsão de morte. Assim é que esse conceito, que também poderia ser chamado de impulso de morte, pode ser uma categoria de análise útil para uma leitura em chave feminista da cultura patriarcal. A pulsão de morte deixa de ser uma hipótese e passa a ser sistêmica. Ora, a cultura patriarcal é mais que atravessada, construída pela morte. Sua intencionalidade é feminicida, sua teleologia é feminicida. A pulsão de morte se impõe como lei – ou, para dialogar com um termo mais psicanalítico, se impõe a partir de um "superego" universal, ele mesmo o "Sujeito" patriarcal que impera sobre todas as teorias e práticas, instaurando uma pena de morte sobre as mulheres. Portanto, o mal-estar patriarcal vai muito além da culpa, das frustrações diante de exigências de desempenho na cultura; ele é a submissão à ameaça que gera a culpabilização, ela mesma ilegítima, não obstante seja vivida como própria, pois esse viver como próprio algo que é impróprio apaga o caráter postiço da experiência.

Em Freud, pulsão de morte e mal-estar andam juntos. Freud não poderia ver que a cultura onde esse sentimento de mal-estar se desenvolve é patriarcal. A noção de mal-estar em Freud tem algo de metafísico, ou de místico, em outras palavras, de sem fundamento, assim como a noção de pulsão de morte. Trata-se de algo que se mantém não explicado como, de resto, se dá com o que constitui o amplo campo do inconsciente. Ao mesmo tempo, tanto a pulsão de morte quanto o mal-estar a ela ligado têm algo de puramente proposicional, ou seja, soam como metáforas que tentam expressar aspectos misteriosos da vida psíquica. Em termos concretos, essas categorias remetem ao pavor vivido por cada um e, no entanto, recalcado na cultura. A pulsão de morte e o mal-estar revelam a ameaça generalizada do poder tal como ele se apresenta no patriarcado, ou seja, como violência, contra a vida. O poder patriarcal, ele mesmo poder soberano, é o poder cujo nome não poderia ser dito, sob pena de fazer desmoronar seu sistema, que depende justamente da manutenção desse segredo. Um poder que precisou ser ocultado para não desestabilizar as formas de vida que ele mesmo criou para se perpetuar.

O "mal-estar na cultura" constituía, em Freud, o vir à presença de uma complexa impulsão de morte* funcionando ao lado do chamado impulso de Eros numa fórmula que explicaria o processo cultural experimentado socialmente. Tal processo estaria inscrito em uma base vital relacionada ao "caráter mais universal da vida". Que Freud pondere sobre a revelação de um "segredo da vida orgânica em geral" obriga a pensar nesse elemento oculto da cultura que ele gostaria de imputar à natureza, de modo semelhante ao que fez Schopenhauer e toda uma tradição filosófica baseada nesse paradigma, inclusa nele a natureza humana. Contudo, se ultrapassamos dialeticamente essa proposição ligada às filosofias da natureza por uma leitura histórico-política – antropológica, estética e mesmo ética do "segredo" –, caímos no tema da soberania política. No segredo da vida, quem sabe da "mera vida" humana sob a cultura em que vivemos. No segredo da cultura patriarcal, que, para se manter, precisa do conceito de natureza, tanto quanto precisa do processo de naturalização, ou seja, da transformação da cultura em segunda natureza. A matança de mulheres no patriarcado é a expressão explícita do impulso de morte. Vale notar que a cultura das mulheres não é simplesmente parte da cultura patriarcal, mas um processo paralelo no seio mesmo do patriarcado, se constituindo como cultura de sobrevivência à política da matança patriarcal.

Oposições como sexo-gênero, homem-mulher, feminino-masculino constituem pares clássicos de uma filosofia política feminista que, na atual fase histórica, ainda precisa lidar com o binarismo epistêmico para poder superar sua lógica. O nexo entre patriarcado e pulsão de morte emerge como o novo par da filosofia política, sem oposição ou dialética, em um bloco rígido contra o qual ideias como a de democracia se tornam precárias, para não dizer ingênuas. O feminismo – ou o que venho chamando de ecossocialfeminismo – como teoria e prática

---

* Vale ler o conceito anterior a Freud, de Sabine Spielrein. A destruição como origem do devir. *In*: CROMBERG, R. U. (org.). *Sabina Spielrein*: uma pioneira da psicanálise – obras completas. São Paulo: Livros da Matriz, 2014. v. 1. p. 227-277.

surge como alternativa. Ele diz respeito a uma democracia radical que supera as velhas e precárias formas da democracia que também foram usadas para mascarar o patriarcado.

Sustentando-se sobre a pena de morte contra corpos-mulheres e corpos em geral que remetem à forma social, ao significante mulher e ao significante feminino, assim como sobre os corpos de todas as espécies para além da espécie humana, o patriarcado vem a ser uma máquina de produção de sexo-gênero por meio de múltiplas formas de violência.

O feminicídio se constitui como prática essencial do patriarcado, sistema no qual se dá o exercício do poder soberano imposto e mantido pelos homens. A definição de Foucault, para quem o poder soberano é o poder de fazer morrer ou deixar viver,[24] resume bem o secular conceito que estrutura a filosofia política antiga e também a moderna. Porém, ao não trabalhar com a mais importante proposição de sua época, a saber, o tema de gênero que desponta nos anos 1970 como categoria de análise, a abordagem do pensador francês abandona caminhos por ela mesma abertos. O nexo entre o poder soberano e o poder patriarcal precisa ser recuperado com urgência. O feminicídio é o tema crucial de uma filosofia política feminista tanto quanto o poder soberano é o tema crucial da filosofia política tradicional, ela mesma patriarcal. O sistema patriarcal – e sua "filosofia natural" – é um complexo sistema de matança de mulheres que veio a se configurar como cultura contra uma "natureza" que pode ser dominada, estuprada e morta. Embora naturalizada, a cultura da matança de mulheres deixa um miasma no ar, como um clima de ameaçabilidade, como se algo recalcado ameaçasse vir à tona.

A impulsão de morte se organiza como pragmática da morte de mulheres no patriarcado. A matança é a prática extrema da cultura da misoginia. A estrutura da decisão sobre o corpo matável é a operação que devemos compreender para além da psicologia individual ou social dos assassinos.

O que pretendo mostrar é que o sistema patriarcal, ele mesmo um sistema político e estético, ideológico, teológico e estatal no seu todo, funciona também como sistema econômico, ao mesmo tempo que sistema judicial e legal, julgando e decidindo sobre a vida das mulheres enquanto capital.

NEGATIVIDADE POLÍTICA: A CONSTRUÇÃO DA INIMIGA

A negatividade está para a mulher como a inimizade está para o outro. O patriarcado é máquina de autoprodução e autopromoção da masculinidade como identidade que articula a matança do Outro. Essa máquina necessita da distinção misógina para garantir o lugar do outro como inimigo e, assim, justificar a matança. A distinção misógina coloca a "Outra" como inimiga. A misoginia está implicada na homossociabilidade do patriarcado no sentido de que as mulheres, enquanto "Outro" ontológico e inimigo político, devem ser excluídas até, caso seja necessário ou haja vontade, o extremo da aniquilação.

Assim como o fascismo precisa do inimigo para instaurar a sua comunidade, o machismo instaura a mulher como inimiga para garantir a comunidade. Fascismo e machismo são associados de tal forma que se pode dizer que o fascismo é um assunto de homens, uma forma especializada e organizada politicamente para a matança patriarcal.

O patriarcado sempre foi fascista.[1] A mulher sempre foi a inimiga na cultura patriarcal. Uma inimiga criada para a coesão da massa destrutiva. Em outras palavras, o lugar negativo, da mulher como inimiga, é um lugar a ser assegurado no sistema de produção simbólica patriarcal com o objetivo de sustentar a unidade masculina. Ao ser definido como fraco e frágil, como imbecil e incapaz – a mulher e os corpos marcados por sua figuração –, não é autorizado praticar as violências das quais ele será o alvo.

A nomológica, ou seja, a ética e política baseada na possibilidade da ação, no jogo do dever-ser, implica uma regra fundadora que vem a se tornar a grande equação patriarcal. É preciso que esse corpo não-sujeito, um corpo como objeto, seja objeto da violência – até o extremo da aniquilação –, aceitando a violência e, de preferência, colaborando para que a violência aconteça, para que ela corra livre. Da mulher que se autoanula no casamento (ou por ter fracassado em não casar) à esposa indiana que pratica o "sati",* passando por um sem-número de horrores vividos pelas mulheres cotidianamente em convívios opressores, a regra para as mulheres no todo da sociedade é compactuar com a violência. A prática, hoje em desuso, do sati na Índia serve de metáfora para a autoanulação. A mulher que se atira na pira para incendiar seu corpo junto ao corpo do marido implica um suicídio compulsório. E a maior perversão: ser cúmplice da própria morte por não ver alternativa. Por isso, a imagem de uma mulher violenta não é apenas uma mera contraposição estética ou ética ao caráter feminino, ele mesmo a face estética da divisão sexual das emoções e do trabalho do cuidado a ela associado, mas uma ameaça ao sentido do poder masculino, ele mesmo poder de praticar a violência que não admite o contrário. A violência é, nesse caso, não apenas certo conteúdo da masculinidade, algo que está nela contido como uma imagem do "homem", uma ideia de "homem", mas designa a masculinidade como forma, como "design" ou como "projeto" que sustenta a violência e se confunde com ela a tal ponto que é difícil separar o homem da violência que ele pratica ou da violência que ele pode praticar e que se instaura em um nível tal que se pode definir essa violência própria dele, do particular e do geral como seu "estilo" ou seu "costume", como "violência transcendental", ou seja, uma violência ligada à própria ideia de homem – ele mesmo "Sujeito transcendental" e valor capital – e às formas de exercer essa ideia empiricamente na forma individual de cada um.

---

* Sati é o antigo costume indiano pelo qual as esposas se jogam nas piras onde seus maridos são cremados. Sobre esse assunto Gayatri Spivak faz um importante comentário em seu clássico *Pode o subalterno falar?* (Belo Horizonte: Editora UFMG, 2010).

Nesse contexto em que são tratadas como inimigas, as mulheres são assombradas pelos homens como se elas estivessem erradas ou fossem más ou culpadas previamente. Vítimas da projetividade patriarcal, as mulheres tentam agradar, muitas vezes se automutilando e se autodestruindo. Nos ambientes domésticos, as mulheres suportam violências aderindo a protocolos "naturalizados", trabalhando para sustentar a harmonia na casa. A intimidade monstruosa[2] vivida por pessoas escravizadas é uma constante também na vida de mulheres de um modo geral. O horror na vida cotidiana é naturalizado e consolidado socialmente. O medo vivido nas casas desde a infância é vivido também na esfera pública. Que o medo ultrapasse a esfera do afeto triste, do sentimento particular de alguém, e passe a ser um fato psicossocial ligado a um grupo ou até mesmo a uma população quando se sabe por meio de pesquisas que quase cem por cento das mulheres têm medo de andar sozinhas à noite por medo de estupro, é algo que exige reflexão. Naturalizado, o medo passa a ser um inevitável fator de convívio, os mecanismos que permitem a sua internalização* são esquecidos e, como algo aprendido, ele passa a fazer parte da matriz de subjetivação do gênero feminino, ou seja, a condição de mulher implica ao corpo marcado com esse signo viver a experiência de um medo real que passa a ser também um padrão internalizado.

O medo produzido, a ameaçabilidade generalizada, faz parte do esquematismo patriarcal que impõe às mulheres uma verdade sobre elas mesmas a partir do medo, inclusive a mentira de que elas devem temer intransitivamente o todo da vida, além dos homens que as ameaçam e podem, de fato, violentá-las e matá-las. A ameaçabilidade é essencial ao sistema e funciona em conjunto com a matabilidade das mulheres. À "inimiga", a portadora da "diferença" que deve ser rechaçada, cabe o esforço de demonstrar que pode ser amiga, que pode ser melhor, mais silenciosa, mais jovem, mais paciente, mais servil, mais adequada. Assim, as mulheres fogem da periculosidade nelas projetada aderindo a

* István Mészáros fala sobre mecanismos de internalização por meio da educação e sobre uma "contrainternalização" para superar o capitalismo. Creio que o mesmo deveria ser feito em relação ao patriarcado. Ver *A educação para além do capital*. São Paulo: Boitempo, 2008.

uma moral-estética da mansidão para evitar a pecha de desagradáveis, loucas e más.

A mentira da guerra dos sexos faz parte do patriarcado. A guerra é dos homens contra as mulheres, sendo o sexo o dispositivo masculino nessa guerra. Assim como há uma diferença sexual produzida, há, na ideologia da diferença, a tentativa de apagá-la, assim como a divisão do trabalho dela derivada. A permissão da violência para os homens e a interdição da violência para as mulheres faz delas vítimas, mas ao mesmo tempo, na retórica masculina misógina, ela mesma parte da guerra, as mulheres são culpadas por serem vítimas, não lhes restando saída. É a adequação ou a morte. O aviltamento e a humilhação são o destino das mulheres na cultura patriarcal.

Levando em consideração a hipótese contratualista da filosofia política clássica, a saber, que o medo da morte violenta vivido pelos homens é superado por meio do contrato social, deve um problema filosófico ser enfrentado. Se a ficção hobbesiana da guerra de todos contra todos[3] encontra um arranjo razoável para os homens ameaçados uns pelos outros – abdicar da liberdade enquanto se trata da liberdade de matar e obter proteção para não ser morto por alguém que tem liberdade de matar – com o surgimento do Estado, isso não vale para as mulheres, para quem a intimidade com o medo não é jamais superada. De fato, o contrato social é um contrato entre homens, patriárquico e fratriárquico; ele exclui as mulheres, tratadas como inimigas e que, nessa condição, devem viver ameaçadas.

As mulheres estão ligadas a um estranho "contrato sexual"[4] em relação ao qual não tiveram historicamente – e ainda não têm no tempo presente – uma liberdade equiparável à dos homens. A participação das mulheres no "contrato" é desproporcional em relação à dos homens, porque a elas cabe outro contrato, aquele que implica o sexo no lugar do que, para os homens, é a liberdade. Novamente o que se vê é o sexo como marcador da inimizade em relação ao qual os homens são autorizados a agir violentamente. Sem liberdade, as mulheres não se tornam sujeito do conhecimento, nem ético nem político, e podem ser rebaixadas ao sexo pelos homens.

Por isso a tomada de posse do próprio "sexo" sempre foi tão importante para as mulheres, assim como a tomada do desejo sexual, bem como do corpo como um todo à medida que esse corpo foi sexualizado, ou seja, marcado e reduzido a sexo. O próprio sexo foi tratado como inimigo e, como tal, odiado.[5] A luta feminista implica desde o seu início superar aspectos concernentes ao sexo como fator de marcação e capitalização de corpos e vidas calculados pelo poder patriarcal.

O feminicídio acaba por constituir-se como pano de fundo para as mulheres sujeitas ao longo da vida, desde o nascimento, a palavras e atos misóginos, a todo tipo de violência que pressupõe a autorização masculina em termos de posse e de uso do corpo desse "Outro" heterodenominado mulher. O sexo é tratado como coisa perigosa, sendo um signo do qual apenas uma inimiga pode ser a portadora. O ódio às prostitutas e às mulheres sensuais que se tornam "proprietárias" de seu próprio sexo – e do corpo – faz parte disso, pois elas se "apropriam" de algo que de um ponto de vista patriarcal não lhes pertenceria. O patriarcado é um sistema de poder/violência, fundado no cálculo disfarçado de contrato sobre o sexo, já que é, pelo menos desde a modernidade, o contrato que coloca em jogo a liberdade, de fato inexistente, ou sempre desproporcional para as mulheres no caso de conseguirem obter alguma liberdade. Mesmo que uma mulher se sinta subjetivamente livre, objetivamente ela não é, pois o patriarcado é justamente um sistema para o qual o seu corpo e sua presença são objetificados.

O patriarcado é um sistema fraudulento. Se a teoria do contrato social não vale para as mulheres, para as quais vale um leonino contrato sexual, não é porque as mulheres sejam incapazes de compreender que estão em uma armadilha. De fato, a naturalização é o método para instaurar a ideologia patriarcal de gênero. Ela opera construindo crenças. É preciso acreditar, mas antes disso é preciso temer. O medo é metodologicamente administrado, e deve ser interiorizado pelos corpos-mulheres. Se o medo baliza as relações, se o medo é uma tecnologia de controle, o patriarcado pode ser compreendido como um regime de "terror antifeminino"[6] e a hipótese de uma guerra de todos contra todas (uma "guerra mundial contra as mulheres") se torna comprovável.

Embora haja exceções, ou seja, homens que realmente lutam pelos direitos das mulheres, a ficção política dos homens é totalmente diferente quando se trata de explicar a realidade das mulheres.

Ambos, homem e mulher, se tornarão mortais, mas, enquanto os homens temem a morte violenta por parte de outros homens até que o contrato social venha suavizar o medo, as mulheres serão ameaçadas por homens sem chance de pacto, mesmo as mais devotas ao sistema; mesmo as mais submissas, mesmo as mais servis, seguem sob a mira do ódio e o risco de suas múltiplas consequências conforme gradações em contextos. Ora violências mais linguísticas, ora violências são literalmente físicas, ou seja, se dão sobre a vida nua. Por fim, pode-se definir o patriarcado como a política da ameaçabilidade numa sequência de atos que vão das violências simbólicas até o extremo da violência exterminadora que é o feminicídio sob a regra de que inimigos devem ser eliminados.

A violência se organiza contra as mulheres como produção conceitual para a qual colabora a produção da imagem. Mulher como sexo é uma espécie de fórmula que vem a corresponder ao núcleo conceitual do circuito feminicida. Ele corresponde à continuidade entre ontologia, epistemologia, estética, ética e política, em outras palavras, entre regimes de pensamento e realidade histórica, entre narrativas e performances, entre discursos e ações em cujo centro está a morte de uma mulher. Se concordarmos com Foucault que o poder é um dispositivo, "mulher" é o corpo que faz girar a máquina, é a "meta" no sentido de Canetti,[7] para quem a vítima não pode nada senão fugir ou morrer, mas jamais praticar a ação promovida por seu algoz.

Assim é que o corpo heterodeterminado como "mulher" não é apenas um "Outro". A mulher não é somente o negativo conceitual do homem que serve para que os homens concretos tenham a chance de se distinguir como superiores, se autoprivilegiando por meio dessa superioridade, mas é, ao mesmo tempo, caça e bode expiatório, corpo a ser usado, devorado, castigado e punido, mas também corpo por meio do qual se pode gozar do ódio implicado na posição soberana dos homens, intimamente ligada à sua essencialidade primária. A posição soberana não é simplesmente perversa. Na verdade, ela define a lei, ela é a lei, e, portanto, não há outra lei que possa contê-la ou que possa estar contra ela, mas toda mulher que se insurja contra essa lei será considerada uma anomalia (antinatural de um ponto de vista estético e moral), uma criminosa (fora da lei) ou uma herege (antirreligiosa).

DESIGN DE GÊNERO E FORMA-VALOR: "HOMEM BRANCO" E "OLHAR BRANCO"

A noção de design de gênero – ele mesmo um design de subjetividade[1] – permite compreender como a figura do "macho branco" vem a ser o código dos códigos que faz circular uma informação que pode ser traduzida como culto do macho, ou seja, um sistema no qual o caráter do "capitalismo como religião"[2] se torna a religião capitalista de louvor ao macho como valor. O macho branco é o valor absoluto a partir do qual todos os demais são valores – e desvalores – relativos e acidentais, no contexto patriarcal. Isso explica o funcionamento do racismo entrelaçado ao macho branco.* O "branco" não é, portanto, uma abstração, e a branquitude é um pilar do sistema da dominação e da opressão.

O capitalismo não é apenas um sistema de exploração, mas uma religião pautada no culto do homem branco heteronormativo. O capitalismo avançou com o racismo justamente porque o racismo foi, como bem mostrou Sueli Carneiro,[3] um dispositivo de poder pautado na abstração da raça aplicada aos corpos que deveriam trabalhar até morrer para a manutenção do sistema em favor de outros corpos brancos

* Angela Davis mostra em *Mulher, raça e classe* (Tradução Livre. Plataforma Gueto, 2013) a participação das mulheres na luta abolicionista. As mulheres foram solidárias às vítimas do racismo, exceto nas vezes em que estiveram mimetizadas à forma-social do macho branco ao qual servem.

opressores num contexto de relações heteronormativas, de enriquecimento e de sustentação do sistema a partir dos corpos marcados como "outros", "mulheres" e "negros". O que coloca a questão hoje de como reparar e refazer relações após a tomada dessa consciência.

Frantz Fanon falou de uma "tara" dos povos colonizados pela qual são proibidas explicações ontológicas. Segundo ele, "a ontologia [...] não nos permite compreender o ser do negro. Pois o negro não tem mais de ser negro, mas sê-lo diante do branco".[4] Fanon fala do "olhar branco", que projeta sobre o negro uma lacuna de "resistência ontológica". A colonização é o fato pelo qual seres heterodenominados "negros" são obrigados a se situar diante de sua própria metafísica e seus costumes e instâncias de referência na mira da destruição violenta pelo sistema de referência do homem branco. A colonização e escravização por parte do "homem branco" contra o "negro" exigem uma performance, ou seja, que todos se situem dentro do texto prévio do patriarcapitalismo racista para corresponder ao "olhar branco" a ser adulado, protegido, respeitado e idolatrado. O mesmo vale para as mulheres, e as mulheres brancas podem usufruir do privilégio branco, mas nunca diante de um homem branco, diante do qual ela mesma é diminuída.

O que Fanon chama de "olhar branco" se transforma numa arma pela qual se criam novos esquemas corporais para o ser negro. Para Fanon, o conhecimento do corpo é unicamente uma atividade de negação", "um conhecimento em terceira pessoa", pelo qual o corpo do negro performatiza "um conhecimento implícito" diante do homem branco. O corpo preto performa diante do olhar panóptico do branco, assim como o corpo "vedetizado" da mulher diante do que se pode definir como "olhar-macho". O patriarcado, assim como o racismo, são duas faces do mesmo monopólio da violência, que se mistura com o monopólio do prazer como privilégio do homem branco em seu uso e abuso do mundo e de todos os corpos para si.

No campo da teoria, o homem branco, seja o indivíduo concreto, seja a categoria universal, perde espaço. O desespero do homem branco fazedor de teorias que sempre desejou evitar a contestação é a criação de ódio às teorias. Hoje o combate ao heterodenominado "identitarismo", assim como o ódio à "interseccionalidade", são sintomas do desespero do fim do "homem branco" enquanto Sujeito. Ao mesmo tempo, o homem branco fazedor de guerras (contra o qual poucos homens brancos fazedores de teorias se insurgem) permanece confirmando que permanecemos diante da guerra, atividade preferida do "homem branco" no seu projeto de extinção geral, inclusive de si mesmo.

A vida humana na Terra depende da extinção da forma social do homem branco concreto e abstrato, de todas as suas representações e ações. O que os "homens brancos" devem fazer diante do mundo que eles constroem/destroem implica uma postura ética e responsável incondizente com o significado da sua própria forma social. Nesse cenário, despontam as "mulheres trans" e as "mulheres negras" como existências antitéticas em relação à forma social do homem branco. Corpos vivos em luta, elas são o paradigma que desponta, neste momento da história, como princípio da vida e confirmação de que o patriarcapitalismo racista precisa desaparecer.

Do ativismo cotidiano às teorias academicamente produzidas, ora vulgarizada, ora caricaturizada, a categoria "homem branco" desponta negativamente e tende a desaparecer com a extinção das condições que o produzem, a saber, a fetichização da masculinidade e da branquitude como capital na teologia econômico-política que é o patriarcado. Golem que assola a sociedade em vias de superação do que se pode definir como patriarcapitalismo racista, o "homem branco" escamoteia seu nome pedindo que não se retire dele a letra que o fará cair por terra, desmoronado como uma frágil estátua de barro.

PODER E SUJEITO SOBERANO, MATABILIDADE E AMEAÇABILIDADE

Partindo do princípio de que a mulher é "forma social", de que essa forma social foi se constituindo violentamente, de que essa forma deve ser receptora e portadora da violência da qual seu corpo é receptor, se pode dizer que a mulher deve ser o arquivo da violência patriarcal e, transformada em guardião dessa violência por meio de sua naturalização, sua própria culpada. Tal é o paradoxo do sistema da ideologia de gênero da máquina feminicida patriarcal: a vítima deve também ser portadora da culpa pelo crime cometido contra ela, responsabilizada pela própria violência sofrida de tal maneira que não haja escapatória para ela entre a culpa e a morte. A culpa feminina é parte do "arquivo" patriarcal, ele mesmo constituído por meio de operações linguísticas nos textos religiosos, jurídicos, científicos, artísticos, filosóficos, sendo a produção da morte um efeito da produção textual, que, historicamente, é monopólio dos homens junto a toda violência.

Aquilo que Nicole Loraux definiu como "morte-narração"[1] faz parte do espírito e da letra dos homens e se estende por todos os âmbitos da vida. A interdição à leitura e à escrita, que esteve em vigência por muito tempo* e ainda funciona em certos países, faz sentido na medida em

* Charlotte Perkins Gilman, em seu *O papel de parede amarelo* (Rio de Janeiro: José Olympio, 2016), narra a história de uma mulher que deseja escrever, mas é proibida de fazê-lo

que o acesso a uma arma masculina tiraria a potência dos homens. O silêncio das mulheres é uma produção social. Que mulheres evitem narrar as violências promovidas por homens contra elas, sejam domésticas ou públicas, se explica pela compulsória condição de guardiãs silenciosas do arquivo patriarcal. A pena pela deserção do patriarcado é vivida de maneira antecipada como culpabilização. Publicamente, feministas e lésbicas, bem como mulheres inadequadas em geral, serão atacadas, sobretudo por sua "traição" e deserção do projeto de silenciamento compulsório da heteronormatividade patriarcal. Penélope, a esposa de Ulisses, o personagem mítico da *Odisseia*, é a guardiã do patriarcado, mimetizada dentro de casa à espera do homem-marido, a quem ela não trai – nem sexualmente, nem institucionalmente –, na intenção de sustentar a casa patriarcal que é seu dever. Ela sustenta o "*tópos*", o lugar de seu próprio confinamento, o lugar do arquivamento no qual ela é mantida em silêncio em aliança com um marido desaparecido, o que traz a impressão de que ela está engajada em um contrato por meio da esperança de seu retorno e é livre para sair dele. A mítica, convencional e conveniente culpa feminina deve ser vivida em silêncio, do contrário será acrescida da vergonha diante do apedrejamento ou da fogueira pública, para usar expressões que nem sempre são apenas metáforas.

Por mais que se possa especular sobre um gozo perverso ou coisa semelhante na ação feminicida de um indivíduo, o fato é que a morte de uma mulher se inscreve nas potências mais básicas do sistema patriarcal. O patriarcado é um sistema da morte potencial de mulheres baseado na instituição soberana ligada ao "ginecropoder". Contudo, para além do poder, o homem que mata o faz autorizado por um "Sujeito" que o precede em nível cultural e espiritual, que o sustenta. Em uma palavra, em nível "ontológico", ou "ginecofóbico", a saber, o Sujeito Soberano constitutivo do patriarcado enquanto seu vetor mais profundo, do qual um homem físico e concreto participa como agente. O Poder Soberano

---

sob a alegação de que escrever lhe causa transtorno mental. Ora, a história das mulheres é a história da exclusão da escrita e da luta das feministas por alfabetização e educação, como ainda vemos em vários lugares do mundo.

é constituído por um Sujeito Soberano, por sua vez, constituído pela potência desse poder.

O que chamo de "Sujeito Soberano" é o velho Sujeito Transcendental que surge junto ao patriarcado, confundindo-se com ele, sendo sua forma espiritual e, ao mesmo tempo, correspondendo aos indivíduos empíricos que o encarnam. Esse sujeito sobrevive sem a dimensão do reconhecimento em relação à alteridade. Não se pode dizer que ele seja simplesmente fechado para o outro, mas o "outro" é constituído para ser utilizado, para garantir a identidade do Sujeito Soberano, ele mesmo branco e patriarcal, capacitista, produtor do esquematismo patriarcal que define visões de mundo hegemônicas. Se são os homens que criam historicamente o mandamento básico da cultura monoteísta, o bíblico "Não matarás",* o Sujeito Pleno ou Transcendental,** eles mesmos estão sempre prontos a desobedecer a essa lei,*** sobretudo quando ela

* Emmanuel Levinas (*Totalidade e infinito*. Lisboa: Edições 70, 1980) tem sua primeira negação em Caim matando Abel no Gênesis. Em autores como Emmanuel Levinas, encontramos que o "não matarás" é o "infinito", sendo este mais forte que o homicídio. O infinito estaria no "rosto" do outro. Seria o que surge interpelando o assassino em potencial, o que "paralisa o poder", o que reside na "desnudez" da "abertura absoluta do Trascendente". Cabe perguntar se a filosofia de Levinas valeria para as mulheres, seres a quem o "infinito" sempre foi negado, entregues que estão a uma posição de outro finito por definição, embora Levinas veja o "feminino" como a forma radical da alteridade e, portanto, do infinito.

** Ver o texto de Thedor Adorno "Sobre sujeito e objeto", segundo o qual "Não foi preciso esperar pela crítica ao idealismo para se descobrir que este sujeito transcendental, constitutivo de toda experiência de conteúdo, é, por sua vez, abstração do homem vivo e individual. É evidente que o conceito abstrato de sujeito transcendental – as formas do pensamento, a unidade destas e a produtividade originária da consciência – pressupõe o que promete instituir: indivíduos viventes, indivíduos de fato" (ADORNO, Theodor. Sobre sujeito e objeto. *In*: ADORNO, Theodor. *Palavras e sinais*: modelos críticos 2. Tradução Maria Helena Ruschel. Petrópolis: Vozes, 1995. p. 184-185).

*** Sobre o tema do Sujeito, remeto ao artigo de Eduardo Grüner "Estamos todos malucos... O sujeito moderno e a falha geológica", publicado em *Cadernos Espinosanos* XVII, 2007. Disponível em: https://revistas.usp.br/espinosanos/article/view/89325. Acesso em: 10 maio 2025. Sugiro também o livro de Peter Haidu. *The subject medieval/modern*: text and governance in the Middle Age (Stanford: Stanford University Press, 2003). O autor fala de dois modelos de subjetividade que surgem cedo na Idade Média. Um deles é o sujeito "medieval" comprometido com a sujeição e a completa abnegação. "Dois modelos de subjetividade aparecem no início da Idade Média. Nos índices aquilo que é frequentemente designado como o assunto 'medieval', comprometido com a sujeição de abnegação completa. Para o monge que vive sob a regra de Bento de Nursia, fundador da ordem beneditina,

não vale para proteger seres posicionados em lugares secundários, mas apenas evitar a guerra de todos contra todos os iguais. O Sujeito Soberano representa a "razão" do sistema da guerra de todos contra todos e o sentido mesmo do seu funcionamento.

O Sujeito Soberano é patriarcal e está encarnado em todo corpo-homem. Cada corpo-mulher, por sua vez, é marcado como vítima em potencial no contexto da impulsão de morte patriarcal dominada pelo Sujeito Soberano. Uma mulher é marcada para morrer, sendo mulher o que marca um corpo como vítima e culpada. No processo histórico, corpos-mulheres se insurgem contra o algoz Sujeito Transcendental e atuam revolucionariamente, apropriando-se da marcação, e produzindo contramarcações. A emancipação alcançada por corpos-mulheres a partir da tomada de consciência não invalida a análise crítica do marcador originário.

As marcas do que a cultura patriarcal veio a chamar de feminino são sinais simbólicos instaurados em um corpo a ser apresentado como "mulher" antes de ser um indivíduo ou sujeito de direitos. Que o ser mulher possa se tornar um ser de direitos é até o momento objeto de um debate planetário. Para as mulheres não há direito natural imediato; as conquistas existentes em termos de direitos se dão por meio de lutas. Um "homem" carrega outras marcas, as marcas da soberania, da "*majestatem*", da "*kirían arkhê*", da *segnoria*, como se encontra já na obra secular de Jean Bodin,[2] para quem a soberania é um poder perpétuo que, em última instância, pertence àquele que governa, àquele que não reconhece ninguém acima de si, senão Deus.*

"Homem" e "Mulher" não são apenas substantivos relacionados a um ser qualquer, quer dizer, eles não são gêneros em um sentido puro

---

a submissão à Regra era absoluta: ninguém no mosteiro deveria seguir a vontade do seu próprio coração, e nem dentro nem fora da muralha deveria alguém pretender discutir com o abade" (p. 109).

* Bodin estabelece diferenças entre proprietários e depositários da soberania, mas, mesmo tentando às vezes abstrair o poder do seu portador, esse poder é, em última instância, de um homem na posição de "Príncipe", acima do qual só haveria Deus. Mesmo o magistrado soberano não sendo "o soberano", ele guarda esse elemento "soberano" no sentido do maior poder, do poder ao qual todos os outros estão submetidos. Trata-se, portanto, do "poder como capital".

e simples; eles são também adjetivos que qualificam e classificam seres. Nesse sentido é que são marcadores. O que vem a ser definido como "feminino" (do latim "*femina*", aquela que amamenta) é um caráter impresso num corpo, como uma estampa, uma impressão, um emblema que tanto sinaliza para o reconhecimento do corpo na instância cognitiva do sistema quanto implica uma ação, a saber, a ação violenta, a permissão e, no extremo, a instigação ao ataque, no âmbito da instância política do sistema. É nesse sentido que a operação epistemológica é apenas um lado – numa dupla banda – da operação política e funciona, ela mesma, como lei.

Como caráter, ou seja, como conjunto de características rígidas, homem e mulher, masculino e feminino, são termos da lei heteronormativa a ser obedecida. "Feminino", assim como "masculino", se instauram como princípios cujo fundamento se perde na noite dos tempos. Todo princípio é nomológico,[3] ou seja, impõe-se como lei. Ora, lei implica regra moral, algo que encontra respaldo estético e ontológico. O princípio nomológico está implicado no "arquivo". A mulher *não feminina* ou *menos feminina* – *anarquívica* ou seja, contra a "*arkhê*"[4] que a constitui – sofre os efeitos do ódio patriarcal, assim como a mulher dissidente ou traidora das regras morais e políticas do regime. A mulher sob a lei do *ser e parecer mulher* deve obediência ao Sujeito Soberano que a odeia e, no extremo, ela interioriza – assume e repete – esse ódio objetivo do sistema como ódio a si mesma. Não há respeito (Kant) ou reconhecimento (Hegel) para as mulheres, mas apenas a "disposição" odienta. A feminista e a lésbica, em sua posição contra-arquívica, se recusam à manutenção da obediência e do ódio que sustenta a arcaica casa do patriarcado. Um corpo marcado como desejável – como serva, como objeto sexual ou como mãe – do ponto de vista da normatividade patriarcal é um corpo que atualiza o arquivo patriárquico, sem o qual o sistema desmorona. Um corpo revoltado, lésbico, feminista, transgênero ou transsexual, o corpo que foi patologizado como histérico ou "louco" pelo patriarcado, é um corpo que perturba o arquivo e sua ordem e, em seu gesto insubmisso, destrói o *nómos* do sistema e ressignifica sua própria existência.

Esse corpo marcado e patologizado, um corpo narrado na base de uma teoria da natureza, é o corpo equiparado à coisa, à mercadoria, à "*res*". Não há corpo que não obedeça ao sistema de valores da forma mercadoria no patriarcado, ele mesmo um regime econômico de exploração de mulheres, elas mesmas mercadorias. Se no sistema patriarcal (capitalista) o homem é o valor,[5] à mulher, como seu oposto, resta ser um valor menor. Todo valor se mede por outro, vindo a constituir uma escala. Nesse caso, o elemento do desvalor está presente em todos os valores derivados do valor central, do maior capital. O significante mulher, o sinal da feminilidade, na escala entre o valor menor e o desvalor total, é o estigma que autoriza a violência por parte dos valorizados, até mesmo a matança, inclusive a de pessoas não-mulheres, mas a elas associadas, como é o caso dos homossexuais julgados como não "suficientemente" homens. Neles, o *quantum* de masculinidade é medido em comparação ao *quantum* de feminilidade. O sujeito que "parece" mulher passa a ter menos valor no contexto da heteronormatividade.

"Afeminados", "efeminados", homossexuais seriam dissidentes da categoria homem – não teriam as marcas da soberania identificadas ao corpo masculino –, que exige provas performáticas em torno da masculinidade como um sistema codificado. A marca do "feminino" remete à mulher como ser carente de soberania, carente justamente do "falo soberano". Para além do que hoje é definido como "mulher cis" no contexto da consciência da cisgeneridade,[6] ou seja, a mulher heterodesignada com o sexo "mulher" desde o nascimento e que segue em sua performance ontogenética em conformidade com essa designação, travestis e mulheres transgênero, assim como homens transgênero em oposição a homens cisgênero, seguem portando o sinal feminino que autoriza a violência em nível simbólico, na escala das violências possíveis até a morte. É nesse sentido que o patriarcado é um arquivo no sentido de sistema de "con-signação".[7] O signo "mulher" se instala sobre os corpos dos quais o patriarcado dispõe. Esse signo produz a "disposição" dos corpos. O corpo "disponível" é "guardado" ou "armazenado" como carne de abate ou como caça a ser usada – segundo *de-sígnios* patriarcais – dentro do campo doméstico ou nos campos extradomésticos, mas sempre confinatórios, criados para o deleite masculino. O corpo-arquivo é, ele mesmo, arquivado em casa ou, historicamente, nos meretrícios, nas casas de prostituição, nas telas de cinemas dedicados à pornografia.

O Sujeito Soberano, ou o Sujeito da ação soberana que é a violência, estabelece o *nómos* e o *tópos* dos quais precisa para se instaurar e sustentar. Sem dúvida, é preciso compreender "homem" e "mulher" como formas sociais que são derivadas de relações, mas esses conceitos implicam posições que implicam, por sua vez, um lugar onde os acontecimentos relacionais se dão sustentados por posições. Assim é que uma análise toponomológica implica compreender o lugar onde a lei impera sobre um corpo, a estrutura da colônia penal na qual a lei se inscreve sobre um corpo. Seja a casa, onde as mulheres são mortas por serem mulheres, sejam as esquinas e vielas obscuras, onde mulheres são mortas porque ali não deveriam estar; sejam os corpos obrigados a serem mulheres por meio de mutilações existenciais históricas, sejam os corpos insurgentes que não deveriam – segundo a moral patriarcal – ser mulheres porque o regime da masculinidade é totalitário, todos estão submetidos à lei capital do patriarcado, baseada na matança dos portadores do signo mulher em geral.

A noção de "bando" soberano* ajuda a explicar o funcionamento do patriarcado como unidade e coesão comunitária dos homens por oposição aos portadores do signo mulher. A distinção misógina produz, mantém e conduz o bando soberano em seu ser e agir. Giorgio Agamben recupera o que Jean-Luc Nancy disse sobre o "bando": "abandonar

* AGAMBEN, Giorgio. *Homo sacer:* o poder soberano e a vida nua I. Tradução Henrique Burigo. Belo Horizonte: UFMG, 2002. Agamben cita Jean-Luc Nancy em seu texto *O imperativo categórico* (*L'imperativ catégorique.* Paris: Flammarion, 1983), no qual este identifica a estrutura ontológica da lei como abandono, sendo a história do Ocidente o próprio "tempo do abandono". Agamben resume o que está em jogo a partir de Blanchot, que fala da "tentativa da sociedade de 'encerrar o fora' (*enfermer le dehors*). Ou seja, de constituí-lo em uma 'interioridade de expectativa ou de exceção'. Diante de um excesso, o sistema interioriza através de uma interdição aquilo que o excede e, deste modo, 'designa-se (exterior a si mesma)' (Blanchot, 1969, p. 292). A exceção que define a estrutura da soberania é, parece, ainda mais complexa. Aquilo que está fora vem aqui incluído não simplesmente através de uma interdição ou um internamento, mas suspendendo a validade do ordenamento, deixando, portanto, que ele se retire da exceção, a abandone. Não é a exceção que se subtrai a regra, mas a regra que, suspendendo-se, dá lugar à exceção e somente deste modo se constitui corno regra, mantendo-se em relação com aquela. O particular 'vigor' da lei consiste nessa capacidade de manter-se em relação com uma exterioridade. Chamemos de relação de exceção a esta forma extrema da relação que inclui alguma coisa unicamente através de sua exclusão" (p. 26).

é remeter, confiar ou entregar a um poder soberano, e remeter, confiar ou entregar ao seu bando, isto é, à sua proclamação, à sua convocação e à sua sentença. Abandona-se sempre a uma lei".[8] A ação do bando é o abandono a uma lei em vigor a partir do bando, cuja soberania implica a imposição da lei e, ao mesmo tempo, a ineficácia da lei. Se a lei é produzida pelo bando, ela se impõe sobre quem é "abandonado" por ela. Estar abandonado é estar capturado, sob o jugo e fora dele. Segundo Nancy, citado por Agamben, "a privação do ser abandonado mede-se com o rigor sem limites da lei à qual se encontra exposto".[9] O abandono significa um "constrangimento a comparecer absolutamente diante da lei, diante da lei como tal na sua totalidade". Isso quer dizer que, diante da lei, não há escapatória para o ser exposto, e, ao mesmo tempo, nessa exposição à lei, o corpo exposto corre risco de vida.

Agamben falará de uma "estrutura ontológica" que ele define como "paradoxo da soberania (ou bando soberano)". Nesse paradoxo, a soberania apresenta-se em sua inexorabilidade. Todos estão expostos à lei, submetidos a ela, condenados a ela, ao mesmo tempo que desprotegidos por ela. Nancy afirma que "Ser banido não significa estar submetido a uma certa disposição de lei, mas estar submetido à lei como um todo. Entregue ao absoluto da lei, o banido é também abandonado fora de qualquer jurisdição [...]. O abandono respeita a lei, não pode fazer de outro modo."[10]

A lei simplesmente se impõe. O paradoxo da soberania vem a ser a "lei além da lei à qual somos abandonados", o "poder autopressuponente do *nómos*". Para Agamben, somente se conseguirmos pensar o "ser do abandono além de toda ideia de lei" (ainda que seja na forma vazia de uma vigência sem significado) se poderá dizer que saímos do paradoxo da soberania em direção a uma política livre de todo bando". O paradoxo da soberania implica a aniquilação do direito porque a lei anterior, a lei que significa a própria ordem, não serve ao ser humano, não existe para protegê-lo, mas apenas para autoproclamar-se no corpo-espírito institucional de quem a proclama. Isso quer dizer que, antes, o que é definido como "humano" serve a ela, ainda que tenha sido ele, de certo modo, a criá-la. A lei se apresenta em sua falta de fundamento. Ela é um vazio puro e abissal que tudo devora e se confunde com o princípio de identidade do "Sujeito" do sistema. O "poder pressuponente" é um impulso, uma violência originária que não implica necessariamente uma "liberdade", mas o simples ato na mão de quem se autoriza a ele. Tendo isso em vista, a política nada mais é do que o controle e a manutenção da soberania. No sistema patriarcal, o fundamento da soberania é a violência na mão de um sob a mística da autoridade que, atavicamente, corresponde ao domínio dos homens em sua relação ao mundo em que o "homem" homossocializado precisa conviver com outros não-homens, e essa é também a natureza da política: o "homem" não existe só. A soberania é a própria ontologia das relações, e, sendo uma questão de relação, é política. Agamben percebe o caráter formal da soberania, a saber, "uma pura forma de lei é apenas a forma vazia da relação; mas a forma vazia da relação não é mais uma lei, e sim uma zona de indiscernibilidade entre lei e vida, ou seja, um estado de exceção".[11] A lei em sua ação impera sobre a vida que ela abandona.

A vida abandonada à lei é a vida exposta à matabilidade. Agamben retoma o tema do *homo sacer*,[12] propondo-se a analisar a validade no registro da biopolítica foucaultiana de categorias sobre cujas oposições se fundou a política moderna, por exemplo, direita/esquerda, privado/público, democracia/absolutismo, até se fundirem criando aquilo que ele define como "zona de indiscernibilidade". Do mesmo modo, ele afirmará que a dupla categorial fundamental da política ocidental "não é aquela amigo/inimigo, mas vida-nua/existência política, *zoé/bíos*, exclusão/inclusão",[13] mas, perdendo de vista sexo e gênero como categorias de análise, ele não poderia ver que o par categorial mais importante da história, tão concreto quanto senhor/escravo, é o par homem/mulher.

Embora Agamben não perceba em sua análise sobre o bando soberano e sua ação sobre a vida nua, está em cena a condição correspondente à vida do corpo-mulher. Um aspecto que igualmente escapa ao pensador é que o "a-bandono", a ação do bando, é uma ação também linguística no que concerne à mulher. A construção do corpo-negativo anda junto à construção do significante negativo. A misoginia é a ação linguística e prática do "abandono" à lei patriarcal, ela mesma uma lei letal. Do mesmo modo que o significante "animal" serve ao antropocentrismo especista, e o "negro" ao racismo,[14] mulher é um significante funcional heterocriado. Em outras palavras, do ponto de vista do sistema, é preciso criar e recriar, significar e ressignificar os inimigos e indesejáveis sempre menorizados dentro de uma lógica de medida, cálculo de valor e hierarquia que passa pela linguagem e se faz na linguagem. Assim, o "ser mulher", na verdade o *corpo-mulherificado*, é usado para garantir a masculinidade e, assim, a sustentação "teatral" do patriarcado, ele mesmo um sistema político, econômico, mas também estético, baseado na produção e reprodução do processo de criação misógina do "Outro".

A questão acerca do motivo pelo qual homens matam, enquanto mulheres são mortas por eles, implica uma equação na qual está em jogo a relação aberrante entre o sujeito matador e o gênero matável. O *homo sacer*, o "homem sagrado" de Agamben, o portador da vida sacrificável, é, de modo paradigmático, a mulher ou o corpo-mulher. Assassinos e vítimas estão, desde sempre, posicionados topologicamente em oposição: de um lado o Sujeito Soberano, de outro o sexo-gênero configurado no corpo sem Sujeito, ainda que assujeitado ou subjetivado por mecanismos de internalização ligados ao esquematismo patriarcal. O caráter matador é consubstancial ao Sujeito Soberano corporificado pelos homens que detêm, junto ao Estado, o monopólio da violência. O monopólio da violência sempre foi masculino, seja em nível individual, seja em nível institucional. A posição soberana de sujeitos do privilégio contra sujeitos subalternizados por meio de sexo e gênero implica redefinir sexo-gênero no contexto da cultura patriarcal tendo em vista o programa de extermínio estrutural. A animalização das mulheres serve para garantir essa prerrogativa, assim como todos os preconceitos sexistas que compõem a cultura.

Se o *homo sacer* é aquele cuja matabilidade se torna possível em função de seu banimento para as margens da cidade, a mulher é *figura* do *homo sacer* sob o banimento para dentro da casa. A casa ou o lar é o espaço de exceção, assim como é o exemplo de Agamben, o campo de concentração. Nesse sentido, mais do que investigar relações entre sexualidade e morte, é preciso expor as relações entre o corpo produzido – e capturado em sua produção – pelo dispositivo sexo-gênero e a matabilidade.

A submissão do outro e, no extremo, a morte politicamente programada fazem parte da matriz de subjetivação masculina. Sexo-gênero é a inscrição no regime ginecropolítico do patriarcado que cria o significante do privilégio e, por oposição a ele, da subalternidade, levando à separação da própria ação soberana e da inação subalterna como uma disposição ao algoz num regime de administração e controle do medo.

A inação subalterna implica a posição do escravo, tal como vemos em Hegel e Kojève.[15] Em termos de divisão sexual, o escravo é o Outro, segundo o conceito de Simone de Beauvoir.[16] O Outro, por sua vez, não é apenas o ser negado que habita um universo servil e paralelo, em termos ontológicos ou epistemológicos; antes, o Outro é uma categoria de pura oposição ao mesmo que nasce em um discurso que deve se repetir como lei. Nesse sentido, o Outro implica as ações do mesmo, sendo a marcação do Outro a principal delas. A ação soberana implica a decisão sobre a vida e sobre a morte, contudo a "luta de vida e morte" é uma luta sempre desigual.

A ação soberana, ela mesma a base da política, implica a pena de morte como um potencial do patriarcado. Isso significa que alguém será, nessa cultura, previamente condenada à morte. Alguém será a vítima que desperta o desejo de proscrição e de extinção, ou seja, uma mulher que é, em sua condição nascente, proscrita do mundo masculino da lei e, portanto, literalmente matável.

Sob os discursos patriarcais oculta-se mais do que o suposto "motivo para os homens". A autorização soberana dos homens contra os seres heterodenominados e marcados como mulheres é a característica do patriarcado: o poder total na mão dos homens é autoproclamado a partir da criação de um outro "não-homem". "Mulher" é o núcleo de toda a construção do não-homem, a imagem do que é projetado para ser eliminado.

O patriarcado é uma espécie de ordenamento fundamentalista, simbólico, político, econômico e jurídico, que implica que homens possam fazer o que quiserem com mulheres e não serem culpabilizados por seus atos. O rebaixamento das mulheres em qualquer campo é a ponta do iceberg do assassinato de antemão autorizado e sempre possível.

O poder soberano ou poder de matar é um poder dissimétrico.* Ele não pertence a todos, mas apenas ao soberano, que, segundo palavras de Foucault, "tem direito de vida e de morte", ou seja, "ele pode fazer morrer e deixar viver". Foucault entende que "o efeito do poder soberano sobre a vida só se exerce a partir do momento em que o soberano pode matar". Na verdade, é "o direito de matar que detém em si a própria essência desse direito de vida e de morte". Para Foucault, é porque o soberano pode matar que ele exerce seu direito sobre a vida. O direito sobre a vida se define pelo direito sobre a morte, sendo "essencialmente um direito de espada". Há uma dissimetria entre o direito de vida e o de morte que não se explica pelo "direito de fazer morrer" ou de "fazer viver", nem pelo de "deixar viver" e de "deixar morrer". Mas, segundo Foucault, é o "direito de fazer morrer" ou de "deixar viver".[17] A "dissimetria" implica uma preponderância da morte, pois se não se faz viver, mas apenas se permite viver quando, na verdade, sob a lei, se deveria ser morto.

Está em jogo o poder de matar. O poder de matar implica uma morte em potencial que, administrada, se torna promessa de morte para aqueles que não detêm o mesmo poder soberano, ou poder de matar. Trata-se de uma desproporção dada em nível ontológico e político:

---

* FOUCAULT, Michel. *Em defesa da sociedade*. Tradução Maria Ermantina Galvão. São Paulo: Martins Fontes, 2005. Na aula de 17 de março de 1976 ele diz: "na teoria clássica da soberania, vocês sabem que o direito de vida e de morte era um de seus atributos fundamentais. Ora, o direito de vida e de morte é um direito que é estranho, estranho já no nível teórico; com efeito, o que é ter direito de vida e de morte? Em certo sentido, *dizer que o soberano tem direito de vida e de morte significa, no fundo, que ele pode fazer morrer e deixar viver*; em todo caso, que a vida e a morte não são desses fenômenos naturais, imediatos, de certo modo originais ou radicais, que se localizariam fora do campo do poder político. Quando se vai um pouco mais além e, se vocês quiserem, até o paradoxo, isto quer dizer no fundo que, em relação ao poder, o súdito não é, de pleno direito, nem vivo nem morto. Ele é, do ponto de vista da vida e da morte, neutro, e é simplesmente por causa do soberano que o súdito tem direito de estar vivo ou tem direito, eventualmente, de estar morto. *Em todo caso, a vida e a morte dos súditos só se tornam direitos pelo efeito da vontade soberana.* Aí está, se vocês quiserem, o paradoxo teórico. Paradoxo teórico que deve se completar, evidentemente, por uma espécie de desequilíbrio prático. Que quer dizer, de fato, direito de vida e de morte? Não, é claro, que o soberano pode fazer viver como pode fazer morrer. O direito de vida e de morte só se exerce de uma forma desequilibrada, e sempre do lado da morte" (p. 286-287 [grifo da autora]).

> Se, de fato, observamos homens adultos e consideramos o quanto seja frágil o complexo do corpo humano (cuja ruína arrasta consigo toda força, vigor e sapiência) e com que facilidade um homem debilíssimo pode matar outro mais forte, não há motivo para que alguém, confiando nas suas forças, creia-se superior aos outros por natureza. *São iguais aqueles que podem fazer coisas iguais ao outro. Mas aqueles que podem fazer a coisa suprema, ou seja, matar, são por natureza iguais entre eles.*[18]

O poder de dar a morte é o tema central na constituição mesma do regime patriarcal. Certamente, a prática desse poder de dar a morte, o poder de matar, está em oposição ao poder de dar a vida do corpo-mulher, o poder de fazer viver. No caso do trabalho da reprodução, as mulheres não apenas "deixam viver", mas "fazem viver" por meio dos trabalhos associados à gravidez e ao parto, todos ligados ao cuidado. Se o abandono é a atitude do Sujeito Soberano, o cuidado é a atitude do agente mulher. De fato, o poder de dar a vida implica também o poder de a impedir por várias formas de contracepção e, inclusive, por meio da interrupção da gravidez, que é um ato de soberania feminina contra o uso do corpo feminino para a reprodução através dos meios patriarcais, sejam eles violentos ou não. No que concerne ao tema do aborto, o problema é tanto questão de saúde pública quanto questão filosófico-política ligada à liberdade negada ao corpo-mulher pelo patriarcado. Na verdade, sociedades de alta densidade patriarcal e, portanto, alto impacto do machismo na vida das pessoas, nas quais o fundamentalismo é um regime de pensamento tradicional, impedem que mulheres exerçam poderes semelhantes aos exercidos pelos homens. Assim, fundamentalistas forçam interpretações que equiparem o aborto e o "assassinato"* em geral como a mesma coisa, como se, no caso da interrupção de uma gravidez, alguém estivesse matando um sujeito de direito. Nesse caso, o patriarcado produz uma das suas figuras mais úteis na manutenção do

---

* No Brasil, o aborto é legal desde 1942 para casos de gravidez por estupro e risco de vida para a mãe. Contudo, em 2024 vários deputados do que veio a ser chamado de "bancada do estupro" propuseram um projeto de lei para equiparar o aborto ao assassinato, o que leva a uma lei aberrante pela qual as mulheres vítimas de estupro ficariam mais tempo presas do que seus estupradores.

sistema, a vítima-algoz. A criminalização das mulheres é o que se busca por um lado, e, de outro, busca-se manter o monopólio da matança de mulheres que morrem todos os dias por praticarem abortos em condições sanitárias inadequadas. Também nesse caso, o que se vê é ação misógina, discurso e prática de ódio. Sobretudo nos casos em que as mulheres correm risco de vida devido à gravidez, impedi-las de abortar é condená-las sumariamente à morte.

Não há ódio abstrato. Todo ódio leva a ações linguísticas ou práticas, simbólicas ou físicas, que sempre são violentas. O ódio nada mais é do que a violência subjetivamente vivida que se expressa objetivamente. Se o feminicídio é uma ameaça estrutural, isso quer dizer que ser mulher implica viver a vida sob ameaça de morte, e que essa ameaça se efetiva concretamente para muitas mulheres, sendo sustentada por leis que confundem a opinião pública sob a mistificação das massas na indústria cultural religiosa e fundamentalista. Certamente, a população carente de reflexão lógica e vítima tanto da falta de educação quanto de formação cultural reflexiva se torna alvo preferencial de sujeitos e processos mistificadores. A tendência é considerar que um homem que mata é a exceção, quando na verdade, ao contrário, um homem que não mata é que configura a exceção, pois a regra no sistema é a matança.

Em "Femicide: sexist terrorism against women" [em tradução livre, Feminicídio sexismo terrorista contra mulheres], Caputi e Russell falam de assassinos em série de mulheres* numa época em que o elemento misógino do assassinato de mulheres, ou seja, o fator sexo-gênero, ainda não era reconhecido. Relatando casos de massacres em que autores de matanças expõem seu ódio às mulheres e às feministas, elas visavam mostrar o caráter político desses assassinatos, superando a ideia da mera

* Elas relatam o caso de Marc Lépine, que em Montreal, em 1989, matou catorze estudantes à queima-roupa gritando "vocês são umas feministas de merda" depois de ter mandado os homens saírem da sala de aula. Ele feriu mais nove mulheres e quatro homens, depois se matou, deixando uma carta de três páginas na qual culpava as mulheres por todos os seus fracassos. Junto às suas coisas foi encontrada uma lista de quinze mulheres famosas (CAPUTI, Jane; RUSSELL, Diane E. H. Femicide: sexist terrorism against women. *In*: RUSSELL, Diana E. H.; RADFORD, Jill (ed.). *Femicide*: the politics of woman killing. New York: Twayne Publishers, 1992. p. 13-21).

perturbação mental dos assassinos, que ainda hoje serve de desculpa à matança. Segundo elas,

> [...] assim como o estupro, a maioria dos assassinatos de mulheres por maridos, amantes, pais, conhecidos e estranhos não são produtos de algum desvio inexplicável. Eles são feminicídios, a forma mais extrema de terrorismo sexista, motivados por ódio, desprezo, prazer ou um senso de propriedade das mulheres.[19]

Ou seja, se trata de um conjunto imenso de fatores afetivos, cognitivos e epistemológicos, por trás dos quais a coisificação das mulheres está em jogo e, além disso, a sua desumanização, o seu posicionamento como animal de abate. O que fica evidente é que, assim como a "carne animal" apaga a morte pela qual o animal teve que passar, a carne mulher – seu sexo – apaga a sua morte. Justamente por isso é possível imputar à mulher a culpa pela violência sofrida por meio do sexo, bode expiatório no corpo da mulher como um dia foi o útero na histeria.[20] Desponta nesse processo o fato de que a mulher não seja sujeito de direito desde que é marcada pelo sexo, sem o qual não há mulher. Animal de abate, o corpo marcado pelo sexo mulher é facilmente descartado. O "ser humano" que esse corpo vivo poderia ser fica abandonado como uma espécie de "referente ausente".[21] De fato, lembrar que as mulheres são a maior parte da população mundial e parte da "humanidade" é uma informação desconsiderada no cálculo do patriarcado, portanto a luta das mulheres que dá lugar ao que vem a ser chamado de feminismo no século XIX é, primeiramente, luta pela própria vida.

O feminicídio é cultural e histórico, e a luta contra ele é o fundo oculto de toda a luta feminista, pois se trata para as mulheres sempre de luta pela vida nas piores condições. O patriarcado é feminicida em sua lógica interna.* Desde que o fator gênero se tornou uma categoria de

* No rol de formas de feminicídio, Caputi e Russell incluem "o assassinato por mutilação, o assassinato por estupro, a agressão que se transforma em assassinato", bem como a "imolação de bruxas na Europa Ocidental e de noivas e viúvas na Índia, 'crimes de honra' em alguns países latinos e do Oriente Médio, onde mulheres que se acredita terem perdido a

análise ontológica e historicamente válida, algo que o patriarcado tentava manter oculto apareceu. Chamar assassinatos misóginos de feminicídio remove o véu obscuro de termos não-gendrados, como acontece com as palavras "homicídio" e "assassinato". Caputi e Russell ainda falam de uma "identificação masculina generalizada" com assassinos, algo que se vê em todos os países, e o Brasil não é uma exceção à regra – ao contrário –, o que vem demonstrar quão enraizado o feminicídio está na cultura patriarcal pelo mundo afora.

No contexto de uma "cultura de sexo-e-violência",[22] de "caos feminicida"[23] (*feminicidal mayhem*), não é difícil reconhecer o terrorismo sexista contra mulheres, o que Caputi e Russell definem como "terror antifeminino".[24] As mulheres conhecem o ódio e o pavor na própria pele numa cultura em que os homens são adorados.[25] Se trata de viver com medo fora ou dentro de casa enquanto os homens vivem nas vantagens que o privilégio garante. O feminicídio está

> [...] no extremo de um continuum de terror antifeminino que inclui uma ampla variedade de abuso verbal e físico, como estupro, tortura, escravidão sexual (particularmente na prostituição), abuso sexual infantil incestuoso e extrafamiliar, agressão física e emocional, assédio sexual (no telefone, nas ruas, no escritório e na sala de aula), mutilação genital (clitoridectomias, excisão, infibulações), operações ginecológicas desnecessárias (histerectomias gratuitas), heterossexualidade forçada, esterilização forçada, maternidade forçada (pela criminalização da contracepção e do aborto), psicocirurgia, negação de comida às mulheres em algumas culturas, cirurgia estética e outras mutilações em nome do embelezamento.[26]

Para as autoras, sempre que essas formas de terrorismo resultam em morte, elas se tornam feminicídios.

O patriarcado se constitui como uma cultura de matança de mulheres (bem como de animais e corpos escravizados, marcados pelo

---

virgindade são mortas por seus parentes homens" (CAPUTI, Jane; RUSSELL, Diane E. H. Femicide: sexist terrorism against women. *In*: RUSSELL, Diana E. H.; RADFORD, Jill (ed.). *Femicide*: the politics of woman killing. New York: Twayne Publishers, 1992. p. 15).

conceito de deficiência ou racializados) atravessada por uma cultura de sobrevivência que é a cultura feminina. Como ideologia e "tecnologia de gênero",[27] o patriarcado é uma máquina de guerra contra a vida. Ele se sustenta numa divisão sexual de papéis que, na prática, corresponde a uma divisão sexual do trabalho geradora de desigualdade econômica, educacional, estética, emocional, cultural e epistemológica em desfavor das mulheres. Essa divisão geral é, ao mesmo tempo, divisão penal pela qual agentes matadores agem contra o sexo-gênero matável.

Assim, na esteira da biopolítica de Foucault, e da vida nua, a *bloss Leben*, de Walter Benjamin, Giorgio Agamben buscará compreender a relação entre vida nua e política, o par conceitual que governa secretamente as ideologias da modernidade, permitindo, em sua visão, expor os arcanos do político e, quem sabe, resgatar a vocação prática do pensamento.[28] Infelizmente, o pensador italiano, desejando avançar para além de Foucault e Hannah Arendt, apontando aquilo que, segundo ele, os outros não puderam ver, também perdeu de vista um par categorial ainda mais arcaico que estrutura o jogo biopolítico da política em todos os tempos, a saber, o par homem/mulher, que corresponde ao que vem sendo chamado há décadas de gênero, ou seja, o papel e o lugar dos corpos na política, tanto a antiga quanto a moderna, mas ao que vem sendo chamado há milênios de sexo e que estrutura as teorias políticas desde Aristóteles.* Escapa a Agamben o que ele acreditava ter desvendado para além dos pensadores que o precederam, a saber, o "oculto ponto de intersecção entre o modelo-jurídico institucional e o

* Aristóteles fala de três formas de vida (*bíos*) qualificada: a *bíos theoretikos*, que corresponde à vida contemplativa, a *bíos apolausticós*, que corresponde à vida dedicada ao prazer, e a *bíos políticos*, que é a vida da ação política. Em oposição à vida como *bíos*, Aristóteles fala da vida como *zoé*. "A natureza, como se afirma frequentemente, não faz nada em vão, e o homem é o único animal que tem o dom da palavra. E mesmo que a mera voz sirva para nada mais que uma indicação de prazer ou de dor, e seja encontrada em outros animais (uma vez que a natureza deles inclui apenas a percepção de prazer ou de dor, a relação entre elas e não mais que isso), o poder da palavra tende a expor o conveniente e o inconveniente, assim como o justo e o injusto. Essa é uma característica do ser humano, o único a ter noção do bem e do mal, da justiça e da injustiça. E é a associação dos seres que tem uma opinião acerca desses assuntos que faz uma família ou uma cidade." ARISTÓTELES. *A política*. Tradução Terezinha M. Deutsch e Baby Abrão. *In*: ARISTÓTELES. *Coleção os Pensadores*. São Paulo: Nova Cultural, 2004. p. 164.

modelo biopolítico do poder"[29] implica o corpo marcado pelo estigma "mulher", que é o corpo da vida nua, objeto da operação linguística da distinção misógina a partir da qual o homem se autoriza a se dizer homem enquanto falo autodeclarado soberano.

Agamben tem razão ao dizer que "a política existe porque o homem é o vivente que, na linguagem, separa e opõe a si a própria vida nua e, ao mesmo tempo, se mantém em relação com ela numa exclusão inclusiva".[30] Ora, essa exclusão inclusiva é a experiência das mulheres até nossos dias de democracia liberal, uma democracia muito pouco aberta à participação feminina, quando, fazendo parte da própria política e da esfera pública, as mulheres são tratadas como intrusas, ou seja, como seres que não deveriam ter sido incluídos de fato em lugares onde elas só caberiam como excluídas e que sofrem violências políticas de gênero e feminicídios políticos em função da marca que carregam.

Assim como Agamben considerou necessário corrigir Foucault, é importante corrigir Agamben, num processo de crítica determinada e não abstrata, pela qual se propõe que o fundamento oculto sobre o qual se sustentava o sistema político como um todo tem uma configuração encarnada no corpo-mulher, ele mesmo o protótipo da vida nua. Nesse caso, "a exceção que se torna em todos os lugares a regra", o "espaço da vida nua", tem seu primeiro campo no lar, no *oikos* ou *domus*, onde se confinam e se custodiam[31] os corpos-mulheres. Assim, a entrada das mulheres na política contemporânea vem coincidir com o que Agamben compreendeu como a entrada da vida nua na pólis, produzindo a exclusão como inclusão e a indiscernibilidade entre exceção e regra. O que Agamben encontrou no *homo sacer* romano já estava desde sempre dado no lar dos arcontes, dos reis, dos *pater familiae*, na casa de Ulisses, onde Penélope está sob custódia, na condenação à morte de Antígona, enterrada viva. Quando as mulheres chegam à política, o espaço e a fronteira entre o privado e o público se desmancham e a ideia de que o pessoal é político toma a força da verdade.

Não é possível deixar de associar a custódia das mulheres e a custódia protetiva dos campos de concentração sobre a qual fala Agamben, pois também as mulheres estiveram, e muitas ainda se mantêm, nesse estado de estranha "custódia protetiva", ela mesma uma figura do cinismo:

> É sabido que a base jurídica do internamento não era o direito comum, mas a *Schutzhaft* (literalmente: custódia protetiva), um estatuto jurídico de derivação prussiana que os juristas nazistas classificam às vezes como uma medida policial preventiva, na medida em que permitia "tomar sob custódia", certos indivíduos independentemente de qualquer conduta penalmente relevante, unicamente com o fim de evitar um perigo para a segurança do Estado.[32]

As mulheres presas quando encontradas em grupos pelas cidades da França logo depois da Revolução Francesa representavam um perigo* ao Estado. Foi devido à imagem de periculosidade para si e os outros que as mulheres foram tuteladas por maridos com o apoio do Estado, sendo mantidas em casa em diversos países, proibidas de trabalhar, abrir conta bancária ou viajar até muito recentemente em democracias consolidadas como a França.** Se, na Alemanha, "o fundamento jurídico da *Schutzhaft* era a proclamação do estado de sítio ou do estado de exceção, com a correspondente suspensão dos artigos da constituição alemã que garantiam as liberdades pessoais", para as mulheres do mundo, as liberdades pessoais nunca existiram na sociedade patriarcal; as poucas existentes foram conquistadas na base da histórica luta feminista.

Que a implicação da vida nua, a vida desprotegida do direito, na esfera política constitua o núcleo originário do poder soberano é um fato inegável. Agamben faz saber que o poder soberano quer produzir um corpo biopolítico, contudo ele perde de vista que esse corpo biopolítico é, antes de todos os outros, o que se definiu como corpo feminino, o corpo do ser heterodenominado mulher no processo de constituição do patriarcado. Assim, seu achado do *homo sacer* é válido para explicar o banimento daquele que precisa ser excluído, o que é tornado

* O Estatuto da Mulher Casada (Lei n. 4.121, de 27 de agosto de 1962) foi o primeiro avanço para as mulheres na história do Brasil, já que, como falado anteriormente, elas passaram a ter direitos e deveres similares e/ou igualitários a seus maridos.

** As mulheres não casadas tinham mais liberdade que as casadas na França dos anos 1960. Elas não podiam trabalhar sem a permissão do marido, nem abrir uma conta bancária ou dispor de suas propriedades sem a autorização deles. A autonomia financeira das mulheres foi votada apenas em 1965.

estrangeiro, mas o banimento interiorizado das mulheres na pólis tem anterioridade ontológico-política em relação à imagem do parricida romano. Mulheres sempre foram e continuam sendo "*estrangeiras*" na própria casa. Se o *homo sacer* está disponível para ser morto sem que o matador venha a ser culpabilizado por isso, a mulher é o *homo sacer* culpabilizado por sua própria morte, como nos casos de feminicídios sob alegação de "legítima defesa da honra".*

Como bodes expiatórios, corpos condenados à culpa por sua própria condição de vítimas, as mulheres vivem sob ameaça. Essa ameaça não é uma exceção, embora possa parecer, mas uma regra que está na origem do mal-estar patriarcal. A ameaçabilidade vem a ser uma categoria política fundamental na análise do patriarcado. Ou seja, a ameaça é consubstancial ao sistema.

Nesse sentido, a mulher é o ícone mais antigo da figura do "friedlos",[33] o "sem-paz", que vive numa condição limite, que pode ser morto por qualquer um sem que o assassino seja considerado um criminoso. Que a misoginia não seja considerada crime numa sociedade que criminaliza a homofobia e a transfobia refere-se a isso. No dispositivo do gênero o monopólio da violência está nas mãos dos homens, enquanto o corpo-mulher deve temer a violência, viver sob a condição de "sem-paz", submetendo-se em busca de alguma paz. Isso quer dizer que a submissão é o destino das mulheres se quiserem permanecer vivas. As mulheres que não forem assassinadas viverão sob violência estrutural, simbólica e física, da qual a ameaça de estupro e morte é parte essencial, escapando de tais violências por motivos circunstanciais que implicam, em um dos extremos, estratégias e artimanhas de adesão e, no outro, luta por direitos e construção de laços e contextos de proteção contra a lei marcial patriarcal e seu esquematismo cognitivo e sensorial.

Assim como a ameaça do estupro, a ameaça de morte às mulheres se constitui como um fator inapagável do sistema patriarcal, como vem

---

* A tese da "legítima defesa da honra" era utilizada em casos de feminicídio e violência contra as mulheres para justificar o criminoso. O assassinato ou a agressão seriam aceitáveis quando a conduta da vítima ferisse o que se entendia como "honra do agressor". Em março de 2023, as diretrizes do Protocolo para Julgamento com Perspectiva de Gênero se tornaram obrigatórias pelo Poder Judiciário no Brasil.

se demonstrando ao longo deste livro. Se, como afirma Rita Segato, há um mandato de estupro,[34] há também um mandato de morte violenta, do qual todo tipo de violência constitui uma espécie de ensaio ou de repetição dentro de um circuito feminicida. Se Thomas Hobbes – filósofo que apoiou a caça às bruxas em sua época* – acreditava que o contrato social na base do Estado serviria para evitar a morte violenta e assim administrar o medo dos homens, dando espaço a sentimentos mais positivos, como a esperança, isso não vale da mesma forma para as mulheres, cuja vida é organizada por um medo insuperável e sem esperança enquanto estiver em vigência o sistema patriarcal. Na verdade, a tese de Hobbes implica um problema em cuja sustentação se define a conservação do sistema. De fato, a "guerra de todos contra todos" desconsidera completamente que mulheres não participam de guerras senão em condições muito específicas e excepcionais.[35] Realmente, não se pode dizer que não era possível para sua mentalidade patriarcal imaginar que mulheres poderiam ser sujeitos de direitos. A hipótese do "estado de natureza" não faz sentido quando se leva em consideração que as mulheres não participaram dessa guerra na posição de "lobos", mas apenas na condição de caça dos "lobos", confinadas em suas casas a serviço dos homens portadores da lei, ou do falo em um sistema que coloca no centro a sua própria verdade imperativa.

No sentido do falo autodeclarado soberano, como vemos em Spivak,[36] o tema do poder soberano implica a marcação, a ameaçabilidade e a matabilidade de corpos visados pela epistemologia política do patriarcado, com seus discursos e práticas predatórios ideologicamente sustentados. Tais corpos foram historicamente heterodefinidos como "mulheres", numa epistemologia de pretensões ontologizantes

---

* Até mesmo o materialista Hobbes, mantendo distância, deu sua aprovação. 'Quanto às [bruxas]', escreveu (1963, p. 67), 'não creio que sua bruxaria contenha em si nenhum poder efetivo: mas é justo que as castiguem pela falsa crença que têm de ser a causa do malefício e, ademais, por seu propósito de fazê-lo, se puderem'. Defendeu que, se se eliminassem estas superstições, 'os homens estariam mais dispostos do que estão à obediência cívica' (*ibidem*). HOBBES, Thomas. *Leviathan*. New York: World Publishing Company, 1963. [ed. bras.: *Leviatã ou matéria, forma e poder de uma república eclesiástica e civil*. São Paulo: Martins Fontes, 2003].

organizadas como imperativo e acusação: para os corpos marcados há que "ser mulher" conforme parâmetros éticos e estéticos, mortais, sonoros, visuais, em uma palavra, performáticos. Mais ainda, a condição do ser marcado como mulher implica ser culpado de tudo o que lhe ocorre, inclusive o "ser mulher" com que é marcado, configurando uma espécie de círculo vicioso. Em relação a esses corpos epistemológica e ontologicamente tratados desse modo, são insuficientes as configurações jurídicas relacionadas a formulações tais como o *homo sacer*, pela qual se pode reconhecer uma continuidade entre o passado e o presente na ordem biopolítica, pelo fato de que sequer houve um imaginário do direito que fosse capaz de contemplar minimamente as mulheres na Antiguidade, como de fato não há ainda em nossos dias. Agamben fala do *homo sacer* como figura jurídica da vida nua; a mulher não deixa de ser vida nua, mas marcada pela misoginia presente em lugares comuns que estão na base do direito romano, tais como a "fraqueza do espírito (*imbecillitas mentis*), da sua leviandade mental ou da enfermidade relativa ao seu sexo em relação aos homens (*infirmitas sexus*)", que serve de "explicação natural para suas incapacidades estatutárias".[37]

A divisão dos sexos é primordial no direito em todos os tempos, mas sempre sob o apagamento da condição feminina, bem como das sexualidades não binárias. Historicamente a sexualidade heteronormativa foi não apenas compulsória, mas também imperativa, como se vê desde o direito romano.[38] As mulheres, mas também as mulheres intersexuais (hermafroditas como o direito romano as tratava), diferentemente dos homens intersexuais, ou seja, aqueles que tivessem a aparência de seus órgãos sexuais predominantemente masculinos, não tinham "descendência legítima". As mulheres em geral não eram sequer contadas no censo senão em casos excepcionais, quando eram herdeiras e procriadoras para os exércitos, ou, como fez Diocleciano, contando mulheres a fim de cobrar impostos, quando duas valiam por um homem.[39] Ou seja, não havia nenhum direito à cidadania para as mulheres. Os corpos eram obrigatoriamente inscritos na binariedade homem-mulher, mas um "hermafrodita" que tivesse passabilidade como homem podia escapar de ser afogado no Tibre.[40]

TOPONOMOLOGIA PATRIARCAL: CONTRATO SEXUAL, CAÇA E DOMESTICAÇÃO

Entre lei e lugar, entre *tópos* e *nómos*, a lei patriarcal se apresenta como natural, de tal forma que não possa ser contestada. Mascarar a lei patriarcal e o Sujeito Soberano que a sustenta faz parte da evolução histórica do patriarcado. Os termos fundantes do patriarcado são manipulados epistemologicamente para sua manutenção.

Nesse contexto, o debate sobre o patriarcado como expressão válida faz parte da história da filosofia feminista. Até aqui a expressão "patriarcado" vem sendo usada para definir o sistema da opressão sobre os corpos em analogia ontológica com capitalismo, racismo e capacitismo. A colaboração de Carole Pateman, para quem existem pelo menos três formas de patriarcado[1] (o tradicional, baseado no modelo da família; o clássico, que confunde poder político e poder paterno; e o patriarcado moderno, que é fraternal, contratual e estrutura a sociedade civil moderna), me parece ser a mais razoável diante das críticas epistemológicas feitas por algumas autoras em relação ao termo,* que correm o risco de perder de vista o caráter totalitário do chamado sistema patriarcal (ou

* É o caso de Gayle Rubin, autora de "O tráfico de mulheres" (*In*: RUBIN, Gayle. *Políticas do sexo*. Tradução Jamille Pinheiro Dias. São Paulo: UBU, 2017), para quem o patriarcado causa muitas confusões e deveria ser reservado "a autoridades e oficiais eclesiásticos, aos quais o termo se atribuiu inicialmente, ou a pastores nômades do tipo do Antigo Testamento, cujas estruturas políticas a palavra se mostra útil para descrever" (p. 20). Em vez disso, ela

"patrirracialcapacitalista"). Me parece inevitável concordar com Pateman, para quem o patriarcado seria "o único conceito que se refere especificamente à sujeição da mulher e que singulariza a forma de direito político que todos os homens exercem pelo fato de serem homens". Pateman sustenta que é preciso superar as interpretações patriarcais do patriarcado por meio de uma história feminista do conceito,[2] tendo em vista que, "se o problema não for nomeado, o patriarcado poderá muito bem ser habilmente jogado na obscuridade, por debaixo das categorias convencionais da análise política".[3]

Evitando esse risco, estou usando neste trabalho a expressão "patriarcado" como categoria inapagável, e "sistema patriarcal" como sistema autorreferencial de produção simbólica e linguística, de modo intercambiável, na intenção de me referir ao sistema do direito político dos homens, mas também ao sistema de produção simbólica e linguística que estrutura a sociedade no sentido de uma misógina "distopia naturalizada".[4] Nessa sociedade misógina, às mulheres é ofertado sofrimento e destruição como se uma sociedade e uma forma de vida não-patriarcal, ou para além do patriarcado, não fosse possível. Não tenho a intenção de especular sobre o caráter universal do patriarcado em sociedades diversas, pois minha perspectiva se dirige à reflexão sobre a sociedade urbana ocidental, por assim dizer, baseada numa forma de racionalidade organizada sobre privilégios para os homens em detrimento da vida das mulheres privadas de direitos. Nesse sentido, me interessa mais o totalitarismo patriarcal numa perspectiva ontológico-política do que sua universalidade antropológica, sobre a qual pode haver exceções culturais ou individuais.

O direito político dos homens sobre as mulheres diz respeito ao que Pateman definiu como "contrato sexual". Sua intenção era evidenciar o nexo entre o "social" e o "sexual" na produção do contrato, cujas teorias se oferecem como superação de uma certa ideia de patriarcado, ocultando que, na verdade, o remodelam em tons mais ofuscantes. Compreender o contrato permite entender o "*nómos* patriarcal" e o "*tópos*"

---

considera que a expressão "sistema de sexo/gênero" é mais neutra e capaz de indicar que a opressão não é algo inevitável.

dentro do qual ele nasce – a oposição entre pólis e *oikos* – e que ele ajuda a reproduzir.

A leitura das teorias do contrato por parte de Pateman propõe que o contrato social é sexual e que, na verdade, em vez de substituir o velho patriarcado como poder paternal ou ideologia paternalista, o que o contrato sexual faz é instituir o "patriarcado moderno",[5] pelo qual podemos pensar menos em termos de ficção da origem cronológica e mais em termos do caráter originário, no sentido de um padrão genealógico, de balizas repetitivas, de manutenção do poder patriárquico. O que pretendo colocar em discussão é que, no íntimo desse "contrato sexual", existe uma ausência de pacto entre os indivíduos justamente porque às mulheres é negada a individualidade, questão que, desde liberais e anarquistas do século XIX, se tornou emblema da democracia moderna. A marca "mulher" já é uma negação da individualidade. Aponta-se o dedo para uma mulher. Mede-se a adequação do seu comportamento, além das suas medidas físicas, justamente porque ela não é dona de si. Questiona-se um corpo-mulher mãe se está cuidando do filho, jamais um homem. Ele não precisa adequar-se a nada senão à sua masculinidade, para a qual tudo é permitido, desde que ele não traia o princípio que a define. Não há pacto sustentando um contrato entre homens e mulheres, pois não há adesão livre de violência por parte das mulheres. O pacto sexual é, na verdade, uma imposição estrutural dos homens que serve para mascarar a opressão, cuja exposição incomoda o sistema, perturbando sua "harmonia preestabelecida". Os homens só conquistaram o que em seu universo se refere a seus próprios direitos políticos, ou seja, seus privilégios, por meio da violência e da força bruta, assim como da ameaça contra corpos-mulheres e corpos não-homens, mas também mascarando tudo isso enquanto projetam na categoria mulher a marca da traição.

O contrato nunca foi exatamente um contrato, no sentido de um acordo que se faz entre partes, mas uma imposição de uma parte a outra como nos processos de escravização. Não há contrato onde há violência. Não há contrato quando uma das partes é subjugada pelo medo. O que Pateman chama de "contrato sexual" seria da mesma ordem de um paradoxal "contrato colonial", algo que a parte invadida aceita quando a alternativa é a morte. Portanto, entrar no jogo, fazer parte do teatro, implica um gesto originário de submetimento que historicamente se transforma em modo de existir, em *habitus*, ou seja, um *éthos*, orientado por uma afetividade criada e recriada para organizar a cultura, a saber, o ódio contra os corpos heterodenominados mulheres ou femininos, bem como todo corpo não-homem e, para confirmar o óbvio, os corpos não-brancos. Trata-se de um ódio ao qual os corpos violentados reagem com medo e submissão depois de um processo de terror físico e psíquico que funciona como técnica de dessubjetivação pela qual se interioriza a mensagem do agressor e um processo mimético ao corpo agressor e à instância da violência. No patriarcado todas as vítimas se camuflam ao próprio patriarcado. Diante do medo já não há liberdade que permita a alguém aderir. A própria condição de "sujeito de direito", que inclui o básico direito de escolha, impede a relação de contrato. Inclusive o que se chama "mulher" é um ser "dessubjetivado" e "re-subjetivado" a partir da lei e da norma patriarcal, na qual se exclui o elemento básico da liberdade que constitui um "sujeito" que poderia aderir ou propor um contrato. A adesão à sujeição só é possível na contramão da liberdade.

O "contrato sexual" está oculto no contrato social. Um sistema ideológico precisa ocultar a verdade que o compromete, no caso do patriarcado, o dispositivo do sexo-gênero. A "nomotopológica" se instaura desde uma "divisão de lugares" pela qual se pode garantir a lei dos homens: os homens exercem o poder soberano entre eles na esfera pública; as mulheres estão submetidas a eles na esfera privada, impedidas de participar da esfera pública. O lar, a casa, onde mulheres são confinadas, se configura como o primeiro campo – no sentido de campo de concentração – onde se exerce o poder soberano constitutivo do sistema. Que as mulheres sejam confinadas em suas casas segue sendo um "hábito", ou seja, algo que é naturalizado no patriarcado.* Toda violência contra

* É o caso do Afeganistão neste momento em que escrevo, onde mulheres não podem estudar além do primeiro grau, não podem trabalhar fora de casa, só podem sair se estiverem cobertas inteiramente por uma burca, além de acompanhadas com o marido ou algum guardião da família. As mulheres não podem orar em voz alta na presença de outras mulheres.

as mulheres reconduz ao laboratório da casa, da qual as mulheres nunca deveriam ter saído, segundo a lei patriarcal.

Apesar de todas as transformações da esfera pública da qual as mulheres participam de diversas formas no processo histórico, a casa, o lar, continua sendo a célula política, o primeiro laboratório da produção da "mulher", como sexo-gênero, como a trabalhadora que deve crer em si mesma como um ser natural e que, no entanto, não teria sido produzida sem a participação intensa dessa energia afetiva que vem a moldar sua realidade, seu corpo e sua subjetividade, que é o ódio.

Ora, o lar é o *tópos* onde se guardam e se conhecem os documentos a partir dos quais se exercitam os princípios patriarcais do ódio às mulheres. Do arquivo dependem o armazenamento e a transmissão da informação misógina no lar como laboratório da reprodução da espécie. Uma filosofia política feminista consistente precisa colocar o "lar" no centro do debate sobre o poder, pois, no lar onde mulheres são produzidas para reproduzir, tolhidas, mutiladas existencialmente, espancadas e assassinadas, o poder se exerce como violência soberana sem justificativa nenhuma, senão que, para as mulheres, assim deve ser. A função "patriárquica" de uma *arkhê,* do "fundamento místico da autoridade", é o que está em jogo no poder como violência enquanto instaura a lei e enquanto mantém a lei, ou seja, o nexo entre poder e violência, direito e justiça, como se encontra exposto desde Walter Benjamin* como um puro uso da força elevada a forma de governo.

Se, por um lado, a dominação das mulheres é análoga à dominação da natureza,[6] tal dominação acontece sob o poder soberano atuando sobre territórios e corpos. O poder soberano nada mais é do que violência no sentido de "Gewalt"[7] (poder como violência), o poder de ocupar, de invadir, de avançar contra o outro, ou seja, um poder eminentemente

---

As mulheres estão proibidas de falar com homens e umas com as outras de um modo geral e até mesmo de ter janelas em seus quartos.

* Ver a diferença entre a violência instauradora da lei (*Rechtsetzende Gewalt*) e a violência mantenedora da lei (*Rechtsendhaltende Gewalt*) em BENJAMIN, Walter. Crítica da violência, crítica do poder (1921). Tradução Willi Bolle. *In: Documentos de cultura, documentos de bárbarie:* escritos escolhidos, seleção e apresentação de Willi Bolle. Tradução Celeste H. M. R. de Souza *et al.* São Paulo: Cultrix/EdUSP, 1986. p. 160-175.

colonial,* mas também o poder de matar que determina e sustenta todas as relações de poder dentro da casa onde a "vida nua"[8] é confinada, abandonada e exposta desde tempos imemoriais no corpo marcado, ou "significado", como mulher, ou seja, o corpo-significado por um outro, o agente da violência. Esse corpo "significado" expõe a vida nua marcada por uma específica significação cultural, na verdade uma significação que pretende retirar o corpo-mulher da cultura, algo que se alcança garantindo a ideia de "natureza". O contrato sexual é, em sua totalidade, um contrato de serviço, mas também de anulação da mulher como indivíduo ou sujeito de sua própria vontade. Na contramão do direito válido para os homens, a mulher é formulada pela violência para existir fora do direito, lançada numa ideia de pertença à natureza por meio da "mera vida", a "vida nua" num lugar previamente configurado para o confinamento dos corpos que é o lar. Requintes retóricos ao longo da história do discurso misógino convenceram mulheres na condição de esposas de que elas são "senhoras" de seus lares e até mesmo da vida de seus maridos enquanto inculcam para as não esposas – sejam jovens, sejam mulheres não casadas – que o casamento seria uma espécie de "melhor dos mundos possíveis".

Por mais que as mulheres participem, ainda que automaticamente, do que, desde Foucault, é definido como poder enquanto vigilância, disciplina e controle, elas nunca deixaram de estar "sujeitas" – seja em posições submissas, seja nas insubmissas – ao regime soberano patriarcal. Esse é o regime em vigência na esfera pública, na velha pólis dos gregos, mas também nas casas, nos lares, no que gregos e latinos nos alvores da "civilização" – termo que só pode ser colocado entre aspas de advertência servindo apenas para sinalizar certa situação cultural – chamavam de *oikos* e *domus*, bem como do *arkhêion,* a morada dos arcontes, os senhores e guardiões que guardam as leis em suas casas.[9]

A separação naturalizada entre a casa e a cidade, a "separação óbvia entre vida privada e pública"[10] estabelecida como verdade na histórica

* Recomendo a leitura de um trabalho anterior no qual mostro o funcionamento do olhar devorador colonial a partir de Cristóvão Colombo: *Complexo de vira-lata*: análise da humilhação brasileira. Rio de Janeiro: Civilização Brasileira, 2021.

filosofia política dos homens, explica como mulheres foram confinadas nas casas e impedidas de participar da esfera pública. Na verdade, a oposição hipostasiada entre público e privado oculta justamente o processo do confinamento das mulheres. Ao mesmo tempo, a discussão sobre violência doméstica esbarra constantemente na suposta liberdade de ir e vir das mulheres, como se elas pudessem simplesmente deixar a casa patriarcal e encontrar um lugar ao sol fora da nomotopológica do sistema. A liberdade para as mulheres nunca existiu, pois elas nunca tiveram acesso aos mesmos direitos que os homens, tampouco puderam fazer frente ao monopólio da violência em suas formas infinitas e metabolicamente instauradas no todo da sociedade e da cultura. A conquista do divórcio atuou sobre esse cenário. A casa é um campo, no sentido da estrutura mesma do Estado. Que mulheres sejam "concentradas" na casa, faz da casa um campo. Às vezes um campo de concentração, às vezes de extermínio, conforme seu potencial seja realizado em gradações mais intensas. O casamento é um dispositivo de captura de mulheres para dentro da casa.

Uma série de quatro pinturas de Sandro Botticelli oferece um ensaio iconográfico ilustrativo – ou explicativo – dos aspectos inconscientes que levam uma mulher ao casamento, considerando que se trata de um processo de confinamento e custódia de um corpo ligado a um contrato cuja adesão leva esse corpo a um espaço de confinamento sem saída. As imagens de Botticelli oferecem o percurso assombroso da psique política envolvendo homens e mulheres. Psique politizada por meio do medo no contexto do que chamei de esquematismo patriarcal. Botticelli pinta a *História de Nastagio Degli Onesti*, um dos contos do *Decameron* de Boccaccio,[11] como presente de casamento,* o que talvez

---

* DIDI-HUBERMAN, Georges. *Venus rajada*: desnudez, sueño, crueldad. Madrid: Losada, 2005. p. 84: "O que é uma obra pintada para um lugar onde se consuma a noite de núpcias, onde se dorme, se faz amor e, talvez, se morre? No entanto, os painéis foram encomendados a Botticelli em 1483 como presente de casamento para Giannozzo Pucci e a sua nova esposa – a primeira tinha morrido um ano antes – Lucrécia, filha de Piero Bini. [...] eram *exempla*, ficções moralizantes escolhidas expressamente para a situação, para a ocasião. Provavelmente, nunca saberemos por que é que esta ficção educada – e sobretudo cruel – foi escolhida para honrar o casamento do jovem viúvo com Lucrécia Bini. Tenhamos muito cuidado para não prejulgar o que à primeira vista nos parece ser um presente de muito

seja uma ironia, talvez seja parte complementar da narrativa do horror apresentado na história e seu potencial na vida real. Nastagio é um jovem enamorado que, indo a uma floresta para refletir sobre a rejeição que sofrera da mulher que amava, presencia uma cena fantasmagórica que se passa repetidas vezes, para espanto da testemunha: um homem a cavalo corre atrás de uma mulher; ele a alcança, a eviscera e dá suas entranhas aos cães que o acompanham na caçada para que a devorem. A cena se repete sem que Nastagio saiba o que fazer diante da aparição. Um transeunte lhe explica que se trata de uma maldição. O cavaleiro se suicidou devido à rejeição do amor da mulher que dele foge, sendo condenado a persegui-la e caçá-la pela eternidade. Uma desproporção, da ordem do que Foucault percebeu entre o poder de "deixar viver e o de fazer morrer", faz parte da fantasmagoria.

O cavaleiro foi condenado por seu suicídio. A mulher, por sua vez, por ter se regozijado com a morte do homem enamorado, é condenada a ser "perpetuamente assassinada".[12] Num golpe de astúcia, Nastagio resolve usar a performance espectral a seu favor e convida a família da moça que o havia rejeitado para um almoço na floresta onde ocorre o bizarro espetáculo. Assustando a mulher desejada e sua família com o *exemplo* assombrado, ele consegue o consentimento dela para o casamento. Ela se casa por medo. O que Nastagio faz é aproveitar-se do exemplo terrível para garantir seu domínio. No modelo, é o regime de terror que leva a mulher ao casamento. A ameaçabilidade se torna parte do jogo terrorista do patriarcado. O desejo de Nastagio é realizado por meio da astúcia de usar o exemplo maldito para chantagear uma mulher.

Na sequência de quadros, certos temas se tornam visíveis. Desde o sentimento de posse, em si mesmo não-amoroso, até o paradoxal "amor maquiavélico", cujos fins justificariam os meios, evidenciam a posição soberana do homem. A crueldade com que a mulher na cena é despojada de suas vísceras confirma o exercício masculino da pura violência. Falar em direito das mulheres sobre o próprio corpo é um assunto

---

mau gosto: falta-nos certamente o ponto de união privado, o elo associativo que permitiu aos actores desta troca – comensal, pintor, destinatário – justificar a representação, num quarto, de um tal 'pesadelo'".

distante quando se trata da exposição à matança. A lei do patriarcado se inscreve nos corpos-mulheres de modo cruel sem que elas tenham consciência disso. A jovem chantageada e ameaçada de morte autentica o desejo do homem por meio do casamento ao qual ela adere por medo. Para não morrer e não ser condenada a fugir como um animal de caça capturado por cães, a mulher aceita a chantagem e se entrega à vontade masculina, suas regras e leis. Para não ser caçada eternamente, ela se deixa domesticar, pois é disso que se trata no casamento. Domesticada, ela viverá sob ameaça, podendo ser morta a qualquer momento não mais como caça, mas como animal doméstico.

Na história de Boccaccio, o homem que se suicida devido à rejeição de uma mulher que dele zomba torna-se o algoz eterno, o eterno assassino dessa mesma mulher. Lembremos do medo do riso e do medo da morte que concerne a homens e mulheres desde a anedota de Margareth Atwood na introdução a este trabalho. Mas há mais nessa alegoria se considerarmos que toda alegoria serve para contar uma história que fala para além dela estando nela contida. Trata-se da relação entre realidade e representação, entre a realidade e a imagem que dela se faz revelando aspectos concretos da realidade invisíveis a olho nu. Assim, a culpa pelo ato de se matar é expiada em parte no encantamento assombroso vivido pelo homem, em parte na mulher, como se ela fosse a responsável de algum modo por sua própria morte. Ela deveria ter cedido ao desejo masculino para não morrer. Essa é a mensagem. A proporção entre a realidade e a representação esconde uma desproporção que revela as camadas subterrâneas da realidade. Assim, o homem é condenado a caçar a mulher sobre um cavalo acompanhado de dois mastins, e não condenado a ser caçado, embora ela não o tenha matado, mas ele tenha matado a si mesmo; ela, por sua vez, não é condenada a matá-lo pela eternidade afora, mas a sofrer a perseguição, a correr a pé, a ser atacada e trucidada por cães, a ser eviscerada, a ter coração e outras entranhas arrancados e comidos pelos cães. Ele será vítima de uma repetição do seu desejo e da sua vontade, ela será vítima em seu próprio corpo, vítima de uma caça, uma evisceração violenta e cruel e uma morte violenta pela eternidade. A condenação de cada um corresponde ao que já viviam em vida, ele a desejando, ela sendo desejada, ele a perseguindo, ela sendo perseguida, ele matando, estripando e jogando-a aos cães, ela sendo morta, eviscerada e comida pelos cães. O devir persecutório dele implica o devir-perseguida nela. Eterna acossada, ela é a prisioneira de uma violência perene que envolve ameaça e a tortura concreta e, mesmo fugindo, não pode escapar do circuito onde está aprisionada porque esse circuito pertence à ordem espiritual, ou seja, simbólica e linguística, que organiza o patriarcado.

Dois tempos estão encadeados no espelho da vida e da representação. A condenação da vida na sobrevida fantasmática é a repetição da vida real na vida da representação, que, por sua vez, volta para orientar a vida concreta. A vítima do ódio disfarçado de amor, condenada colateralmente por ter se regozijado ao se sentir livre de um lunático, sofre uma pena maior do que a do sujeito que a deseja. Ela é condenada a ser objeto passivo de um assassinato, ele de ser agente da destruição do objeto desejado. A evisceração alegoriza a retirada da interioridade desejante da mulher. Aquela que não interiorizar a lei do desejo patriarcal, a lei do desejo masculino, será destruída por ele. Isso vem revelar a inveja escondida no suposto desejo masculino. Aquela que não desejar o homem que a deseja, ou o desejo do homem que a deseja, merecerá morrer.

A alegoria revela algo de universal: o corpo feminino está sempre enredado ao destino do sujeito do desejo masculino porque a existência feminina está sempre rebaixada a seu corpo pelo sistema do ódio patriarcal. A mulher não tem direito de ser Sujeito Soberano, mas é assujeitada como uma caça e redimida apenas se "aceitar" ou não reagir diante da alternativa de ser presa. A presa se torna prótese. O mimetismo que permite proteger-se dos algozes está assegurado na imitação e no aconchego aos algozes. Ao aceitar se casar com Nastagio, ela, na verdade, é vítima do medo administrado. Corpos-mulheres passam a "aceitar" a imposição do dispositivo camuflado em "pedidos" de casamento mesmo não gostando de seus pretendentes, pois aquela que não aceitar entregar a si mesma estará sentenciada à morte. Assim como animais, as mulheres são capturadas em armadilhas que seduzem e enganam.* A

* Na Grécia antiga a palavra "*poikilos*" remete ao que é multicolorido e enganador. Jean Pierre Vernant e Michel Détienne analisam os nexos entre a animalidade, a enganação e a

imagem alegórica revela a verdade do patriarcado, que oculta sua chantagem sob a noção ideológica de um contrato.

O homem aparece como figura soberana, ela como vítima inescapável da soberania na qual o desejo do homem é o fundamento que dá autorização a matar. É a condição de "caça eterna" à qual o corpo-mulher é condenado por rejeitar o "desejo" de um homem. Que a figura de Nastagio (como *ammonitore**) compareça à cena com a intenção de salvar a moça, mas logo desista por perceber o *tópos* onírico no qual se encontra e de como poderia usá-lo em seu favor, é sinal de que percebe a função didática da *cena da caça*. Em seu oportunismo, ele percebe o poder da ameaça. Nastagio se torna o sujeito da ameaçabilidade. O cálculo sobre a vida de uma mulher é refeito a partir da chance de mantê-la viva a serviço. A *cena da caça* é uma imagem espectral, portanto algo de ordem estética, mas ela porta um mandamento moral acerca da obediência feminina ao desejo masculino sob pena de morte violenta. A narrativa espectral apresentada à mulher desejada e sua família é repetida como um mecanismo que o próprio Nastagio pode operar. Curioso é que tudo se passe na floresta, nem dentro da casa, nem simplesmente na rua, mas nesse lugar abandonado às margens da cidade e no qual uma mulher não deve andar sob pena de encontrar um "lobisomem", como veremos. O psicopoder, como cálculo sobre o que as pessoas, no caso as mulheres, pensam, sentem, desejam e acreditam, está em ação. É a narrativa que se coloca no lugar da arma operada pelo caçador Nastagio, espelhado no caçador fantasmático a cavalo fazendo matilha com seus cães. O caçador/discursador impõe uma função à vítima, a de ser caçada ou crer no discurso e se entregar à sua demanda moral. A chantagem engana e alicia. Nastagio é o agente do poder soberano que sabe usar armas/palavras para desenvolver e administrar o medo e a insegurança no corpo-mulher no contexto da

---

sedução por meio das cores e dos efeitos visuais que têm relação com as mulheres, a retórica e as artes culinárias. Ver em FERRAZ, Maria Cristina Franco. *Platão*: as artimanhas do fingimento. Rio de Janeiro: Relume-Dumará, 1999. p. 79.

* Uma espécie de apresentador que admoesta sobre o significado da coisa vista, que mostra o que deve ser visto no que está à mostra. Cf. Alberti em seu *Tratado da pintura,* citado por Didi-Huberman, *Venus rajada*: desnudez, sueño, crueldad. Madrid: Losada, 2005. p. 79.

ameaçabilidade e da obsessão em camuflar-se, inconsciente de seu caráter de caça, para escapar à morte violenta.

A história da caça é parte fundamental da história humana. Ela explica a relação entre homens e natureza, entre homens e homens, mas, de um modo específico, entre homens e mulheres. As mulheres sempre foram caça, a parte perseguida, no sentido de serem corpos à mercê de caçadores. De fato, a prática da "caça aos homens" não é uma metáfora,* muito menos a caça às mulheres definidas como bruxas[13] na passagem do feudalismo para o capitalismo. Contudo, não há na história hordas de mulheres enfurecidas atrás de animais ou de pessoas por dever religioso como na Inquisição ou por mera recreação. A caça sempre foi uma atividade masculina, ainda que excepcionalmente alguma mulher possa dela ter participado. Os homens sempre estiveram acompanhados de cães, instrumentalizando esses animais para seus fins especistas.

Em seu clássico *Massa e poder*, de 1960, Elias Canetti explica o significado da "malta" como forma que assume o bando ou horda (em geral com dez ou vinte membros) quando em estado de excitação coletiva.[14] A malta é tanto o grupo de jovens à mesa de um bar em busca de vencer uma discussão ou vencer no consumo da bebida quanto a gangue que corre pronta ao assalto em busca de dinheiro, gadgets ou um tênis das marcas da moda; é tanto o grupo de meninos que corre atrás de uma bola de futebol nos terrenos baldios quanto o jogador profissional unido a seus colegas atrás de uma bola. O time de futebol é a elevação da caça à instituição. Do mesmo modo, a malta é tanto o

---

* CHAMAYOU, Grégoire. *Les chasses à l'homme*. Paris: La Fabrique, 2010. Chamayou começa seu livro contando uma história: "Uma caçada muito incomum ocorreu na França no século XV no parque de Amboise. O rei Luís XI, a quem se havia feito 'o terrível prazer de uma caçada humana', partiu em perseguição de um condenado coberto com 'pele de veado recém-abatido'. Solto no domínio e logo capturado pela matilha real, ele morreu 'despedaçado pelos cães'". Chamayou decide contar histórias de violência dos dominantes, de 'tecnologias predatórias essenciais ao estabelecimento e reprodução de relações de dominação'. Segundo ele, a caçada humana não deve ser entendida como uma metáfora, mas a fenômenos históricos concretos, quando "seres humanos foram caçados, perseguidos, capturados ou mortos nas formas de caça; práticas regulares e às vezes massivas, cujas primeiras formas foram teorizadas na Antiguidade Grega antes de experimentar um formidável *boom* no período moderno, em uníssono com o desenvolvimento do capitalismo transatlântico" (p. 7).

grupo de pichadores que busca um espacinho nos muros da cidade burguesa onde marcar sua existência e revolta quanto é o bando de presos dentro de uma cela à mercê da potência de sua própria amotinação. A malta, segundo Canetti, deseja uma presa que, sempre em movimento, é perseguida (como a moça na caçada testemunhada por Nastagio). Ainda que malta se refira a um grupo de homens, esses homens se fazem acompanhar por animais domesticados e se confundem com eles, como se buscassem no cão que manipulam a passagem à selvageria perdida.

O termo "malta" vem do latim *movita*, que significa "movimento". Dela, diz-nos Canetti, surgiu a palavra em francês antigo "*meute*", que significa tanto revolta e sublevação, de onde vêm motim e amotinador, quanto "partida de caça". Também significa, segundo Canetti, num uso mais restrito, "matilha de cães de caça". A malta de Canetti copia a estrutura da matilha e, antes, da alcateia. Malta é sinônimo de bando. "*Meute*" originalmente se referia a uma "tropa de cães treinados para caçar correndo" até que o animal caçado desaparecesse, conseguindo fugir, ou fosse morto, e se referia, figurativamente, a um "bando, tropa de pessoas ligadas à perseguição até a desaparição de alguém".[15]

A amizade entre homens e cães[16] e sua coparticipação em atividades de caça corre em paralelo à histórica relação entre homens e lobos. Em "o homem é o lobo do homem" vemos uma metáfora. Se, "nas antigas leis nórdicas e germânicas, as pessoas banidas eram literalmente "proscritas",[17] elas podiam ser linchadas. Após serem expulsas da ordem legal, elas podiam ser mortas por qualquer um sem nenhuma punição. "O 'fora da lei' – o *Utlag* dos anglo-saxões e o *Out-law* dos escoceses – também é conhecido em islandês como o lobo, *Vargr*", justamente "para significar que, excluído da sociedade humana, ele foi reduzido a vagar pelas florestas como uma fera selvagem. O pária que permaneceu no território foi descrito 'como o lobo no santuário [...] ele foi representado com uma cabeça de lobo'".* Lobo é metáfora do homem fora da

* CHAMAYOU, Grégoire. *Les chasses à l'homme*. Paris: La Fabrique, 2010. Agamben faz uma análise da mesma figura do Wargus em seu *Homo sacer*. Aqui Chamayou cita o livro *Histoire de droit criminel des peuples modernes*, de Albert Duboys (Paris: Durand, 1854. p. 122-124).

lei, capaz de agir contra seu igual, contra sua espécie. Como diz Chamayou, "lobo é a fera feroz que ameaça o rebanho: se a pessoa banida é comparada a um lobo, é porque, como um lobo, ela deve ser abatida".[18]

A relação entre homens e lobos serve de metáfora política, mas não apaga a geometria entre os próprios lobos e os cães capazes de se metamorfosear em predadores depois de certas experiências. "No campo, antigos cães pastores às vezes retornam à floresta, atacando o gado. Tendo provado sangue, eles se metamorfosearam em predadores. O desertor deve então ser abatido." Essa "experiência de metamorfose, familiar às sociedades pastoris", mobiliza a "imaginação penal dos lobisomens", criando espaço para o mito do lobisomem, que teria aí suas raízes.[19] Assim como o "lobo", mesmo sendo um cão, deve ser abatido, o "lobo" enquanto homem criminoso poderia sê-lo. A figura do *homo sacer* implicaria a "exclusão da comunidade, da lei e da segurança" e seu abandono ao destino nas margens da cidade, como se ele voltasse a ser animal. Ora, o *homo sacer* é aquele que pode ser morto por qualquer um, seja ou não em um linchamento. O *homo sacer* é o banido, ou seja, o proscrito que desperta o desejo de proscrever e ao qual toda a solidariedade deveria ser negada. Quem é banido da lei está "ilegal" e, por isso, vive na insegurança; ele não está apenas indefeso, mas, "deixado à mercê de qualquer um, ele também é designado como um inimigo matável, como uma vida que pode ser tirada sem crime".[20]

Lobo e cão doméstico pertencem à mesma família *Canis lupus*. Contudo, a principal diferença entre ambos diz respeito à domesticação do último. Para o cão doméstico, seu dono humano é o chefe de sua matilha, membro, portanto, de seu grupo. Assim como o cão poderá ser parte da família humana ou, vivendo nas ruas, será capaz de conviver com seres humanos sem atacá-los. Não é à toa que o cão pode ser considerado – do ponto de vista individual, mas também filogenético – o melhor amigo do "homem". A comunhão e a convivência entre homens e cães é ancestral e avança na sociedade bárbara, na qual a tentativa de criar cãezinhos dóceis como animais de pelúcia não é diferente da vontade de domesticar a própria selvageria pelo artifício da fácil dominação da natureza já domada. Ora, a projeção é um fator inapagável das relações, e há quem prefira os cães às pessoas. Embora vejamos homens e cães caçando juntos, não há amizade entre homens e lobos. O lobo como lobo do homem, enquanto imagem da espécie humana no estado de natureza hobbesiano, oferece a estrutura arcaica das relações humanas que seria superada pela ideia do contrato social. No enunciado "o homem é o lobo do homem", o "homem" é simultaneamente lobo e caça. Assim se compreenderia como na malta em busca de sangue se sustentaria o estado de natureza. Na caçada de corrida os homens buscam a presa, mas, como caçadores, eles gozam com a perseguição em si e podem, inclusive, aceitar quando o objeto da caça escapa, afinal a caçada em seu estado de sublimação se torna apenas um esporte.

Antes de Canetti sinalizar para o desejo de sangue próprio da malta de caça, Adorno e Horkheimer, na *Dialética do esclarecimento*, já falavam que em uma sociedade de homens a vida se transformaria num "infinito território de caça",[21] já que o projeto civilizatório envolveria a dominação da natureza como imposição do mais forte sobre o mais fraco. A marca da força por oposição a uma marca da fraqueza sempre é invocada, segundo esses autores, quando se trata de dominação. O "mais fraco" é a marca que justifica a violência do "mais forte". O "mais fraco" é o bode expiatório que desperta o desejo de proscrever, mas apenas porque o "mais fraco" foi marcado como tal. Sua eliminação justificaria a manutenção da vida que mereceria ser vivida, como se a vida "enfraquecida" ou precária, a "vida nua" do "corpo abjeto",[22] não merecesse ser vivida.

Giorgio Agamben[23] fala da semelhança entre o *homo sacer* e o homem-lobo, o *wargus* do direito germânico, que, sendo excluído da cidade por ser um malfeitor, sofreria destino semelhante ao do *homo sacer*. No direito romano o *homo sacer* é a figura da condenação ao banimento da vida comum, a vida compartilhada na cidade. Ele pode ser morto por qualquer um sem que seu assassino seja julgado pela lei, já que foi banido para as margens da cidade, na floresta, no espaço fora da lei. No direito romano o bandido era o híbrido de humano e animal que, para proteção da ordem, devia ser banido da convivência humana e da lei que protege cidadãos. Ele era o monstro, o lobisomem. Lançado na indiferença entre ser animal e humano, o bandido – o "banido" – é excluído das relações, mas ao mesmo tempo incluído como imagem exorcizável do que se deve temer e que, como inimigo, deve ser eliminado. Temido por representar uma ameaça, o "bandido" é o que pode caçar qualquer um, mas é também, enquanto banido, a "eterna caça" que pode ser morta por qualquer um. Agamben diz que somos todos *homines sacri*. Isso significa dizer que todas as pessoas são vítimas e algozes ao mesmo tempo, lançadas à condenação de matar e serem mortas, presas na indecidibilidade geral sobre o que seja justiça ou política. Desconsiderando a divisão sexual, Agamben não percebe que a matança é uma prática masculina.

Se o lobo vem a ser metáfora do animal homem banido e bandido, as mulheres são animalizadas por meio de metáforas ligadas aos animais domésticos com os quais elas partilham o destino de serem reduzidas a carne. Segundo Wittig, "a fabricação das mulheres é como a fabricação dos eunucos, dos escravos, dos animais"[24] na cultura patriarcal, caracterizada pelo culto e o sacrifício do corpo. A matança de mulheres tem nexo direto com a matança de animais com os quais elas são equiparadas numa retórica zoológica.

Sobre o nexo entre mulheres e animais, Adorno e Horkheimer estabelecem a seguinte análise: o "animal desprovido de razão" e a mulher que seria um ser sem "nenhuma participação independente nas habilidades que produziram essa civilização" fariam parte de uma mesma vida. Segundo os autores da *Dialética do esclarecimento*, nas antropologias mais tradicionais diz-se que "o homem é quem deve sair para enfrentar a vida hostil, é ele que deve agir e lutar"; já a mulher deve ficar reclusa cuidando dos filhos e da casa. Nesse contexto narrativo, eles afirmam que "a mulher não é sujeito". Ela estaria alienada dos processos de produção como ser que não produziria, mas cuidaria dos que produzem, sendo um "monumento vivo dos tempos há muito passados da economia doméstica fechada" na qual a divisão do trabalho imposta pelo homem não seria favorável a ela. Certamente, Adorno e Horkheimer não aprofundam, como os teóricos em geral, o trabalho da procriação e da reprodução, bem como o trabalho doméstico associado à maternidade, parte do dispositivo patriarcal de captura de mulheres, mas percebem que as mulheres, tendo "encarnado a função biológica" como se ela não fosse um trabalho de produção da civilização, tornam-se "símbolo da natureza, cuja opressão é o título de glória dessa civilização".[25] O que se chama "civilização" sob o domínio da racionalidade patriarcal não passa do projeto milenar dos homens decididos a dominar ilimitadamente a natureza. Nesse caso, transformando o mundo em um "infinito território de caça". O que os autores chamam de "sociedade de homens" está totalmente voltado para o processo da caça da qual a racionalidade patriarcal se ufana. Nas teorias antropológicas tradicionais, elas mesmas mistificadoras, reside a origem da ideologia da diferença sexual pela qual se trata a mulher como menor e mais fraca, havendo entre ela e o homem uma diferença que ela não podia superar, uma diferença imposta pela natureza, vergonhosa e humilhante na sociedade dos homens que é dada pelo sexo e a fragilidade natural a ele consubstancial. Se o projeto dessa civilização era a dominação da natureza, a invenção da inferioridade biológica se tornou o estigma por excelência, sendo a "fraqueza impressa pela natureza a marca incitando à violência".[26]

Criticando a igreja, Adorno e Horkheimer lembrarão do caso raro da caça às bruxas definindo seus processos como "terrorismo" e usarão o termo "gangues" para se referir aos senhores feudais em ação contra a população. O objetivo dessa perseguição não era apenas pragmático, mas também a "celebração e a confirmação da vitória da sociedade dos homens sobre as etapas evolutivas matriarcal e mimética dos tempos primitivos". Assim, os "autos de fé", como fogueiras pagãs da Igreja, representavam "o triunfo da natureza sob a forma da razão autoconservadora para glória da dominação da natureza".[27]

A vitória do patriarcado contra o que os autores chamam de "revolta matriarcal" precisou da "submissão espontânea", ou seja, da internalização da misoginia por parte das próprias mulheres: "a derrota, como devotamento; o desespero, como a beleza da alma; o coração violentado, como o seio amante". Na divisão social do trabalho, as mulheres "foram encarregadas do cultivo planejado do belo".* O que os autores chamam

---

* ADORNO, Theodor; HORKHEIMER, Max. *Dialética do esclarecimento*. Tradução Guido Almeida. Rio de Janeiro: Jorge Zahar, 1984. p. 117: "A puritana moderna aceitou o encargo cheia de zelo. Ela se identificava totalmente com tudo o que aconteceu, não com a

de "marca da fábrica" diz respeito a esse processo de dominação que não tem fim e atinge todas as esferas da vida. O patriarcado é, substancialmente, a própria indústria cultural que fabrica os corpos de que precisa para manter o sistema intacto.

A animalização das mulheres serve à lógica da caça e da domesticação. O casamento é a instituição patriarcal que constitui o dispositivo atuante sobre o corpo e a vida nua das mulheres. Analisando o nexo entre mulheres e animais Adorno e Horkheimer falam da feiticeira Circe,[28] a "hetaira" em oposição a Penélope, a esposa. Circe repete "no ritual a que submete os homens o ritual ao qual ela própria é o tempo todo submetida pela sociedade patriarcal", na qual as mulheres são marcadas com o estigma do sexo. Percebendo que na história "as mulheres se inclinam, sob a pressão da civilização, a adoptar o juízo civilizatório sobre a mulher e a difamar o sexo", eles apontam para a lógica do sistema. Circe, a bruxa, é uma espécie de vítima patriarcal sob a máscara de uma liberdade, mas mesmo ela anda apoiada nos animais: "no debate do esclarecimento e do mito, cujos vestígios a epopeia ainda conserva, a poderosa sedutora já se mostra fraca, obsoleta, vulnerável, e precisa dos animais submissos por escolta". Ela não escapa ao nexo com os animais, porque, simplesmente, não há escapatória para as mulheres. Penélope, por sua vez, obedece ao poder dos homens de um modo mais direto por meio do casamento que serve como via de controle das mulheres. Segundo os autores,

> [...] a mulher continua a ser impotente na medida em que o poder só lhe é concedido pela mediação do homem. Isso já está, até certo ponto, delineado na *Odisseia* com a derrota da deusa hetaira, enquanto o casamento plenamente configurado com Penélope, literariamente mais

natureza selvagem, mas com a natureza domesticada. O que ainda restava dos leques, cantos e danças das escravas de Roma acabou se reduzindo, em Birmingham, à execução do piano e outros trabalhos manuais, até que os derradeiros vestígios da licenciosidade feminina se enobreceram totalmente e se transformaram em símbolos da civilização patriarcal. Sob a pressão da publicidade universal, o pó-de-arroz e o batom, rompendo com sua origem hetáirica, transformaram-se em produtos para a proteção da pele, o maiô numa exigência de higiene".

recente, representa um estágio posterior da objetividade da instituição patriarcal.[29]

Penélope e Circe fazem parte de um mesmo circuito. A prostituta e a esposa são elementos complementares da autoalienação da mulher no mundo patriarcal,* sempre vítimas do ódio patriarcal. Do mesmo modo, a tentativa cristã de "compensar ideologicamente a opressão do sexo pelo respeito à mulher e, assim, enobrecer a reminiscência dos tempos arcaicos" resulta no "rancor pela mulher sublimada e pelo prazer teoricamente emancipado". A prática da opressão leva mais ao desprezo do que à veneração, e o amor ao próximo dos cristãos dissimula o ódio proibido e obsessivo pelo objeto que é a mulher. Para Adorno e Horkheimer, no retorno do ódio recalcado, o culto da madona é pago com a caça às bruxas como "vingança exercida sobre a imagem da profetisa da era pré-cristã, que punha secretamente em questão a ordem sagrada da dominação patriarcal". Assim é que, para os autores, "a mulher excita a fúria selvagem do homem semiconvertido, obrigado a honrá-la, assim como o fraco em geral suscita a inimizade mortal do homem forte superficialmente civilizado e obrigado a poupá-lo".[30]

As mulheres são a parte odiada, talvez mesmo, enquanto objetos e mercadorias, a parte maldita. A aliança entre discurso e ação sobre corpos aparece claramente no discurso sobre prostitutas e esposas. O lugar de ambas na história da política define a posse da vida nua, a *zoé* de que falava Aristóteles quando explica em sua obra *A política*[31] o lugar do corpo das mulheres, dos escravos e dos animais como habitantes do *oikos*, a casa que pertence a um homem. Assim, não há Ulisses sem Penélope, nem Menelau sem Helena, nem Agamenon sem Clitemnestra.

* "A esposa deixa transparecer prazer com a ordem fixa da vida e da propriedade, enquanto a prostituta toma o que os direitos de posse da esposa deixam livre e, como sua secreta aliada, de novo o submete às relações de posse, vendendo o prazer. Circe como Calipso, as cortesãs, são apresentadas como diligentes teceloas, exactamente como as potências míticas do destino e as donas-de-casa, ao passo que Penélope, desconfiada como uma prostituta, examina o retornado, perguntando-se se não é realmente apenas um mendigo velho ou quem sabe um Deus em busca de aventuras." ADORNO, Theodor; HORKHEIMER, Max. *Dialética do esclarecimento*. Tradução Guido Almeida. Rio de Janeiro: Jorge Zahar, 1984. p. 36.

Mesmo quando os maridos morrem assassinados e traídos (como Agamenon, uma exceção que confirma a regra) ou os noivos se suicidam (Hemon em Antígona), é porque suas esposas negaram-lhes a honra de se manterem como meras esposas, aceitando o destino da vida nua que representam e à qual devem se deixar reduzir. Não é o amor que um homem perde, mas a honra. Não é sua ligação emocional a uma mulher, mas o poder político que ela representa enquanto seu objeto.

Nas tragédias gregas, as mulheres têm a obrigação de matar-se com o gládio ou por enforcamento quando seus maridos não voltam vivos das guerras. Assim como Eva, feita da costela de um homem, as mulheres gregas são "parte" a ser negada quando cessa a vida que realmente importa e merece ser vivida, a do homem à qual pertence a vida de uma mulher. A mulher não é mais que prótese que um homem acrescenta a si por meio do casamento, essa tática de captura formal da qual o estupro seria a forma doentia.

Na tragédia grega, o herói – ao qual uma mulher acresce em força e coragem – é o marido que morre na guerra, levando a mulher à "morte compulsória". Uma mulher entra no casamento assim como sai dele, de modo compulsório. O casamento são etapas da morte. Não é apenas a inutilidade da vida de uma mulher que se afirma na atitude do suicídio compulsório, mas a sua morte mesma coroaria o heroísmo essencial do marido, em relação ao qual o seu gesto de autoaniquilação não passaria de uma obrigação secundária. A magnanimidade da vida do homem seria confirmada no suicídio da esposa, suicídio que faz parte da distinção misógina sem a qual o reino masculino esboroa. Por trás disso está a artimanha do discurso. A tragédia grega participa da história do patriarcado ocidental confirmando a representação secundária das mulheres, talvez à exceção de *Antígona.* Texto para ser saboreado, como deixa claro Nicole Loraux, a tragédia instaura-se por uma fala que serve a uma audiência faminta de sangue feminino. "Gozo intenso do prazer de ouvir", diz Loraux,* constituindo aquilo que a helenista vai chamar

* LORAUX, Nicole. *Maneiras trágicas de matar uma mulher*. Tradução Mário da Gama Kury. Rio de Janeiro: Jorge Zahar, 1988. p. 12: "A morte-narração presta-se infinitamente mais a conjecturas que as violências exibidas diante dos olhos. Para o cidadão de Atenas, a

de "morte-narração", uma importante operação imaginária sem a qual o patriarcado não avança.

Os comentários de Nicole Loraux sobre a fuga das Danaïdes obrigam a refletir sobre a imagem da mulher em fuga na obra de Boccaccio/ Botticelli. As Danaïdes fogem dos filhos de Egito, ou seja, do "desejo violento dos machos", atirando-se do alto de uma rocha escarpada. Elas escapam do casamento, desse "constrangimento em que o marido é somente um senhor", não apenas um raptor, mas um *dáiktor*, ou seja, um "dilacerador", que corresponde à versão mais arcaica da mutilação sobre a qual fala Simone de Beauvoir. Em Loraux, a dilaceração corresponde, sem dúvida, ao "estupro do defloramento" do qual é preciso fugir, assim como é preciso fugir do casamento, o que só é possível antecipando a morte, casando-se com a própria morte para não casar-se com a morte que advém do casamento, o que apenas prova que, para uma mulher, não há alternativa. Por isso, Loraux fala em exceção, na "estranha norma que determina que se executem as virgens na tragédia". Segundo ela, "essa é realmente a norma, ou aquilo que parece ocupar o seu lugar no universo trágico: um sacrifício, geralmente sanguinolento, cuja vítima é uma moça".[32]

Contudo,

> [...] nada dessas mortes virginais será posto diante dos olhos, tudo será confiado à sugestão das palavras: uma narração boa para ser ouvida porque o teatro é ficção" que permitia sonhar com o "sangue das virgens". A função do teatro na cidade seria "atar e desatar ações sobre as quais o próprio pensamento seria perigoso e insuportável.[33]

Também nas tragédias, as mulheres são animalizadas para o abate. No *Agamémnon* de Ésquilo, diz Loraux, Ifigênia será uma jovem

---

apresentação teatral das mulheres já é, em si mesma, uma ocasião admirável para pensar a diferença dos sexos: mostrá-la para confundi-la e depois reencontrá-la, mais rica após haver sido confundida, mas ainda assim consolidada ao ser reafirmada no último instante. Pelo fato de nela se dramatizarem e se condensarem todos os momentos dessa história, a morte de uma mulher é a ocasião por excelência para essa **operação imaginária**, ainda mais porque a tragédia usa para dizê-la palavras de múltiplos sentidos que, de certo modo, 'sabem'".

sacrificada pelo pai. Ela se debate "como uma cabra" e seu pai a destina à morte "como um animal escolhido num rebanho de ovelhas". É, segundo Loraux, "a uma novilha (*moskhos*) que Eurípides a compara duas vezes, mais precisamente a uma 'novilha das montanhas descida virgem de um antro rochoso'". Loraux também percebe a questão política mais dura, sugerindo deslocar "a tônica, da polaridade do selvagem e do doméstico para a oposição entre o que já está domesticado e o que ainda não está".[34] Essa oposição é anterior à oposição aristotélica entre *oikos* e pólis, e também o jovem homem faz parte dela no universo arcaico. "Polixena é poldra indomada, Meneceu é potro não preparado". Ambos são vítimas de um sacrifício anômalo, mas também, como explica Loraux, estão na expectativa do casamento em sua intimidade com o sacrifício. O casamento é domesticação:

> [...] à espera dessa domesticação que é o casamento, a moça assimila-se naturalmente a uma égua indomada, a uma novilha ainda desconhecedora do jugo; mas, por definição, a vítima do sacrifício deve ser também livre do jugo, e é naturalmente – cingindo-nos ao menos à trama metafórica do texto – que, prometidos à decapitação, *pôloi* e *môskhoi* trocarão o casamento pelo sacrifício.[35]

Porém, Loraux percebe que há "assassinato" nesse sacrifício.* Por fim, ela dirá: "quando a vítima é uma virgem, o sacrifício é tragicamente irônico, por assemelhar-se demais ao casamento". Convém lembrar que o "sacrificador" seja de um jovem, seja de uma jovem, é sempre um homem[36] e que o sangue da virgem deve escorrer para poupar o sangue dos homens na guerra.[37]

A comparação entre mulheres e animais é decisiva para toda uma configuração ideológica da morte das mulheres: "se o tema do sacrifício se ordena em torno de uma metáfora ligada a animais, é porque, como

---

* LORAUX, Nicole. *Maneiras trágicas de matar uma mulher*. Rio de Janeiro: Jorge Zahar, 1988. p. 68: "Atenta em mascarar o assassínio oculto no sacrifício, a prática religiosa das cidades esforçava-se para que o degolamento do animal fosse submetido a uma encenação rígida".

a vítima, a moça é submissa, passiva, dada, conduzida".* A aceitação do destino entra em jogo de maneira cínica.

Especulando sobre as escolhas do mestre da ourivesaria na pintura que é Botticelli, percebendo o paradoxo entre a delicadeza de sua forma e a brutalidade de seu conteúdo, Didi-Huberman, conscientemente ou não, é mais um a apontar, ainda que buscando explicações apenas estéticas, para uma desmedida: "como Freud não deixou de assinalar, mesmo os piores pesadelos aspiram à realização de um desejo", diz ele,

> [...] haveria, penso eu, muito a dizer sobre o carácter fantasmático das escolhas figurativas de Botticelli – narrativas, espaciais, luminosas, cromáticas – como um prolongamento da observação certeira de Warburg sobre o carácter meio velado, meio adormecido de "uma pintura ainda sob a influência de imagens oníricas".[38]

Os pensadores homens, presos a sua necessidade de sublimação na teoria de uma realidade inscrita na subjetividade masculina, nos aspectos "transcendentais" dessa masculinidade assassina, escamoteiam algo que, logo depois, não resistem a revelar.

> Mesmo quando desperta para a consciência do mundo exterior para o representar com a sua famosa precisão de ourives. Digamos brevemente que os quadros de Botticelli retiram do trabalho da figura psíquica alguns traços característicos cuja sequência em todos os casos é, por um lado, a perturbação da lógica da descrição (isto é, do carácter referencial do que é pintado) e, por outro, a da lógica da narração,[39]

ou seja, ele percebe que, nas lógicas da descrição e da narração, uma aberração apareceu. Se, segundo ele, "Boccaccio já estava criando um doloroso hiato entre o mundo medieval das 'caçadas infernais'" – as que encontramos em Cesareo de Heisterbach, Vincent de Beauvais, ou no tipo de obras chamadas *Speculum morale* – e o domínio sexual,

---

* LORAUX, Nicole. *Maneiras trágicas de matar uma mulher*. Rio de Janeiro: Jorge Zahar, 1988. p. 70-72: "O mundo selvagem se introduz irreversivelmente no coração do sacrifício".

persistente mesmo no desenlace, do conto de Nastagio, no entanto ele não percebe que esse "hiato doloroso" diz respeito ao desejo de matar que se realiza na imagem da mulher capturada, dilacerada e morta, a mesma realização do desejo sexual que se vê na "porno-grafia", ela mesma uma representação da mulher animalizada e, como animal de abate, comida. Didi-Huberman tenta salvar o pintor renascentista: "Botticelli, por seu lado, criou nos seus quadros um tipo de cavalaria verdadeiramente aberrante: é como se víssemos São Jorge encarnar com a pobre princesa, em vez de matar o dragão", para depois cair junto com ele na armadilha masculina que enfraquece e interrompe a análise: "a menos que, insensível à contradição, o corpo nu da jovem seja o lugar de onde devem ser extirpados todos os dragões dos nossos desejos".[40] Certamente o corpo da mulher pode ser alegoria, mas que o "Sujeito" dessa caçada e dessa evisceração seja um homem e não uma mulher – que não haja um quadro em que a mulher se levante para vingar-se de seu predador – é algo autoexplicativo no que concerne ao patriarcado, seus princípios e atos e os teóricos que lhe fazem coro.

LAR, CAMPO DE CONCENTRAÇÃO

O patriarcado se organiza numa nomotopologia, ou seja, como entrelaçamento de *nómos* e *tópos*, lei e lugar. Trata-se das condições de possibilidade do poder/violência. O sistema não existe sem espaço e tempo, sem as condições da sua experiência, tampouco sem método. O poder soberano calcula sobre o espaço e nesse cálculo impõe sua lógica de segregação e exclusão sobre a vida nua, o corpo meramente vivo de quem não deverá ter direito sobre o próprio corpo. O patriarcado sequestra os corpos, privando-os de direitos, e dissemina o ódio contra esses corpos e os direitos insurgentes, como os humanos. Agamben fala de "um ordenamento sem localização (o estado de exceção, no qual a lei é suspensa)" que "corresponde a uma localização sem ordenamento (o campo, como espaço permanente de exceção)".[1]

Agamben chama de "localização deslocante" a "toda forma de vida e toda norma" que "podem virtualmente ser capturadas". Como "localização deslocante", o campo implica a "matriz oculta da política" presente em todo lugar, como se fosse uma potência de qualquer lugar. O campo seria esse paradoxal "lugar móvel", quarto elemento inseparável da trindade Estado-nação (nascimento)-território.*

* Agamben considera que ela se metamorfoseia nas *zones d'attente* de aeroportos, como em certas periferias das grandes cidades. O filme *O terminal*, de Steven Spielberg (2004), é uma

Assim como o campo, o lar é uma "localização deslocante", um "espaço permanente de exceção", o lugar onde um corpo é confinado para servir à reprodução. Assim como a acumulação primitiva se dá sobre o corpo e a vida de uma mulher domesticada* – sob custódia na lei de exceção que é o lar –, a produção do corpo biopolítico corresponde à domesticação do corpo ou a seu banimento. Para os corpos-mulheres isso significa permanecer no lar, onde a esposa e a trabalhadora (seja mãe, irmã ou filha) é confinada, ou à margem (na rua, como na prostituição), como uma mulher-fora-da-lei doméstica. Nesse caso, uma mulher deve, segundo a moral patriarcal, submeter-se e obedecer à heterossexualidade como lei, aceitar a domesticidade, jamais adentrar a esfera pública econômica ou política na qual um corpo-mulher é julgado como intruso. Isso significa também que esse corpo heterodenominado mulher deve *agir como uma mulher* e não *como um homem*.

O conceito de "lar" em tudo configura um campo onde os corpos marcados com o estigma "mulher" são confinados para uso e descarte até o extremo da morte. Nesse caso, o corpo marcado como mulher existe para exercer o trabalho não remunerado das mulheres, que vem a ser "o pilar sobre o qual se construiu a exploração dos trabalhadores assalariados, a "escravidão do salário", assim como foi o segredo de sua produtividade".[2] Para Federici, "a assimetria de poder entre mulheres e homens na sociedade capitalista não podia ser atribuída à irrelevância do trabalho doméstico para a acumulação capitalista", mas "devia ser interpretada como o efeito de um sistema social de produção que

---

versão graciosa de histórias reais, tais como a do iraniano Mehran Karimi Nasseri, que viveu dezoito anos no aeroporto Charles de Gaulle, na França.

* Segundo Silvia Federici, "o compromisso com o barateamento do custo da produção do trabalho, ao longo do desenvolvimento capitalista, exige o uso da máxima violência e da guerra contra as mulheres, que são o sujeito primário dessa produção". Além disso, ela afirma que "no começo do século XXI, depois de mais de quinhentos anos de exploração capitalista, a globalização ainda é movida pelo estado de guerra generalizado e pela destruição de nossos sistemas reprodutivos e de nossa riqueza comum, e por que, novamente, são as mulheres que pagam o preço mais alto. Observem o aumento da violência de gênero, especialmente intensificada em regiões como África e América Latina, onde a solidariedade comunal está desmoronando sob o peso do empobrecimento e das múltiplas formas de despossessão". FEDERICI, Silvia. *Calibã e a bruxa*: mulheres, corpo e acumulação primitiva. Tradução Coletivo Sicorax. São Paulo: Elefante, 2023. p. 14.

não reconhece a produção e a reprodução do trabalho como uma fonte de acumulação do capital". A tese de Federici é a de que o trabalho feminino ficou mistificado como um "recurso natural ou um serviço pessoal" enquanto se tirava "proveito da condição não assalariada do trabalho envolvido".[3]

* * *

O banimento das mulheres enquanto corpo biopolítico originário se deu para as margens da cidade, no caso das prostitutas, tal como ocorre com o *homo sacer*, mas também se deu para dentro da casa na qual elas ficam foracluídas (incluídas como excluídas, excluídas como incluídas) por meio dos múltiplos processos misóginos do sistema. Em pleno estado de exceção tornado regra, o mundo doméstico é um lugar de "exílio" dos corpos-mulheres. As mulheres são encerradas em casa, como que des-terradas para dentro. Para Agamben, a "mais antiga exceção soberana" é o *homo sacer* como representante da vida nua, ou seja, a vida biológica que está no centro do cálculo do poder dos Estados. Contudo, o cálculo do poder sobre o corpo de uma mulher enquanto a responsável pelo trabalho da reprodução, confinado e matável como um animal de abate no território doméstico, é que representa a mais antiga exceção soberana invisível para o autor, que não chega a perceber o par homem-mulher no contexto do sexo-gênero que formam a sociedade. À diferença de um cão que pode sair para caçar com seu dono, a mulher deve estar em casa para procriar e trabalhar a serviço do campo e, além disso, cuidar dos animais e controlar os escravos como os "kapos" deveriam fazer nos campos de concentração da Alemanha nazista. Os kapos eram prisioneiros comuns que deveriam coordenar os trabalhos do campo, sendo detestados por tal tarefa. O kapo, como se pode saber por meio da literatura de testemunho da época, era alguém pleno de poder e, ao mesmo tempo, sem poder nenhum, o executor da exceção contra outros prisioneiros, alguém que devia ser violento para garantir a ordem.*

---

* Ver LEVI, Primo. *É isto um homem?* Tradução de Luigi Dei Re. Rio de Janeiro: Rocco, 1988. p. 67. No livro de Levi, que sobreviveu a Auschwitz, há diversos comentários sobre o

Assim como a esposa, o kapo é o sem direitos que exerce deveres, com a diferença de que a esposa deve ser a dócil. O filme *Zona de interesse* (Jonathan Glazer, 2023) trabalha o paralelo entre a casa e o campo de concentração, pareados e separados por um muro. A esposa de Rudolph Höss, Hedwig Höss, é a dona de casa que coordena empregados e filhos, que se apropria de objetos de mulheres judias, que tenta encenar uma vida burguesa em conformidade com sua nova posição social, uma mulher do povo que se torna burguesa. Ela encena a esposa que trabalha duro para o bem-estar da família, chegando a construir uma piscina para o regozijo das crianças no meio do jardim cuidadosamente cultivado do lado de cá do muro que separa a casa da família do campo de Auschwitz, situado do lado de lá. O muro é uma solução de continuidade nessa topologia. A esposa está confinada na casa, e, assim como os kapos de Auschwitz, ela tem pequenas vantagens. Ela pode ficar com roupas e joias das mulheres judias, enquanto os kapos podem ter um pedaço de pão a mais ou acesso ao fundo da panela, onde a sopa é mais espessa. De qualquer modo, o que permite a comparação é a condição de exceção que ocupam, sendo serviçais submissos e que podem submeter os que eles mesmos considerarem inferiores na hierarquia das casas e dos campos. Certamente é possível objetar a isso que os lares não podem ser comparados a campos de concentração, na medida em que todos os seres humanos precisam de lares nos quais a violência não deve ser um princípio e não deve haver abjeção, inclusive os próprios algozes precisam de lares enquanto, por oposição, trancafiam prisioneiros em campos. Essa é uma objeção que não se sustenta em uma reflexão sobre um ponto de vista formal, pois a violência que cada um desses lugares promove é adequada ao lugar; a violência, seu *nómos*, corresponde a um *tópos*, e um *tópos* corresponde ao *nómos* e a sua violência possível.

---

estilo dos kapos, e o graus variados de sua crueldade, como o seguinte: "Mordo fundo meus lábios; bem sabemos que provocar-se uma pequena dor acessória pode servir de estímulo para juntar as extremas reservas de energia. Também os Kapos sabem disso; alguns deles nos surram por pura brutalidade; outros, porém, surram-nos quando estamos debaixo da carga quase carinhosamente, acompanhando os golpes com exortações e incitamentos, assim como fazem os carroceiros com seus esforçados cavalos".

Os movimentos por direitos ao longo da história se insurgiram contra a carência de direitos inerentes às formas do confinamento nos campos. Assim aconteceu com o movimento feminista, que luta por direitos impedidos na nomotopologia do sistema, na qual a casa é "campo" enquanto espaço de concentração, confinamento, custódia e servidão. Assim como as pessoas escravizadas, as mulheres conquistaram, na base de lutas históricas, alguma libertação das amarras do sistema.

Se a estrutura da exceção, como quer Agamben, é consubstancial à política ocidental, e se há uma exclusão inclusiva, ou seja, uma *exceptio* da *zoé*, ou vida nua na pólis, e se a vida nua tem o "privilégio de ser aquilo sobre cuja exclusão se funda a cidade dos homens",[4] é porque o lar, *oikos* ou *domus,* é ele mesmo uma zona de exceção, na qual se extermina existencial, simbólica e fisicamente um corpo heterodenominado mulher. Agamben se refere com razão aos campos de extermínio e de refugiados sem pátria, mas perde de vista uma parte essencial do processo, deixando as mulheres excluídas de sua teoria; perde, assim, a chance de entender que o *oikos* revela a estrutura do campo de concentração muito antes de todos os outros justamente porque está no fundamento da própria sociedade patriarcal. Não é a casa que imita o campo de concentração, mas o campo de concentração que traz à tona a abjeção da violenta casa patriarcal na qual as mulheres sobrevivem sob violência. Judeus foram marcados como inimigos e trancafiados em campos de concentração e extermínio, do mesmo modo que mulheres em gradações diversas ao longo da história humana são trancafiadas em casa. A casa está em todo lugar, sendo, justamente por isso, a imagem mais perfeita de um "ilocalizável".

Para Agamben, o estado de exceção, como "estrutura política fundamental, emerge sempre mais ao primeiro plano e tende, por fim, a tornar-se a regra". A localização visível do estado de exceção enquanto "ilocalizável" é, segundo ele, o campo de concentração.[5] Não é o cárcere, mas o campo, o espaço que corresponderia à estrutura originária do *nómos*. Ora, a casa não é uma prisão. Ela é, historicamente, o lugar do vazio do direito dos corpos-mulheres sob o direito pleno dos homens no "contrato sexual", ele mesmo um oxímoro, pois, se Foucault tem razão e sexo é "dispositivo", então fazer "contrato" com um "dispositivo" seria, no mínimo, uma contradição. As mulheres estão assujeitadas a um estado de servidão, sustentado na exceção e mascarado de contrato. Elas não estão simplesmente aprisionadas, porque a prisão seria menos contraditória. Agamben sabe que o direito carcerário não está fora do ordenamento normal – ele constitui um âmbito particular do direito penal –, mas, se a "constelação jurídica que orienta o campo" é a lei marcial ou o estado de sítio, essa é a lei que organiza o lar. Ou seja, a lei de exceção do soberano age dentro e fora da casa, mas nunca houve uma filosofia política da casa, pois desde sempre ela esteve inscrita pura e simplesmente como uma instância da pólis dos homens.

Assim como Agamben percebe que não é possível inscrever a análise do campo na trilha aberta pelos trabalhos de Foucault,[6] e tendo em vista que o campo, enquanto "espaço absoluto de exceção", é "topologicamente distinto de um simples espaço de reclusão", devemos perceber que a casa também não é um mero espaço de reclusão das mulheres, antes corresponde ao que ele chama de campo. O lar é o espaço de exceção, no qual "o nexo entre localização e ordenamento é definitivamente rompido" muito antes de o tema chegar ao *nómos* da Terra, no qual as mulheres nunca foram importantes senão como reprodutoras e trabalhadoras, inclusive como corpos análogos ao território a ser explorado, pois seus corpos, inclusive por meio da objetificação e alienação de seus úteros, foram transformados em territórios políticos.*

Para Agamben, o "excluído é, segundo o significado etimológico do termo exceção, capturado *fora*, incluído através da sua própria exclusão".[7] Porém, se, antes de tudo, o que é "capturado no ordenamento é o próprio estado de exceção", e se esse estado é "desejado", como diz Agamben, inaugura-se um "novo paradigma jurídico-político, no qual a norma torna-se indiscernível da exceção", ou seja, a divisão entre pólis e

---

* FEDERICI, Silvia. *Calibã e a bruxa*: mulheres, corpo e acumulação primitiva. Tradução Coletivo Sicorax. São Paulo: Elefante, 2023. p. 179. "O resultado destas políticas, que duraram duzentos anos (as mulheres continuavam sendo executadas na Europa por infanticídio no final do século xviii), foi a escravização das mulheres à procriação. Enquanto na Idade Média elas podiam usar métodos contraceptivos e haviam exercido um contrôle indiscutível sobre o parto, a partir de agora seus úteros se transformaram em território político, controlados pelos homens e pelo Estado: a procriação foi colocada diretamente a serviço da acumulação capitalista".

oikos, a cidade e a casa, a vida pública e a privada, mostra-se puramente ornamental – ou ideológica – enquanto se evidencia que é a vida nua que está em jogo e que mulheres, escravos e animais, ou seja, os corpos da *zoé*, os corpos enquanto animalizados, serão submetidos num jogo de sujeição metabolicamente constituído para garantir a ordem que só existe na obediência ao seu princípio, a propósito místico ou sem outro fundamento do que o fundamento místico da autoridade. O lar é o *tópos* inaugural desse acontecimento, portanto a primeira forma do campo, "como puro, absoluto e insuperado espaço biopolítico" que vem a ser "fundado unicamente sobre o estado de exceção". O próprio sistema de "cuidado" que se organiza em torno da vida nua legitima a nomotopológica da sobrevivência do macho e sua prole masculina.

Se, para Agamben, o campo "vem a surgir como o paradigma oculto do espaço político da modernidade",* muito antes a casa já é o "campo" instaurado no espaço político da Antiguidade como uma zona incluída/excluída onde o poder soberano se organiza na forma de *pater potestas*.** Nesse sentido, Agamben tem razão ao falar que o

* AGAMBEN, Giorgio. *Homo sacer:* o poder soberano e a vida nua I. Tradução Henrique Burigo. Belo Horizonte: UFMG, 2002. p. 125. Além disso, ele dirá que, "se a essência do campo consiste na materialização do estado de exceção e na consequente criação de um espaço em que a vida nua e a norma entram em um limiar de indistinção, deveremos admitir, então, que nos encontramos virtualmente na presença de um campo toda vez que é criada uma tal estrutura, independentemente da natureza dos crimes que aí são cometidos e qualquer que seja a sua denominação ou topografia específica. Será um campo tanto o estádio de Bari, onde em 1991 a polícia italiana aglomerou provisoriamente os imigrantes clandestinos albaneses antes de reexpedi-los ao seu país, quanto o velódromo de inverno no qual as autoridades de Vichy recolheram os hebreus antes de entregá-los aos alemães; tanto o *Konzentrationslager für Ausländer* em Cottbus-Sielow, no qual o governo de Weimar recolheu os refugiados hebreus orientais, quanto as *zones d'attente* nos aeroportos internacionais franceses, nas quais são retidos os estrangeiros que pedem o reconhecimento do estatuto de refugiado. Em todos estes casos, um local aparentemente anódino (como, por exemplo, o Hotel Árcades, em Roissy) delimita na realidade um espaço no qual o ordenamento normal é de fato suspenso, e que aí se cometam ou não atrocidades não depende do direito, mas somente da civilidade e do senso ético da polícia que age provisoriamente como soberana (por exemplo, nos quatro dias em que os estrangeiros podem ser retidos nas *zone d'attente*, antes da intervenção da autoridade judiciária" (p. 181).

** Rodrigo de Lima Vaz Sampaio resume: "Embora a *patria potestas* signifique uma sujeição mais ampla do *filius* ao poder pessoal do *pater*, que, a princípio, era caracterizado essencialmente pelo *ius vitae ac necis* [= 'direito de vida e de morte'], não se deve espantar, em um

campo é a "estrutura em que o estado de exceção, em cuja possível decisão se baseia o poder soberano, é realizado normalmente". Para além do exercício da lei de exceção pela qual se instaura uma ordem com o objetivo de sustentar a "segurança", o soberano revela a íntima "estrutura de bando que caracteriza o seu poder" ao produzir "a situação de fato como consequência da decisão sobre a exceção". Em termos jurídicos isso quer dizer que "a *quaestio iuris* não é mais absolutamente distinguível da *quaestio facti*",[8] ou seja, "qualquer questionamento sobre a legalidade ou ilegalidade daquilo que nele sucede é simplesmente desprovido de sentido". Essa é a lei do patriarcado, ele mesmo o sistema sustentado na ação do soberano em pleno uso do seu poder/violência. A violência contra as mulheres é naturalizada, e, no limite, até mesmo a "culpa" recai sobre elas, já que não faz sentido responsabilizar o "soberano" porque a própria noção de "responsabilidade" simplesmente escapa ao indiscernível direito-fato de matar do soberano. A carência de direito das mulheres, inclusive do direito à própria vida, se explica pela relação entre soberano poderoso, ou portador do poder soberano, e corpos carentes de poder soberano. Ao mesmo tempo, o direito-fato ou o fato-direito à violência implica simplesmente o monopólio da matança.

Se o campo é o "paradigma do espaço político no ponto em que a política se torna biopolítica e o *homo sacer* se confunde virtualmente com o cidadão", se isso valeu para os campos de concentração e extermínio de judeus e outros corpos marcados como inimigos na Alemanha nazista, também sempre esteve em jogo para as mulheres. A máquina "desumanizadora" utilizada contra judeus – animalizados na retórica nazista – sempre foi usada contra mulheres, que sempre foram e continuam sendo "animalizadas", o que implica que a luta feminista precisa ser solidária e comum à luta antiespecista. Infelizmente, tal prática de "desumanização" se deu contra todos os corpos marcados como

primeiro momento, que a relação entre *pater* e *filius* fosse comparada, se não considerada semelhante, àquela entre *dominus* e *servus*" (SAMPAIO, Rodrigo de Lima Vaz. A capacidade patrimonial na família romana*: peculia* e *patria potestas*. *Revista da Faculdade de Direito, Universidade de São Paulo*, v. 106/107, p. 85-107, jan./dez. 2011/2012); FUMAGALLI, Marcella Balestri. Persone e famiglia nel diritto romano. *In: Digesto delle discipline privatistiche – sezione civile*. Torino, 1995. v. 13. p. 444-457.

inimigos. Nesse caso, é preciso atualizar a colocação de Agamben sobre a "questão correta" acerca dos crimes hediondos cometidos nos campos para além da pergunta hipócrita sobre "como foi possível cometer delitos tão atrozes para com seres humanos". Segundo ele, é mais importante perguntar sobre os "procedimentos jurídicos" e "dispositivos políticos" que "permitiram que seres humanos fossem tão integralmente privados de seus direitos e de suas prerrogativas, até o ponto em que cometer contra eles qualquer ato não mais se apresentasse como delito".[9] De fato, no caso da matança de mulheres, assimilada à cultura no lugar da casa concentracionária, aconteceu o mesmo. A noção de "legítima defesa da honra"* nada mais é do que a manutenção do *continuum* da violência que impõe uma pena de morte às mulheres cuja vida vale menos do que a "honra" de um homem, sendo o conceito de honra algo subjetivo e mutável conforme a vontade dos homens. De fato, os campos de concentração e extermínio vieram mostrar de maneira escandalosa e explosiva aquilo que foi naturalizado no mundo da vida, com um deslocamento que atingiu, nos anos 40 do século XX, a população judaica da Alemanha, e que, antes e depois, segue em ação contra populações eleitas transformadas em inimigas conforme necessidades populistas do momento.**

O campo de concentração é decisivo na compreensão do espaço político na vida contemporânea, onde eclode a violência desumanizadora, cujas raízes estão no tempo histórico. O campo de concentração define

---

* STF DERRUBA O USO DE TESE DE LEGÍTIMA DEFESA DA HONRA PARA CRIMES DE FEMINICÍDIO. *Supremo Tribunal Federal,* 8 mar. 2023. Disponível em: https://portal.stf.jus.br/noticias/verNoticiaDetalhe.asp?idConteudo=503655&ori=1. Acesso em: 20 maio 2025: "Em março de 2021, o Plenário do Supremo Tribunal Federal (STF) decidiu, por unanimidade, que a tese da 'legítima defesa da honra' contraria os princípios constitucionais da dignidade da pessoa humana e da proteção à vida e da igualdade de gênero. Por isso, ela não pode ser usada em nenhuma fase do processo penal nem durante o julgamento perante o Tribunal do Júri, sob pena de nulidade. [...] A tese da 'legítima defesa da honra' era utilizada em casos de feminicídio ou agressões contra mulher para justificar o comportamento do acusado. O argumento era de que o assassinato ou a agressão eram aceitáveis quando a vítima tivesse cometido adultério, pois essa conduta supostamente feriria a honra do agressor".

** As declarações nazistas de Donald Trump, acompanhado de anarcocapitalistas, em seu governo em 2025 se dirigem a novos inimigos eleitos: imigrantes e população LGBTQIA+.

uma toponomológica pela qual o velho sistema político do Estado-nação moderno que implicava território e Estado, ou seja, uma determinada localização e um determinado ordenamento, e o tema da inscrição da vida por meio do nascimento ou nação, entram em curto-circuito e o Estado passa ao controle da vida biológica dos cidadãos unidos na nação. Agamben trabalha, em sua teoria do Estado-nação (território, ordenamento, nascimento), com os termos de Karl Schmitt, para quem a ruptura do velho *nómos* se produz entre a localização (*Ortung*) e o ordenamento (*Ordnung*), mas para mostrar que, na verdade, é a inscrição da vida nua (o nascimento, que, assim, torna-se nação) em seu interior que coloca o Estado-nação em crise. Segundo Agamben, "algo não pode mais funcionar nos mecanismos tradicionais que regulavam esta inscrição, e o campo é o novo regulador oculto da inscrição da vida no ordenamento – ou, antes, o sinal da impossibilidade do sistema de funcionar sem transformar-se em uma máquina letal".[10] A "máquina letal" é o estado de exceção, que se torna regra, mas ela sempre esteve em funcionamento na casa, ela mesma uma "colônia penal", e o feminicídio demorou a ser reconhecido como tal pelo mesmo motivo que o genocídio não foi reconhecido antes de ter sido parte de uma luta por reconhecimento.[11]

Agamben não perde de vista que "os campos surjam juntamente com as novas leis sobre cidadania e sobre a desnacionalização dos cidadãos".* Ora, a cidadania foi historicamente negada às mulheres, cada vez mais tuteladas pelos maridos na modernidade, com a passagem do feudalismo ao capitalismo. Direitos de cidadania sempre foram negados às mulheres, da proibição ao voto à necessidade de pedir autorização ao marido para trabalhar fora ou abrir uma conta bancária, da proibição a interromper uma gravidez indesejada ou perigosa à vida em muitos países, da proibição de andar na rua sem um acompanhante masculino em países em pleno século XXI, as mulheres sempre foram controladas

---

* AGAMBEN, Giorgio. *Homo sacer*: o poder soberano e a vida nua I. Tradução Henrique Burigo. Belo Horizonte: UFMG, 2002. p. 139: "Não apenas as leis de Nuremberg sobre a cidadania do Reich, mas também as leis sobre a desnacionalização dos cidadãos emanadas por quase todos os Estados europeus, entre 1915 e 1933".

CADERNO DE IMAGENS

Abundam na pintura e nas artes modernas e contemporâneas, em geral, imagens de mulheres em posições nas quais seus corpos aparecem nus, indefesos, como objetos passivos, paralisados pelo sono ou pela morte. Tais imagens revelam uma produção imaginária que produz e reproduz subjetividades. Mas elas também obedecem a uma lógica, a do prazer visual dos homens. Essas imagens de mulheres dizem muito sobre o nexo entre estética e política que sustenta o sistema de opressão patriarcal.

Sandro Botticelli – *História de Nastagio degli Onesti 1* (1483). Crédito: Carlo Bollo / Alamy / Fotoarena.

Sandro Botticelli – *História de Nastagio degli Onesti 2* (1483). Crédito: PAINTING / Alamy / Fotoarena.

Sandro Botticelli – *História de Nastagio degli Onesti 3* (1483). Crédito: Realy Easy Star / Alamy / Fotoarena.

Giorgione – *Vênus dormindo* (1510). Crédito: IanDagnall Computing / Alamy / Fotoarena.

Francesco Bartolozzi - *Vênus dormindo* (1785). Crédito: Penta Springs Limited / Alamy / Fotoarena.

Nicolas Poussin - *Vênus dormindo e Cupido* (1630). Crédito: Heritage Image Partnership Ltd / Alamy / Fotoarena.

John Everett Millais – *Ofélia* (1852). Crédito: incamerastock / Alamy / Fotoarena.

John Everett Millais – *Estudo para* Ofélia (1852). Crédito: piemags/RTM / Alamy / Fotoarena.

John Everitt Millais – *The Artist Attending the Mourning of a Young Girl* [O artista assistindo ao luto de uma jovem] (1851). Crédito: The Tate Museum.

Odilon Redon – *Ofélia* (1905). Créditos: Carlo Bollo / Alamy / Fotoarena.

Eugéne Delacroix – *A morte de Ofélia* (1853). Crédito: Heritage Image Partnership Ltd / Alamy / Fotoarena.

Aby Warburg – Painel 39 de *Atlas Mnemosyne* (1929). Crédito: The Warburg Institute.

Aby Warburg – Painel 55 de *Atlas Mnemosyne* (1929). Crédito: The Warburg Institute.

Aby Warburg – Painel 77 de *Atlas Mnemosyne* (1929). Crédito: The Warburg Institute.

e subjugadas e, ao mesmo tempo, culpabilizadas por aceitarem, mas também por não aceitarem o status que lhes é reservado no patriarcado, pois pouco importa o que elas possam desejar ou pensar ou defender, quando têm chance de falar e se expressar. Assim como o prisioneiro no campo de concentração caminha abatido para a câmara de gás, a esposa espancada ou violentada aceita o destino que lhe cabe, em estado de estupor. Aquele ou aquela que é aniquilada fisicamente é, constantemente, antes aniquilada subjetivamente.

Se o "estado de exceção era essencialmente uma suspensão temporal do ordenamento", Agamben notará que ele se torna uma "nova e estável disposição espacial, na qual habita aquela vida nua que, em proporção crescente, não pode mais ser inscrita no ordenamento", sem perceber que não se trata de uma nova disposição, mas apenas da reprodução daquilo que se conhece desde a função do *oikos* no contexto da pólis, mas, em vez de se tratar do *oikos* idealizado onde a vida se produz e reproduz, apresenta-se a sua lei oculta, aquela pela qual a vida nua da mulher sempre esteve foracluída, excluída enquanto incluída, calculada como carne viva ou morta.

UTEROCENTRISMO: A EXCEÇÃO INSCRITA NO PRÓPRIO CORPO

Venho usando a expressão "nomotopologia" para nomear o elo entre lei e lugar, considerando que, enquanto a lei é um tópico constantemente abordado nas filosofias políticas, assim como nas teorias feministas que discutem a heteronormatividade, o lugar – enquanto espaço concreto de exercício do poder soberano e sustentáculo do sistema – ainda merece análise. O lar é a fábrica, o laboratório, a escola e o templo da misoginia ritualizada e naturalizada; ele produz e reproduz a verdade da instituição patriarcal, a "localização deslocante" do "campo" em todo lugar sob a promessa do idílio, da vida feliz. A analogia entre útero e lar funciona como uma banda de Moebius. O "gineceu" (do latim *gynaeceum*, do grego *gynaikeîos, gyné*, mulher, *oikos*) é o "aposento das mulheres", o lugar dentro da casa onde as mulheres habitam, como no harém, mas também o órgão sexual das flores. Esse tipo de analogia não é gratuito, pois na botânica, como ciência patriarcal, o sexo é um marcador feminino.

Se o lar é o espaço de exceção, no qual "o nexo entre localização e ordenamento é definitivamente rompido", as mulheres foram e continuam sendo equiparadas à carne, a animais reprodutores, mas seus próprios corpos são também igualados a territórios a serem explorados. São corpos animalizados, confinados e custodiados em si mesmos na medida em que eles mesmos são espaço. Nesse contexto, a objetificação e a alienação do útero, historicamente visto como um animal,[1] e sempre como um "território político",* são um fato.

Mulher é senha da exceção, e, nela, o útero é o objeto que se torna visível ao longo da história devido à anatomia e à medicina, que se apoderam dele de uma nova maneira, mas ainda visando a seu controle. O útero sempre foi disputado, pois a procriação depende desse órgão visado, dominado, invadido e administrado pelo patriarcado. O patriarcado é falocêntrico, mas apenas enquanto esconde uma perspectiva uterocêntrica, ou seja, enquanto visa governar o corpo das mulheres a partir da imposição do falo ao espaço uterino procriador; o patriarcado é um criptouterologismo por denegação. O patriarcado precisa forjar a desimportância das mulheres justamente porque de seus corpos depende o projeto patriarcal. O falo não existe senão em relação ao útero que ele persegue e visa preencher. A perseguição dos corpos-mulheres configura uma verdadeira "pulsão do estupro", o desejo de impor o falo ao útero, de preencher e eliminar o vazio, ou seja, de destituir as negatividades associadas ao "feminino", subsumindo-as todas ao princípio de identidade "Homem", o selo de validade de um corpo e de uma vida que, desde os tempos do racismo capitalista, precisa estar selado com o signo do "Branco" para valer. Invadindo e ocupando todos os espaços, ou seja, dando lugar ao desejo masculinista de procriar, independentemente de se ocupar dos trabalhos da reprodução que advêm

* FEDERICI, Silvia. *Calibã e a bruxa*: mulheres, corpo e acumulação primitiva. Tradução Coletivo Sicorax. São Paulo: Elefante, 2023. p. 179: "O resultado destas políticas, que duraram duzentos anos (as mulheres continuavam sendo executadas na Europa por infanticídio no final do século xviii), foi a escravização das mulheres à procriação. Enquanto na Idade Média elas podiam usar métodos contraceptivos e haviam exercido um contrôle indiscutível sobre o parto, a partir de agora seus úteros se transformaram em território político, controlados pelos homens e pelo Estado: a procriação foi colocada diretamente a serviço da acumulação capitalista". Do mesmo modo, aquilo que Paul Preciado diz do corpo trans vale para os corpos-mulheres: "O que o discurso científico e técnico ocidental considera os órgãos sexuais emblemáticos da masculinidade e da feminilidade, o pênis e a vagina, não é mais real do que Ruanda ou a Nigéria, do que a Espanha ou a Itália. Existe uma diferença entre a colina verde cheia de vida de um lado do rio e o deserto que se estende pelo outro lado, varrido pelo vento. Existe a paisagem erótica de um corpo. Não há órgãos sexuais, mas enclaves coloniais de poder". PRECIADO, Paul B. *Eu sou o monstro que vos fala*: relatório para uma academia de psicanalistas. Rio de Janeiro: Zahar, 2022. *E-book*. p. 28-29.

com um filho. Os homens procriam livremente, colonizando úteros alheios constantemente sem responsabilizar-se por seus atos. Sob a teleologia colonizadora dos corpos e reprodutora da espécie, afetividades que produzem efeitos – e desejadas por seus efeitos – movem o corpo do patriarcado. O útero é um objetivo do poder patriarcal, pois sem a dominação desse órgão não há soberania masculina, não há sistema patriarcal que se sustente. Desde a mulher que é obrigada a procriar até a mulher que é impedida de abortar, vemos a administração de um órgão colocado em perspectiva. O recalque masculinista incide sobre o útero na forma de "inveja",[2] que não deve ser vista apenas como um fato psicológico, mas como uma posição política, ou psicopolítica, a da impotência. A mística da "inveja do pênis" que se tornou teoria oficial do patriarcado torna-se, com o avanço do feminismo, a cada dia mais insustentável.

Se a mulher é a imagem da exceção enquanto foracluída – incluída enquanto excluída, excluída enquanto incluída na toponomológica ou lei-lugar –, o útero é componente essencial desse processo. A mulher é custodiada em casa sob o pré-texto – e o pré-conceito – da fragilidade corporal e, ao mesmo tempo, impedida de exercer o direito sobre o corpo que ela mesma é. Ela não é apenas incluída na casa e excluída da pólis, exceção no *nómos*; ela está incluída e excluída de si mesma a partir do controle de sua imagem, de seu corpo como um todo – um todo ao mesmo tempo fragmentado em órgãos – e, sobretudo, calculado em órgãos reprodutores. A mulher é heteroalienada em si, impedida de pertencer a si mesma, de exercer o direito que, como indivíduo ou sujeito, lhe caberia exercer sobre si mesma.

A análise desse elemento anatômico colocado historicamente em um lugar simbólico permite entender processos de linguagem que servem ao sistema do poder patriarcal. A construção da histeria corresponde a uma psicopatologização do corpo-mulher. É preciso criar o discurso sobre a histeria, lançá-la sobre um corpo, ele mesmo pré-marcado com o estigma da "mulher" e do "feminino". A histerificação das mulheres equivale a uma "caça às bruxas" em que a instituição igreja é substituída pela instituição medicina e psiquiatria. A família, por sua vez, sempre esteve do lado do poder enquanto instituição que instaura a concretude e a mística do lar, sustentando seu *tópos*. O útero foi concebido nessas teorias como um órgão negativo do falo, aquele que deve ser apagado ou culpabilizado, em uma palavra, "patologizado", para que a supremacia do falo, autodeclarado soberano, se sustente. Enquanto o útero é supervalorizado por sua utilidade territorializadora e reprodutora, o clitóris[3] é apagado, às vezes literalmente, por meio de mutilações genitais, em um triunfo anatomopolítico do trabalho e do sofrimento contra o prazer.

O útero é a principal "prótese do dentro",[4] usado ao longo das eras para definir a "mulher". Hoje se trata de um órgão em disputa política feminista, sendo que há, mesmo em meios feministas, pessoas que caiam na armadilha anatomopolítica – e essencializadora – pela qual se considera que mulheres são seres com útero, como se não pudessem existir mulheres sem útero. Tendo em vista que há diversas mulheres que não têm útero, pelos mais diversos motivos, enquanto há homens com útero, esse tipo de disputa interna ao trabalho revolucionário não passa de uma armadilha do princípio de identidade masculinista. Enquanto isso, homens pretendem controlar a procriação pela qual as mulheres são subjugadas, legislando sobre corpos-mulheres. De fato, o útero é o órgão visado – junto a outras marcações das partes dos corpos-mulheres – a ser resgatado na luta pela liberdade de não ter filhos, inclusive a liberdade de interromper a gravidez. É em relação à procriação que as mulheres podem se tornar soberanas. O ponto de angústia do patriarcado reside na potência soberana das mulheres em relação a produzir e dar a vida.

Os órgãos são representados como figuras de linguagem na gramática do poder patriarcal. O útero é sua metonímia-mor desde a antiga crença de que ele fosse um animal – sendo a "animalidade" do corpo-mulher a diferença ontologicamente essencial entre homens e mulheres. O útero seria a prova anatômica e científica dessa verdade patriarcal. Essa base anatomista falsa direciona ainda hoje o sistema simbólico em sua pragmática. Marcada por uma ideia de "falta", sendo o útero o órgão corporal negativo em relação ao pênis, a corporeidade masculina foi transformada em paradigma a partir de uma comparação que não ocultava o que chamei anteriormente de distinção misógina. As mulheres são inferiores aos homens porque são animais – são seres da natureza –, e a prova disso é o útero, que, como um animal faminto e insatisfeito dentro de seus corpos, se apresenta na "histeria", uma doença a ser curada. O discurso que constrói o gênero que caberá historicamente às mulheres representar elege esse órgão para a compreensão acerca da "verdade" sobre as mulheres. Se, na história da histeria, o útero foi por muito tempo considerado um animal habitando o corpo-mulher, isso permitiu marcar o sexo como natureza. A animalização do corpo feminino é análoga à sua sexualização. O útero-animal torna-se um fundamento da condição zoológica da mulher. O animal útero no interior da mulher animal deve ser acalmado pelos remédios da medicina, que não se esquiva em sugerir o coito como sua cura, como vemos em Freud.[5] O animal cativo no corpo fornece a metonímia do corpo como casa, cativeiro do animal. A casa é como o zoológico, cativeiro dos animais usado como modelo de proteção ou como reservatório da natureza ou, ainda, relicário de curiosidades para o olhar predador dos homens. O *oikos* é onde se confina a *zoé*, tornando evidente que o cálculo sobre a vida nua também foi cálculo para o confinamento.

O útero não é apenas uma metáfora, mas a metonímia da mulher medida historicamente por sua capacidade de ter ou não filhos, ou seja, de ter algum valor, ou valor nenhum, no sistema da procriação compulsória. O útero é a parte que vale pelo todo. Para além da simples metáfora comparativa, o útero é o principal órgão calculado da vida nua. Concebido como valor dentro da lógica do cálculo do poder, ele é a marca da função social – que justifica a vida doméstica – atribuída a um corpo inteiro, o corpo-mulher.

O útero não foi apenas uma metáfora da condição feminina. Sempre foi a metonímia da mulher. Órgão interno que, num processo de inversão, foi transformado em exterioridade, o útero tomou a dimensão de uma totalidade na qual o corpo-mulher marcado pela falta imaginária projetada pelos homens se torna um paradoxal "todo interrompido", a ideia do paradoxal "macho castrado".

O direito de existência das mulheres sustentou-se na possibilidade de alcançar uma excelência na função sexual reprodutora. O imperativo da maternidade foi a formulação legal dessa demanda do patriarcado.

Por meio da maternidade, que só é possível em função desse órgão, alcançou-se a desculpa para o enclausuramento e o autoenclausuramento dos corpos-mulheres. Presas nos lares sob a alegação de uma "natureza frágil" que precisava ser protegida, as mulheres ficaram expostas à lei e, ao mesmo tempo, à sua mercê. A mulher nunca foi um fim, mas sempre um meio, e o valor da "dignidade" da pessoa humana, tal como vemos fundamentado desde o século XVIII com Kant, nunca valeu para ela. Na verdade, a ideia de uma proteção da mulher envolvia a proteção da prole, e, mais profundamente, era o *statu quo* que era verdadeiramente protegido. A garantia da proteção é, numa dupla banda, a garantia do enclausuramento.

Nesse processo de inversão (em que o elemento interno reaparece como exterioridade metonímica), as mulheres seriam prisioneiras em seu próprio corpo, e o lar seria a repetição de um desenho já implícito em sua anatomia. O processo da metonímia pode aqui ser compreendido como uma relação entre expansão e substituição, como a extensão – ou vetorização – de um órgão para o corpo, para o espaço que ele ocupa. A topologia se mostra como nomologia, dentro da casa, o estupro e a violência, fora da casa, a imposição do falo na ordem da cultura, da política, promovendo a guerra. O poder dos homens sempre é violência, seja exercido para dentro, como violência doméstica e estupro, seja para fora da casa, como disputa (de ideias, de territórios, de política, em suma, de guerra). O espaço se confunde com a lei, e a nomotopológica que dele surge não pode ser questionada. É a "verdade" patriarcal que, por fim, como um todo ontológico, estético, político, econômico, antropológico, teológico, não poderá ser questionada. A metonímia define a base ativa e velada de um discurso de reclusão onde a suposta natureza feminina em sua anatomia revela a verdade da mulher, sua essência, pela qual ela pode ser capturada na exceção.

O útero é, na verdade, o significante vazio da política patriarcal, assim como a casa. Órgão da vida nua, fábrica da vida interior à carne que é o referente ausente da procriação. A casa, ou o lar, é, assim como o útero, o vazio que protege. Ele é o continente. Como a casa, ele é o invólucro. Entre o útero e a casa está o corpo-mulher, o corpo da trabalhadora, que usa o útero para reproduzir e sustentar a casa dos homens, que parecerá ser a sua própria casa. Na ausência da competência funcional do útero – no sentido de não procriar –, a mulher seria desvalorizada, como "solteirona", como "lésbica", ou criminalizada, como "aborteira", e perderia a função de "proteção" e "suporte" que lhe restou na divisão sexual do trabalho. Essencializado, o útero faria a "mulher" ser "mulher" segundo a mística feminina sustentada pelo discurso misógino do patriarcado, enquanto ser mulher seria permanecer como guardiã e empregada da casa. O útero é o que possibilitaria a uma mulher ser mãe e assim coroar a existência à qual fora destinada no sistema criptouterocentrista que o patriarcado é e que a distinção misógina fez parecer apenas falocêntrico, como se, por trás do falocentrismo, não houvesse o medo de não existir e a escravização das mulheres para os fins da manutenção do sistema de privilégio dos homens.

A equação ginecotoponomológica surge totalmente exposta na continuidade entre útero, corpo e casa. A forma social concreta "mulher" não é apenas o lugar onde o útero está, mas aquela que foi associada a um órgão dela alienado dentro dela mesma. Tomada pelo útero, a mulher o habita enquanto ele é a metonímia da casa, a "prótese do dentro" do corpo-mulher. Na exterioridade do corpo, mas na interioridade da casa, a associação entre casa e mulher é tão absoluta que não há divisão social do trabalho realizado dentro da casa. É o corpo-mulher, o corpo-casa, que deve trabalhar para manter o *oikos* ao qual o homem vem para servir-se e alimentar o que nele é corpo vivo. No lar as mulheres contemporâneas acumulam o trabalho da reprodução com o trabalho externo – quando se trata de sociedades e contextos em que as mulheres podem trabalhar fora da casa, ocupar cargos, ter profissões para além do *oikos,* no campo da pólis.

O útero controlado é a imagem da vida privada. Quando se torna público, ele reaparece no bordel, essa zona de exceção entre lar e vida pública: a mulher é, então, a prostituta que serve com seu corpo ao homem, mas apenas porque foi antes marcada pelo sexo e pelo útero, que, no bordel, se torna um referente ausente, pois não se espera da profissional do sexo que engravide como uma mulher do lar. A mulher pública se torna a "mulher de todos" e, como tal, outro tipo de mercadoria, a mercadoria eminentemente sexual, enquanto a esposa é a mercadoria que associa ao trabalho sexual o doméstico e o da reprodução.[6] Mercadoria da prostituição e da pornografia: corpo sempre reduzido à função sexual, o que sempre está em jogo na definição do público e do privado são os usos do dispositivo do sexo, da pragmática à qual é assujeitado o corpo das mulheres reduzido a seus órgãos.

Novamente, está em jogo é o estatuto do enclausuramento das mulheres. No espaço fechado de um mosteiro, ao mesmo tempo aberto e fechado, um corpo-mulher permanece "voluntariamente". A mulher enclausurada aceita a "custódia", termo que designa um misto de cuidado e repressão que, no tempo histórico, veio a forjar a mulher custodiada como "guarda" de si mesma.[7] Num estranho modelo de autoaprisionamento.

A histeria foi a doença que simbolizou a mulher como vítima de uma teoria sobre o útero, ele mesmo uma categoria da anatomia médica, mas também uma categoria ginecropolítica. A invenção da histeria permitiu aos homens controlarem corpos e mentes, bem como seus discursos e sua produção textual e intelectual como um todo. O controle psicopolítico sobre as mulheres sempre foi epistemológico e garantia de que nenhum homem seria culpado de violência psicológica diante da existência de uma "doença" feminina relacionada a seu estado mental. Os homens não apenas "enlouqueceram" as mulheres, mas criaram as teorias sobre a sua "loucura", pelas quais poderiam ser curadas por eles. A histeria vem a ser a "doença" feminina do século XIX, o que garante a deficiência e a invalidez femininas, das quais elas mesmas são as culpadas. Do mesmo modo, a "bruxaria" foi o álibi para vitimar mulheres, colocando nelas a culpa, como se os castigos sofridos e até a morte fossem penas necessárias. A condição de culpadas enquanto vítimas libera os homens de qualquer responsabilidade pelos sofrimentos femininos, mesmo quando se trata da morte de uma mulher.

O útero, um órgão originalmente criativo e desejante, é um referente ausente no começo da história da filosofia patriarcal ocidental. A histeria já é, na Grécia antiga, uma doença. Ela é recolocada em cena no século XIX por Charcot e outros médicos e aos poucos o útero é inocentado para dar lugar ao cérebro. Mudam os órgãos, mas não muda a ideologia que visa enlouquecer as mulheres a qualquer custo.* Freud começa um processo de escuta das mulheres ditas histéricas – as mulheres programaticamente enlouquecidas pelo patriarcado** – indo além do cinismo clínico dos psiquiatras que sempre visaram ao sexo das mulheres de maneira misógina.*** Freud certamente participava do machismo estrutural, contudo era inteligente, desconfiado e capaz de investigação, algo raro na matriz de subjetivação masculina. Sua escuta o levou a "Anna O.", que fala em "cura pela palavra",[8] pondo em cena a necessidade da escuta, que se torna o elemento metodologicamente novo a partir do qual surgirá a psicanálise. A escuta das mulheres é método, como já era método o diálogo – sem as mulheres – na antiga filosofia grega. Mas Sócrates fala da maiêutica como "parto" do saber.[9] O trabalho da parteira está na base da sua comparação. Ele mantém, no entanto, o corpo-mulher denegado e a potência do útero como fonte de conhecimento apagada, quando, na verdade, falar de parto obrigaria a ir até as últimas consequências do seu raciocínio, o que seria impossível devido ao travo misógino da racionalidade que ele defendia nos

---

* GARGAM, Adeline; LANÇON, Bertrand. *Histoire de la misogynie*: le mépris des femmes, de l'antiquité à nos jours. Paris: Arkhé, 2013. p. 269: "Alimentados pelo número crescente de convulsões, os debates se intensificaram nos círculos médicos a partir do início do século XIX. Isso incluiu as controvérsias entre organicistas (Mesmer) e animistas (Abbé Faria). Na década de 1820, o alienista Étienne-Jean Georget (1795-1828) definiu o encéfalo como a sede da histeria. Entretanto, seria difícil dizer que ele foi o primeiro, pois Charles Le Pois (1563-1633) já havia apresentado essa hipótese em 1618. O útero foi, portanto, 'relaxado' depois de ter sido designado como o culpado por dois mil e trezentos anos. Foi em 1855 que Paul Briquet (1796-1881) afirmou pela primeira vez que a histeria não era uma patologia específica das mulheres e era comum a ambos os sexos, embora fosse menos comum em homens (1 caso masculino para cada 20 casos femininos). Em seu tratado sobre histeria, ele descreveu um distúrbio somático que ficou conhecido como 'síndrome de Briquet'. Entretanto, essa era uma síndrome rara (entre 0 e 3% das mulheres), que resultava em um estado crônico de doença. Condição de doença crônica da qual as mulheres que sofrem dela se queixam desde a adolescência, como dores de cabeça e dismenorreia".

** Assim como Antonin Artaud entendeu que Van Gogh havia sido "suicidado" pela sociedade e não exatamente por uma vontade própria de si mesmo. Ver ARTAUD, Antonin. *Van Gogh le suicidé de la société*. Paris: Allia, 2025.

*** Freud menciona a receita "Penis normalis dosim repetatur!" de um professor seu, criticando-o pelo cinismo. FREUD, Sigmund. *Obras completas volume 11*: Totem e tabu, Contribuição à história do movimento psicanalítico e outros textos (1912-1914). São Paulo: Companhia das Letras, 2012.

alvores da distinção misógina que é o fundamento da filosofia tradicional, canônica. A maiêutica, que se traduz por parto, é, como método filosófico, o que faz nascer o conhecimento. Sócrates imita a sua própria mãe sustentando que está a superá-la, quando, na verdade, denega o corpo em relação ao qual o trabalho da parteira tem o seu sentido. Ora, não há misoginia nem patriarcado sem negação do corpo. Mulher é estigma porque seu corpo lembra o corpo a ser recalcado no patriarcado. No discurso de Sócrates, a comparação que promete a superioridade da "alma" ou das "ideias" sobre a vida do corpo implica a imaginária e ideológica superioridade dos homens em relação às mulheres para a manutenção do delírio patriarcal.

ESTETICONOMIA FEMINICIDA: PARTILHA POLÍTICA DA MORTE DAS MULHERES

A esteticonomia patriarcal é feminicida. Ela se organiza como um circuito entre ontologia, estética e política entrelaçadas e mutuamente geradoras de sua própria circularidade e continuidade. Trata-se de uma economia estética, simbólica e ritual, baseada em padrões de distinção a partir dos quais se organizam a inteligibilidade e a reprodução do sistema, que se perpetua enquanto circuito de informação compartilhada. A esteticonomia trabalha com valores econômicos disfarçados de atributos naturais ou simplesmente como o valor do mero aparecer, que mede mulheres por sua beleza, idade, peso, cor, sensualidade, escamoteando que sob o aparecer está a vida nua calculada justamente para aparecer sublimando o referente ausente da carne de abate.[1]

"Mulher" como nome ou como designação, como emblema ou como imagem, como conceito ou ideia, como "design de objeto" ao qual é reduzido o corpo de seres assim heterodenominados no patriarcado, corresponde a uma chave ou código, a uma senha, no contexto da violência do sistema patriarcal, ele mesmo um mundo codificado.[2] Mulher é índice da e para a matabilidade potencial do sistema. Trata-se de uma "marca" sobre um corpo, de um "indexador linguístico de opressão material"[3] do ser heterodenominado mulher. É na condição de marca que *mulher* é encontrada na história dos textos e das imagens. O índice é um indicador e, nesse sentido, não apenas sinal que permite constatar alguma coisa, mas alvo que leva à ação de atingir, de alcançar a coisa visada. O índice implica sempre uma atenção que vai da mera mirada ao toque, do mero visar à caça. A caça é a atividade inerente à fenomenologia do espírito do patriarcado, que parte do mero visar até alcançar o Estado, o Direito, a Religião e, no extremo, a Filosofia, com sua fundamentação do Espírito baseado no princípio da identidade. Toda mercadoria, toda coisa, bem como todo corpo marcado com o estigma do sexo, implica ser primeiramente visualizado e "visado", assim como ocorre com um objeto em uma vitrine, em um frigorífico, com uma obra de arte ou um corpo de mulher. Mulher é, portanto, coisa, mas não o é antes de ser marca, índice, vestígio, traço, ou seja, "cunho" sobre um corpo que – apontado como tal – ativa a violência potencial inerente ao sistema e interiorizada por seus agentes mantenedores.

É no contexto da episteme patriarcal que as mulheres são representadas como mortas enquanto são assassinadas na realidade. No que concerne à morte dos corpos-mulheres, o elo entre realidade e representação precisa ser analisado. Se a morte das mulheres nas tragédias gregas tem a função estética de gerar prazer aos ouvidos masculinos, como ficou demonstrado na análise de Nicole Loraux[4] e, mais tarde, aos olhos modernos no decorrer da história da pintura,[5] da fotografia e do cinema,[6] é curioso que esse padrão não tenha sido superado até nossa época; ao contrário, ele foi intensificado historicamente. O prazer dos homens é um privilégio do sistema auditivo e óptico. Em relação a isso, cabe perguntar sobre o que restaria como "prazer feminino" numa cultura do privilégio masculino, se é que esse tipo de prazer de fato poderia existir para além da subalternização e inessencialidade às quais corpos-mulheres estão condenados. É ainda mais interessante perguntar sobre a constituição subjetiva desses seres que foram incitados a se adequar ao paradigmático prazer alheio, sendo eles mesmos configurados como objetos desse prazer. A mística do prazer feminino, tratado como um terreno misterioso por décadas nos meios de comunicação, deriva também da vulgarização de certas ideias da psicanálise freudo-lacaniana, na qual o desejo das mulheres é reduzido ao estranho prazer da objetificação: ser desejada pelos homens ou adequar-se ao desejo dos homens.[7]

Nesse contexto, que a morte dos homens, assim como a exposição de seus corpos mortos, não tenha se tornado um objeto literário ou pictográfico, um tropo como vemos acontecer com a morte de mulheres, não surpreende. Objeto é o corpo-mulher. Não há novidade nisso. O sistema simbólico atua sobre o objeto "mulher" enquanto a noção de "sujeito", com toda a carga de violência e anseio por racionalidade nele projetada, continua sendo associada aos homens num projeto de divisão sexual das faculdades mentais mais bem conhecido desde misóginos famosos como Kant.[8]

A representação de mulheres mortas em obras de arte no contexto da matança de mulheres em diversas culturas ao longo dos tempos coloca em cena o culto à morte de mulheres na sociedade patriarcal, que até hoje não foi considerado um problema, já que a "naturalização" vem sendo problematizada há pouco tempo e as críticas à ideia de "natureza" são malquistas pelos ideólogos do gênero. Em relação a isso o sistema patriarcal funciona como a ideologia do "melhor dos mundos possíveis", em que se oferece o horror como se ele fosse o que há de melhor. Nesse mundo, acredita-se na vigência do mandamento do "não matarás", assim como se acredita que a morte de mulheres não é nada mais do que o efeito inevitável de fatores relacionados à violência *tout court*.

Nessa linha, o termo "matança" soará como exagero aos ouvidos reacionários, quer se trate de falar em matança real ou em matança literopictórica, o que Nicole Loraux chamou de "morte narração", como se vê nas obras de arte. A propósito das artes, esse campo do sublime e da sublimação,[9] falar em necrofilia já poderia ser suficiente, pois, por mais que o debate sobre a imagem do corpo morto de uma mulher circulasse apenas no tópico do mau gosto, não chegaria a afetar aquilo que Jacques Rancière definiu como "ordem das relações entre o saber e a ação".[10] Poder-se-ia, portanto, falar em "culto necrófilo" como mera tara abstrata, uma psicopatologia sexual inefetiva, que se resolveria no gozo escópico, sublimado nas obras de arte. De fato, uma espécie de ética é suposta e pressuposta como se bons sentimentos para com o "outro" "mulherificado" fizessem parte da vida no patriarcado, como se o sistema patriarcal existisse para o bem dos corpos, como se ele não se servisse desses corpos para sua própria sobrevivência.

Esse ilusionismo moral é necessário para a manutenção do sistema da denegação da violência e do escamoteamento do desejo de matar, que é o paradigma oculto da cultura patriarcal. Ora, no patriarcado, todas as representações de corpos-mulheres, segundo a episteme patriarcal, deveriam ser vistas como tentativas de cultuar, adorar, amar, incensar a imagem da mulher, ou até mesmo melhorar a imagem das mulheres, como se vê no culto das madonas renascentistas que vem se contrapor à representação bíblica – e suas derivações – da mulher Eva, pecadora e bruxa.[11] Ora, a morte de mulheres é constitutiva do cotidiano, e suas representações "estetizadas" servem justamente para esconder uma verdade mais profunda, o *páthos predatório* que conecta indivíduos privilegiados e a ordem dos privilégios, ou seja, um jogo "lógico" que, ao mesmo tempo, é estético, ou seja, elaborado no campo do sensível. O sexo ou gênero matável não é matável porque belo, mas a ideia do belo ornamenta a morte, tornando-a palatável, suportável e até mesmo desejável.

A imagem de uma mulher morta é uma representação constante nas obras de arte, seja na pintura, seja na literatura ou no cinema. Nesse trabalho, o conceito de representação diz respeito à produção de semelhança entre imagens e realidade.* Trata-se de uma relação a ser analisada, pois ela é constantemente apagada e a separação ou produção de semelhança entre "arte" e "realidade" dada como resolvida. Toma-se como pressuposto a existência de processos miméticos, no sentido genérico e clássico da arte como imitação. Contudo, a imitação não é um tema apenas artístico; ela faz parte dos processos sociais. Classes sociais dominantes determinam regras econômicas, mas também estéticas, usando a arte para legitimar diferenças sociais e distinções sociais[12] e

* O nexo entre realidade e representação é um dos principais temas da história do pensamento ocidental misógino para o qual a filosofia é uma teoria da representação. É o que, por exemplo, Richard Rorty diz: "Conhecer é representar acuradamente o que está fora da mente; assim, compreender a possibilidade e natureza do conhecimento é compreender o modo pelo qual a mente é capaz de construir tais representações. A preocupação central da filosofia é ser uma teoria geral da representação, uma teoria que dividirá a cultura nas áreas que representem bem a realidade, aquelas que não representem tão bem e aquelas que não representem de modo algum (apesar da pretensão de fazê-lo)". RORTY, Richard. *A filosofia e o espelho da natureza.* Rio de Janeiro: Relume-Dumará, 1995. p. 19.

definindo o modo como as classes exploradas, inclusive "esteticamente exploradas", viverão as relações com seus corpos, seus desejos, usos e consumos, seus modos de cuidar de si, de vestir, de morar, de comer, de trabalhar, de ter lazer e de existir como um todo. Se "o estético é um fenômeno generalizado",[13] isso quer dizer que o mundo da vida é estético, que o cotidiano é estético, embora seja um espaço e um tempo de experiências determinadas por instâncias e dimensões econômicas, morais, políticas etc. O olhar que separa essas instâncias corresponde à analítica moderna patriarcal ou ao que chamei de "esquematismo patriarcal", pelo qual se ensina a pensar de modo binário, dualista ou compartimentado para a dominação e a devoração do "outro" previamente construído como "outro". Por essa lógica se sustenta a teoria tradicional patriarcal e se evitam a análise e a crítica. É analisando a dimensão estética que podemos compreender os mecanismos de naturalização pelo quais se busca evitar a percepção das práticas culturais – inclusive do gênero como prática cultural e estética –, sua repetição e ajustamento conforme necessidades do sistema.

Sexo e gênero devem ser tomados como categorias de análise histórica, cultural, social e política, mas também como práticas estéticas naturalizadas, o que permite propor uma análise estética de tais categorias, tendo em vista que a estética é, ela mesma, uma categoria econômica e política, pois é parte essencial do cálculo do poder sobre os corpos e a vida.

O estético diz respeito ao campo das representações, mas também ao nexo entre realidade e representação. A passagem da estética à política pode ser compreendida no mundo das efígies femininas, ou seja, do que se pode chamar de mística do "duplo corpo da mulher", a divisão entre a "natureza" e a "graça" como um dia se concebeu o "duplo corpo do rei",[14] no contexto de uma ginecropolítica espetacular. Assim, as "mulheres mortas" se tornaram um tropo estético como se justamente esse tropo não fosse político.

Antes de analisar o processo metodológico que cria o nexo entre imagem e realidade, bem como a imagem em suas performatividades – tendo em vista que normalmente se fala da passagem do ser ao dever-ser, mas uma passagem mais perigosa, a do aparecer ao agir, sempre é deixada de lado como se não houvesse relação entre elas –, é preciso entender motivações mais imediatas que legitimam a insistência cultural e estética nas imagens de mulheres mortas, e uma delas tem a ver com a fórmula de sucesso poético de Edgar Allan Poe.

Em um texto publicado em 1846 para explicar seu processo de criação, o autor de *O corvo* afirmou que "a morte de uma bela mulher é, inquestionavelmente, o tema mais poético do mundo".* A frase de Poe revela uma tendência da produção poética que atravessa a literatura e as artes visuais antes e depois de sua época. Figurando em profusão na pintura moderna, dividindo lugar com "naturezas mortas", como "*objet de luxe*", entre "animais mortos, vegetais e coisas",** como vemos nos quadros do holandês Vermeer (Delft, 1632-1675) ou, mais tarde, nos do dinamarquês Vilhelm Hammershøi (Copenhagen, 1864-1916), as mulheres são representadas em meio a "objetos", animais e vegetais, como se elas mesmas fossem parte da mesma "natureza morta" e parte da decoração das casas. No período romântico que se confunde com a modernidade e com o capitalismo, depois da sua inauguração com a caça às bruxas, as imagens das mulheres mortas, inanimadas entre coisas inanimadas, são praticamente um fetiche. É a mulher como imagem mercadoria que serve ao prazer masculino na sua qualidade inanimada e decorativa.

Da *Vênus adormecida* de Ticiano à Ofélia flutuando nas águas na pintura de Everett Millais, a imagem das mulheres mortas rendeu um verdadeiro culto de adoração que é, ao mesmo tempo, culto do corpo, do amor, e culto necrófilo do corpo morto da mulher amada*** e, subter-

---

* POE, Edgar Allan. The raven, and The philosophy of composition. *Project Gutenberg.* Disponível em: https://www.gutenberg.org/ebooks/55749. Acesso em: 10 maio 2025: "From what I have already explained at some length, the answer, here also, is obvious – When it most closely allies itself to *Beauty:* the death, then, of a beautiful woman is, unquestionably, the most poetical topic in the world – and equally is it beyond doubt that the lips best suited for such topic are those of a bereaved lover" (p. 4).

** Antes do século XIX, a pintura de Vermeer fetichizou a imagem da mulher compondo-a em cenários domésticos como "natureza morta", segundo Claudio Díaz em *Vermeer, o la mujer naturaleza morta* (Málaga: Universidad de Málaga, 2001).

*** Inês de Castro, a Rainha Morta, se tornou uma dessas "imagens sobreviventes" que atravessam as épocas. Inês foi assassinada no ano de 1355 em Coimbra a mando do rei

raneamente no lodo misógino dessa cultura, odiada. A cultura patriarcal, ela mesma uma cultura da morte, é, ao mesmo tempo, um culto à morte de mulheres, um culto, portanto, macabro, no qual a produção de ícones para satisfazer o desejo de morte dos homens é levada a cabo de modo naturalizado.

Entre a vida nua e a morte nua,[15] as mulheres foram reduzidas a carne e partilharam com os animais a promessa do abate ao longo da história. Mulheres, tanto na história das artes quanto na publicidade contemporânea, são condenadas à decoração, compondo cenas como emblemas políticos ou mercadorias.* A nudez feminina serve de ornamento para várias situações. O "devir-natureza-morta" faz parte do destino dos corpos-mulheres. Mesmo vivos, os corpos-femininos são expostos em nexo com o inanimado para garantir o caráter decorativo que sustenta a ordem patriarcal, ou seja, que a lógica e a lei, o *logos* e o *nómos*, estejam devidamente contemplados. Em termos políticos, que

---

Afonso IV, pai de Dom Pedro I, com quem era casada clandestinamente. A personagem histórica e literária tocou intimamente a imaginação dos povos. *Castro* é a primeira tragédia em língua portuguesa, publicada anonimamente em 1587 com o título de *Tragédia mui Sentida e Elegante de Dona Inês de Castro*, reunida com a poesia de António Ferreira (morto no ano de 1569). Depois ela aparece no Canto III de *Os lusíadas*, quando Vasco da Gama narra a história de Inês no contexto da história de Portugal. Camões dá um caráter mais lírico e mais romântico ao episódio, deixando sua conotação política menos evidente. O final do século XVI é já um período de culto às paixões trágicas, e o tropo da mulher morta parece estar em alta. *Romeu e Julieta* de Shakespeare data de 1595, e a Ofélia aparece em Hamlet por volta de 1600. *Castro* está inserida no clima espiritual daquele período, assumindo seu lugar como narrativa fundamental da vertente textual que desembocará mais tarde no Romantismo, quando o culto da mulher morta assume uma posição central. Os conselheiros do rei se esforçam por fundamentar a morte de Inês. Para eles, ela é inferior aos nobres. A misoginia é clara nas sentenças que os conselheiros lhe dedicam. O ódio à mulher que surge nas frases dos verdugos se confunde com o ódio ao amor. Ela é julgada e condenada sem direito à defesa apenas por ser alvo do amor que lhe dedica o príncipe. Ao olhar dos conselheiros carrascos, o amor é fator prejudicial ao Estado e deve ser sacrificado. Seus assassinos tentam convencer o rei e a plateia de que ela está sendo morta apenas por isso. Mas o sujeito que está por trás da fala dos conselheiros é o sujeito do patriarcado, o princípio que rege a vida e a morte dos corpos femininos.

* No momento em que escrevo, a esposa de um músico famoso é exposta nua num evento de premiação, criando uma discussão pública (CARVALHO, Felipe. Grammy 2025: mulher de Kanye West fica completamente nua no tapete vermelho. *CNN Brasil,* 2 fev. 2025. Disponível em: https://www.cnnbrasil.com.br/entretenimento/grammy-2025-mulher-de-kanye-west-fica-completamente-nua-no-tapete-vermelho/. Acesso em: 10 maio 2025).

as mulheres estejam e permaneçam em casa, em segundo plano, que os homens componham a vida pública entre eles, priorizados, na esfera do poder como portadores do poder soberano.

Se no campo das mais diversas artes as mulheres mortas servem ao prazer visual dos homens, na vida real as mulheres são vítimas de violências que culminam em feminicídios, assassinatos motivados pela condição feminina. Obras de arte e assassinatos são evidentemente coisas completamente diferentes quanto à forma, mas o caráter comum relativo ao conteúdo é, no mínimo, curioso e vale a pena ser investigado. Nessa linha, o objetivo deste livro é refletir sobre nexos existentes entre dois produtos culturais: a arte patriarcal e o crime patriarcal.

Assim como na história da pintura, as frutas e as verduras, as carnes e utensílios domésticos das naturezas mortas ocupavam a posição de enfeite, as mulheres eram posicionadas da mesma maneira pelos pintores. Não se encontra na história da pintura a imagem de um homem fora de ação, passivo, posando para um pintor como uma coisa entre outras, como carne de abate. As mortes masculinas são trágicas, heroicas, se dão em ações de guerras. As representações de mulheres constantemente prostradas, inativas ou em suas ações domésticas concentradas demarcam as ações das mulheres na vida real, sempre a serviço da casa e dos homens no regime esteticonômico que visa ao seu prazer.

A história da pintura é um cenário revelador de misoginia iconográfica. Se na Idade Média esculturas apresentam mulheres deitadas, a partir do Renascimento elas aparecem como deusas ou outras figuras míticas, dormindo, como se vê nas pinturas de Ticiano e tantos outros pintores.[16] Com o passar do tempo, essas imagens deram lugar a mulheres mortas, e no século XIX se pode vê-las até mesmo dentro de caixões, como numa pintura de John Everett Millais, *O artista no velório de uma jovem,* de 1847.[17] A mulher deitada, dormindo, doente ou morta surge como uma fórmula, um tema que obriga a pensar sobre temas estéticos tradicionais tais como forma e conteúdo.

O texto de Poe obriga a refletir sobre o nexo entre criação poética e estética, ou seja, a construção de uma obra de arte e, ao mesmo tempo, o regime de pensamento sensível, a lei e a moral a ela associadas. Está em jogo, em termos mais simples, o horizonte no qual nasce uma obra e o horizonte que ela pode construir a partir de sua existência, o horizonte para o qual ela dirige. O gozo visual com a morte e a promessa da morte se enlaçam na criação ginecropolítica que sustenta a esteticonomia patriarcal. Ou seja, a representação das mulheres mortas não se refere a uma pura estética sem conteúdo, a uma criação artística sem mais consequências do que a busca por agradar entretendo um espectador de maneira efêmera. De fato, agradar nunca é algo que se dá sem mais consequências. Se uma obra de arte visa agradar, o que ela faz adulando os sentidos, por outro lado ela "educa" no sentido de organizar uma experiência sensorial e de projetar uma subjetividade. A arte sempre fala da realidade, mesmo sob as condições da autonomia da arte,[18] mas ela fala também "com" a realidade, afirmando ou negando, desconstruindo ou criando realidade. Nenhuma representação está isenta de nexo com a realidade. Toda representação incide de algum modo nela.

A literatura e as artes visuais são arquivos da história política e moral do mundo, da história emocional e sentimental, mas também são provas de jogos de poder que se entretecem na história. Se uma obra serve ao poder, ela faz parte do seu dispositivo, reduzindo a potência e a abertura linguística que estão na sua base. Ora, a arte é o veículo de mensagens lançadas no tempo que se dirigem ao futuro, que revelam o passado e informam o presente, participando da sua construção. Textos, religiosos ou não, escritos ou imagéticos, nunca são "apenas" literatura; eles são "escritura", ou seja, criam "realidade" no sentido de que uma crença no falso adquire o teor de uma "alucinação".[19] A literatura, assim como as artes em geral, implica comunicação de conteúdos, codificações, informação e transmissão, lidas como sinais do tempo, como profecias ou promessas de acontecimentos. A arte faz pensar, mas, antes, orienta sensibilidades e ações. Ou seja, textos e imagens fazem parte da realidade e, ao mesmo tempo, forjam realidade. Eles guardam potências performativas. Religiosos ou filosóficos, narrativos ou comunicacionais, textos e imagens são mecanismos culturais, ou seja, incidem sobre subjetividades, sobre o que se pensa, sobre o que se sente e sobre o que se crê acerca da realidade. A função da representação é uma função moldadora, figurativa e informativa decisiva para o pensamento e a ação.

A produção de narrativas, como textualidades ou visualidades, diz respeito à relação entre pensamento e realidade, entre teoria e concretude. Já as tragédias gregas elaboravam-se na tensão entre a vida imediata e a representação da vida, mas também sua destinação. Elas sempre foram um meio de reflexão sobre o que fazer. A tragédia era um convite à experiência da ficção, à potência da linguagem em todas as suas formas. A arte se tornou a consciência da ficção, que é constitutiva da linguagem em geral.

Nesse caso, a ficção (seja como narrativa, seja como imagem) remete ao antigo conceito de mimese, mas implica a continuidade, ou *méthexis*, entre estética, ontologia, epistemologia, ética e política. O campo da ficção não é apenas mimético, mas também "*methexico*", ou seja, para além da imitação, há a participação. Em outras palavras, se pode dizer que obras de arte, narrativas e/ou imagéticas, sempre implicam performatividades, que seus discursos e aparições produzem efeitos na realidade e orientam ações na medida em que atingem a sensibilidade. Ora, ações não são orientadas apenas por pensamentos racionais, por argumentos convincentes, mas por signos, por índices que desenvolvem afetos, marcas por trás das quais há processos históricos naturalizados e inconscientes. Nesse sentido, os velhos conceitos de mimese e *méthexis* são articulados* no que concerne ao entendimento do universo das imagens visíveis e sua influência sobre os sentidos, as subjetividades e a própria ação humana.

Nessa linha, a abordagem de Jean-Luc Nancy merece ser considerada. Para ele, entre *méthexis* e mimese há um "envolvimento por dobradura interna", ou seja, uma implicação "necessária, fundamental e geradora".[20] Uma mimese sem *méthexis*, diz ele, corre o risco de não

---

* *Méthexis* é um velho conceito metafísico que já se encontrava em Platão e que diz respeito à participação. Em "Imagem, mímesis & méthexis" (*In*: ALLOA, Emmanuel (org.). *Pensar a imagem*. Coord. de tradução Carla Rodrigues. Belo Horizonte: Autêntica, 2017), o pensador Jean-Luc Nancy coloca em relação os conceitos de *méthexis* e mimese afirmando que a mimese, que não implica a *méthexis,* incorre na "pena de não ser nada além de cópia, reprodução" (p. 57), pois a mimese é mais do que uma simples imitação; ela pressupõe alguma participação, uma relação diferencial que mobiliza a "economia geral dos sentidos, dos sentimentos, dos significantes. Essa economia, essa comunicação, essa partilha, é isso que faz a imagem. É o que me conduz a ela ao mesmo tempo que ela penetra em mim" (p. 65-66).

ser nada além de cópia ou de reprodução do real. Do mesmo modo, *méthexis* implica mimese, "quer dizer precisamente a produção (não reprodução) em uma forma de força comunicada na participação".[21] Ao longo da história da filosofia, a imagem sempre foi tratada sob o esquema transcendental da mimese, porém o que Nancy defende é que "a mimese não designa a imitação, no sentido da reprodução de ou em uma forma, e não designa tampouco a representação no sentido da constituição de um objeto diante de um sujeito [...]. A imitação pressupõe o abandono de um inimitável, a mimese, ao contrário, exprime esse desejo".[22] A mimese não é a pura imitação, portanto, mas o desejo do inimitável, do que ainda não existe, mas também da potência aberta no modelo. Obras são miméticas enquanto criam sua própria realidade e participam da realidade. Nas palavras de Nancy, "a *imago* romana é o aparecimento da morte, seu comparecimento entre nós: não a cópia de seus traços, mas sua presença como morte". Ou seja, é a produção da presença que se dá por meio da mimese e da *méthexis*. "Se a *imago* se forma pela primeira vez, em princípio, uma máscara mortuária, é porque desde o momento da modelagem a mimese modula a *méthexis* pela qual os viventes partilham a morte do morto."[23] Ora, esses conceitos estéticos são conceitos políticos enquanto implicam algo de comum. Na verdade, eles articulam a imagem comum, aquela que traz à presença – aquele que não apenas representa, mas apresenta, põe-se no mundo, e permite o entendimento em torno do qual a coesão social se faz.

É a partilha da morte – sua força atroz e alucinante –, é a *méthexis* do desaparecimento que faz propriamente o modelo para a mimese. Aquilo que não existe pode existir. A imagem é o efeito do desejo enquanto o desejo articula a relação com o outro. A imagem da morte, e da mulher morta, é o traço que permite o comum amparado no fluxo do desejo, ele mesmo comum. A imagem tem sua vida própria e faz circular o desejo. Nancy entenderá que, "com a imagem, e apesar de não se reportar a ela como a um objeto, entra-se em um desejo". Por meio dela, "participa-se – *meta* – da *héxis*, da tônica (*ékô, ékomais*, ter e se manter, se dispor, se juntar a...)" e da "tônica desejante".[24] Há uma tensão em torno da imagem. E a própria imagem tem seu *tónos*, a força que a mantém presente. Nancy fala de uma tensão, de um tom, de uma vibração entre a imagem e os seus espectadores. O lugar que teriam as mulheres espectadoras diante das mulheres nuas e mortas da história da arte é algo a ser questionado, já que o regime do olhar patriarcal e seu gozo privilegiado não preveem a participação de um olhar de mulheres na recepção das imagens, senão como seguidoras das regras dos olhares dos homens. Até hoje, o regime escópico masculinista controla o mundo das imagens e seus meios de produção a serviço do prazer masculino. Isso quer dizer que a imagem age sobre os espectadores.

Nesse caso, ela não pode ser considerada um simples objeto diante de um sujeito que a contempla. O retrato é o exemplo de Nancy, também "nos faz ouvir um falar antes ou depois da fala, o falar da falta de fala. E nós o compreendemos, ele nos comunica esse dizer, seu sentido e sua verdade. De maneira simétrica, desejamos entender a voz da ausência ou a ausência".[25] O diálogo com as obras, ou, nas palavras de Didi-Huberman, "o que vemos, o que nos olha",[26] se dá dentro de um horizonte de compreensão. Há um desejo de fundo, ao mesmo tempo aquém e além da própria imagem e que determina o funcionamento da mimese, ou seja, da capacidade de criar a obra, sendo que nenhuma obra é simplesmente efeito de um puro domínio racional por parte do artista que a cria. Dito de outro modo, o amplo campo do desejo é uma condição de possibilidade para a imagem.

Se toda imagem pressupõe um desejo, todo desejo também "pressupõe seu prazer", como nos lembra Nancy.[27] No entanto, esse prazer ao qual o filósofo se refere não pode ser confundido com gozo e satisfação, pois carrega o sentido freudiano de *Vorlust*, isto é, de um pré-prazer, de um prazer incompleto ainda ligado à busca por excitação, o prazer da tensão em busca de seu apaziguamento, isto é, a satisfação de uma necessidade que pode se realizar apenas na idealização. A pulsão se caracteriza por uma busca sem fim, que não encontra satisfação plena. É em relação a esse prazer pulsional, em constante tensão, que Nancy estabelece uma analogia com o modo como as imagens agem sobre os sentidos. De acordo com ele, em Freud a questão do prazer se joga em paralelo e em quiasma, simultaneamente, sobre o registro sexual e o registro estético de uma parte e de outra; trata-se da beleza, aqui qualificada de estética e lá de erógena, sem que seja possível separá-las sem resto de uma na outra.[28] Assim é que se partilha a morte das mulheres e as mulheres mortas num jogo de criação e recriação, em um cenário em que a morte não precisa acontecer; quando acontece, pode até chocar, mas não está fora da norma esteticonômica e estético-política em curso na história da cultura patriarcal.

NINFA MORTA

No fantasmático mundo das imagens, as Ninfas são consideradas "Fórmulas imagéticas". Aby Warburg dedicou a elas partes de seu *Atlas Mnemosyne.*[1] Os termos "*Nachleben*" e "*Pathosformel*", que se podem traduzir como "pós-vida" e "fórmula de páthos", foram usados por ele para dar significado àquilo que entendeu como sendo a sobrevivência das imagens no tempo. Segundo um de seus principais estudiosos, "*Nachleben* deve ser pensado como um tempo psíquico e *Pathosformel* como o gesto psíquico".[2] O interesse de Warburg pelas imagens, segundo Didi-Huberman, não era semiótico. O que ele buscava era a "sintomatologia psíquica", a "expressão" e o "sintoma" capazes de mostrar o conteúdo "recalcado nas imagens" como se as imagens fossem carregadas de uma forma de energia que as impeliria a irromper no tempo.* Essa percepção warburguiana levou a uma nova visão do

---

* Sobre essa questão, Giorgio Agamben. em seu texto "Aby Warburg e a ciência sem nome", nos oferece uma explicação: "O símbolo e a imagem têm, segundo Warburg, igual função que, para Semon, é a do engrama no sistema nervoso central do indivíduo: neles se cristalizam carga energética e experiência emotiva que sobrevêm como herança transmitida pela memória social e que, como a eletricidade condensada em uma garrafa de Leyden, se tornam efetivas ao contato da 'vontade seletiva' de uma época determinada. É por isso que Warburg fala frequentemente dos símbolos como 'dinamogramas' transmitidos aos artistas no estado de tensão máxima, mas não polarizados quanto a sua carga energética – ativa ou passiva, negativa ou positiva –, sua polarização, quando se encontram uma nova época e de

universo das imagens, a uma "psicologia histórica da expressão"[3] que pôs em cena a questão de sua persistência e repetibilidade ao longo da história das imagens e não apenas da história da arte.

Os estudos sobre a presença das Ninfas cresceram e fizeram história no século XX e no começo do século XXI. A profusão da presença de imagens de moças jovens – nas palavras do livro de Jensen que se tornou célebre a partir da leitura de Freud, "jovem, não criança e, evidentemente, ainda não mulher"[4] – revela o lugar-comum do desejo masculino em relação a corpos-mulheres na puberdade, que hoje configuraria o crime de pedofilia, mas que por muito tempo foi naturalizado (e ainda o é em muitos lugares) no patriarcado. Se a Idade Média fez das mulheres bruxas, e a modernidade as endeusou como mães e objetos sexuais, teóricos, pesquisadores e escritores dos séculos XIX e XX recuperaram, de certo modo, esse ideal das Ninfas da Antiguidade que, na verdade, nunca deixou de existir e sinaliza para o caráter objetificante, fetichizante e, no limite, pedófilo do patriarcado. Se antes as Ninfas apareciam sempre em movimento, andando ou dançando pelos bosques afora, agora elas aparecem desfilando nas passarelas fashion, posando para aparelhos fotográficos vestidas ou nuas, em editoriais de moda ou de pornografia, ou em performances de videoclipes e filmes.

Ora, a imagem da Ninfa remete à vida nua. Não por acaso, as Ninfas greco-romanas esculpidas em relevos enfeitavam sarcófagos, sendo mulheres estampadas e idealizadas, mulheres-imagens que apenas lembram a vida nua dos corpos-mulheres.

A imagem antiga da Ninfa reaparece sempre como novidade, fazendo parte da história das imagens.* Ela não cessa de ser gerada num

---

suas necessidades vitais, pode causar a inversão completa de sua significação". BARTHOLOMEU, Cezar (org.). *Dossiê Aby Warburg. Revista Arte e Ensaios – Revista do Programa de Pós-Graduação em Artes Visuais – EBA*, UFRJ, ano XVI, n. 19, 2009. p. 136.

* A vestimenta esvoaçante que fez Warburg ver nela a representação do movimento no tempo é a sua marca. Como as imagens se repetem sem cessar, nossa vida contemporânea ainda está cheia dessas imagens de moças que passam com seus vestidos impressionantes, mostrando alguma coisa de seus corpos. As imagens interessam enquanto fazem algo com o corpo concreto que, sob elas, se recalca. Dizemos Ninfa sempre para uma imagem (parada) que sugere movimento – e erotismo – por meio de seus gestos e roupas. De Marylin Monroe,

sistema espetacular cuja continuidade no tempo revela o "paradoxo dos fantasmas" – parados e dinâmicos – de que falou Didi-Huberman.[5] A verdade quanto ao interesse cultural, coletivo – e patriarcal –, em torno da Ninfa impressa em outdoors pelas cidades do mundo, nos muros, nas televisões, revistas, filmes, não é diferente do interesse capitalista que pesa sobre a forma mercadoria mulher e o circuito de morte ao seu redor.* O desejo de ser imagem (de ser mais um corpo para a roupa e o olhar alheio do que o corpo em si mesmo) das jovens da geração do "espetáculo" contrapõe-se muitas vezes ao corpo que a sustenta. A Ninfa contemporânea está aí. Ela é a verdade do delírio – e a verdade escancarada do patriarcado como sistema feminicida.

A Ninfa é fetichizada por Warburg e seus amigos, que não escondem a obsessão por ela.** Imagens obsedantes criadas por escritores, artistas e intelectuais (e também publicitários), a Ninfa é a imagem idealizada e sexualizada de uma mulher mercadoria. A imagem-mulher, a mulher-imagem, é tratada em todo um circuito narrativo como se não implicasse algo sobre as mulheres reais às quais as imagens se referem, as mulheres-corpo. Agamben comenta a criação da Ninfa como "objeto do amor" em Boccaccio,[6] pondo em cena justamente a questão do que habita a "cesura insanável entre musas e mulheres",[7] que é, ao mesmo tempo, o abismo entre "realidade e imaginação" no qual,

---

a Ninfa cinematográfica, com seu vestido atingido pelo vento que vem do bueiro do metrô na cena do filme *O pecado mora ao lado,* de 1955, passando por Gisele Bündchen, a Ninfa publicitária, vestida de água fazendo a propaganda de uma consagrada marca de sandálias. TIBURI, Marcia. *Filosofia pop, poder e biopoder.* São Paulo: Ed. Bregantini, 2011.

* Os altos índices de anorexia entre jovens em idades de "Ninfas" ("nem mulheres, não mais crianças") expõe a imagem enquanto ela é índice de uma idealização que é levada às últimas e mais mórbidas consequências e que precisa ser pensada como problema sistêmico e social. Ver SANTOS, Manoel Antônio dos *et al.* Mulheres plenas de vazio: os aspectos familiares da anorexia nervosa. *Vínculo,* São Paulo, v. 1, n. 1, dez. 2004. Disponível em: http://pepsic.bvsalud.org/scielo.php?script=sci_arttext&pid=S1806-24902004000100008&lng=pt&nrm=iso. Acesso em: 10 maio 2025.

** A correspondência entre Warburg e seu amigo Jolles, para quem a Ninfa era "objeto dos meus sonhos, que se transforma a cada vez em um íncubo encantador". WARBURG, Aby. *Ninfa Fiorentina*: fragmento de um projeto sobre Ninfas. *Manuscrito Warburg Institut.* Archive III.55.1 de Andre Jolles. Tradução Artur Morão. http://cargocollective.com/ymago/Warburg-Txt-3.

digamos, vitória é sempre das musas (ou dos homens que a elas se referem como musas) em detrimento das mulheres concretas.

A associação entre mulher e imagem no sentido de um romantismo tardio que tem seus ancestrais na literatura e na filosofia medievais é o que faz, por exemplo, Giorgio Agamben em seu *Ninfe*, ao expor aspectos da "história da ambígua relação entre os homens e a Ninfa" que "é a história da relação difícil entre o homem e sua imagem".[8] Segundo Agamben, a "conjunção amorosa com a imagem, símbolo do conhecimento perfeito",[9] acaba por ser o objetivo da invenção da imagem da Ninfa tal como aparece em Boccaccio.[10] Ninfa era, segundo Agamben, já em Dante, o "objeto do amor" que representava "o ponto em que a imagem ou fantasma comunica com o intelecto possível. Como tal, esse é um conceito limite não apenas entre o amante e a amada, entre sujeito e objeto, mas também entre o vivente singular e o intelecto particular (ou pensamento, ou linguagem)".[11]

Segundo Agamben, a imaginação, que deveria unir o mundo sensível e o pensamento, sofre de uma fratura, aquela entre a imagem e a mulher real, aquela que aparece no fato de que Boccaccio toma o partido das mulheres contra as musas, porque, embora sejam todas mulheres, as musas não "mijam". Tal fratura fora suturada pelo "amor" dos poetas. A Ninfa, diz Agamben, seria essa mulher que seria ao mesmo tempo imagem, aquela que teria curado a fratura. A mesma com a qual sonha Edgar Allan Poe em sua *Filosofia da composição*, publicada em 1846, ao dizer que "a morte, pois, de uma bela mulher é, inquestionavelmente, o tema mais poético do mundo [...]".[12] A imagem de uma Ninfa Morta seria uma contradição em relação à vida que é própria da beleza feminina, um "oxymoron tornado pleonasmo",[13] com o ideal poético do amor na Idade Média e na Renascença, mas a modernidade define que apenas uma Ninfa Morta ainda pode ser amada. O ideal do amor do romantismo é, assim, perverso: ele vem necrofilicamente curar a fratura aberta por Boccaccio.

Para os poetas do amor, de Dante ao romantismo, se pode dizer sem medo de generalizar que a mulher real é sempre inferior à mulher representada na poesia, ou que, no mínimo, a ela serve. As mulheres que são vítimas de idealizações – e "imaginadas" – acabam por ser utilizadas para o prazer dos privilegiados donos do poder no patriarcado a que todas as mulheres estão submetidas. Agamben percebe a ambiguidade da Ninfa de Boccaccio: ela é mulher, no entanto com um pequeno detalhe declarado pelo poeta florentino que faz toda a diferença: "é verdade que são todas mulheres, mas não mijam".[14] O filósofo italiano percebe também que se trata de uma figura demasiado viva e, todavia, inanimada. "Ninfal" é, portanto, segundo ele, "a dimensão poética em que a imagem deveria coincidir com as mulheres reais". No entanto, essa coincidência é impossível. Apesar do belíssimo texto de Agamben, entendemos que ele não foi até as últimas consequências da análise da "cesura" que ele mesmo propõe e que cabe investigar agora.

Essa cesura implica mais que pensar "uma história da arte no tempo dos fantasmas". Ela exige uma história da arte e uma filosofia da imagem no tempo dos cadáveres femininos. A obra de arte aparece como uma questão de "vida nua" e "morte nua", não mais como um simples problema de gosto ou de produção poética, não mais um registro de emoções despolitizadas. O campo da estética é uma preocupação clara com a sobrevivência, como um dia declarou Régis Debray,[15] mas certamente participa do jogo ginecropolítico do sistema.

É na base da idealização que os homens se referem às mulheres elevadas/rebaixadas à posição de Ninfas até os dias atuais. A história dos poetas do amor, bem como do amor romântico, é a história das idealizações. Não há idealização sem interferência ou comprometimento do real que dela surge ou a ela se refere. Homens idealizaram mulheres na poesia, mulheres, pois a poesia foi uma construção masculina da sociedade patriarcal que permitiu lidar com o medo que os homens têm das mulheres nessa sociedade,* mas a questão mais fundamental diz respeito à relação entre imagem e corpo, na continuidade entre a "vida da imagem" de Warburg e a "vida nua", quando também a arte dos homens é parte do cálculo sobre a vida nua que administra a esfera

* Não há tempo nem espaço para tratarmos desse tema, mas podemos remeter ao próprio Agamben ao comentar que "Warburg os concebia [aos historiadores e sábios] como sismógrafos hipersensíveis que respondem ao tremor de agitações longínquas ou como 'necromantes' que, de plena consciência, evocam os espectros que os ameaçam" (2009, p.136). As mulheres, sobretudo as jovens, seriam estes "espectros que os ameaçam"?

do espetáculo no qual a imagem é o próprio capital, sendo a mulher a carne mais barata desse mercado.

Didi-Huberman afirmou que a Ninfa é um "operador de conversão" em que valores antitéticos se põem e se retiram (ora ela é a graça, ora ela é o terror, a Ménade que ameaça com sua faca tal como se vê em certas pranchas do *Atlas Mnemosyne*), conforme cada encarnação do avatar que é a Ninfa.[16] Como representações, as Ninfas são efeitos da linguagem dos homens, da máquina idealizadora que produz a imagem-objeto. A mulher idolatrada, a mulher efígie, *eidolon*, é a mulher mercadoria da "sociedade do espetáculo" na qual se idolatra a imagem sob a qual um corpo pode ser negado enquanto pode simplesmente parecer sublimado. A imagem é a sublimação do corpo. E, de qualquer modo, a sublimação da mulher concreta.

Para compreender a produção da Ninfa como figura, pode-se levantar a hipótese de um "inconsciente" patriarcal que escreve e pinta, que, ao representar (mimética e methexicamente), constrói "fórmulas". Didi-Huberman fala da "figuração plástica" de Freud e da pulsão do olhar (*Schautrieb*),[17] que serve para compreender o funcionamento do gozo masculino.* Contudo, na sobrevida das imagens, elas se objetivam no inconsciente óptico coletivo como um lugar de partilha, e, nesse caso, é preciso analisar suas objetivações para compreender sua internalização ou, mais ainda, o jogo de linguagem que sustenta a partilha política e a homossocialização.

Nesse caso, o que Warburg chamou de "Pathosformel" relaciona-se diretamente com o que Erich Auerbach chamou de "figura" e que vem a ser, segundo a definição de Modesto Carone, "o sentido literal ou o acontecimento que se refere a uma realização que está encerrada em seu próprio bojo".[18] A análise de Auerbach demonstra que figura

---

* Se fôssemos trabalhar restringindo-nos aos autores da psicanálise no rastreamento do tema deste livro, deveríamos agora voltar-nos ao problema da "Escrita" e da "Letra", na oposição entre significado e significante, tal como se desenvolvem na obra de Lacan, para quem a Letra é sulcagem. A esse propósito remeto ao artigo de Sonia Borges: Letra a letra, o gozo da escrita. *Revista Tempo Psicanalítico*, Rio de Janeiro, v. 40.2, p. 339-357, 2008. Disponível em: http://www.spid.com.br/revistas/r40.2/07%20TP40.2%20-%20Sonia%20Borges.pdf. Acesso em: 10 maio 2025.

significa originalmente "forma plástica",[19] mas é a afinidade entre "figura" e o conceito de "veritas" que mais importa. E é justamente por isso que se pode assumir o que Auerbach diz na intenção de sustentar a continuidade entre realidade figurativa e realidade concreta: figura é o "meio-termo entre *littera-historia* e *veritas*".[20] Se trata do meio-termo entre o que se conta nos textos e a verdade. A atividade figural seria como a poesia de Dante em relação à verdade gravada na mente do amante de Beatriz: a conotação de sombra (*umbra*) implica apenas uma parte da verdade. O meio-termo se refere a uma espécie de nó entre as dimensões da escrita e da imaginação. Isso quer dizer que o amante de Beatriz tem em mente a sua imagem na hora de escrever poesia, e essa imagem é de uma mulher morta, o que permite a certos comentadores de Dante afirmarem que a relação que ele tem com sua musa é uma relação necrofílica.*

Auerbach fala de imagens que se ligam entre si na história dos textos religiosos, imagens que sobrevivem e se complementam no tempo, criando uma narrativa entre si, com todo o caráter imaginário presente nesses textos, e um aspecto parece levar mais longe do que isso e, portanto, merecer atenção. Os textos religiosos não são apenas textos: eles implicam sempre uma transmissão, a saber, a de uma crença que só pode se realizar por meio de textos, de palavras e de imagens a eles relacionados ou derivados. Não é por acaso que a história da pintura europeia moderna esteja ligada a narrativas míticas, guardadas em epopeias e tragédias gregas, ou bíblicas e, portanto, judaico-cristãs, como não é por acaso que as tragédias modernas como as escritas por Shakespeare, mas também romances, contos e filmes, derivem de antigas narrativas que parecem cada vez mais originárias porque são as poucas ou únicas que restam de tempos cada vez mais remotos.

Figura seria, segundo Auerbach, "algo de real e histórico que anuncia alguma outra coisa que também é real e histórica".[21] Ao dizer isso,

---

* Segundo Eduardo Sterzi, "Somente Robert Pogue Harrison (1988, p. 19), entre os intérpretes de Dante, teve coragem de nomear devidamente o caráter profundo da relação que o poeta estabelece com Beatrice: 'necrofilia'". STERZI, Eduardo. Dante e a necessidade da morte. *Trama Interdisciplinar*, v. 4, n. 2, 2013.

Auerbach refere-se à relação de similaridade entre Josué-Jesus, mas se pode perfeitamente aplicar o que ele diz à história das Ninfas. Afinal, as Ninfas são "coisas ou pessoas que aparecem como veículos do significado".[22] O significado, por sua vez, não é uma abstração linguística, nem simplesmente uma sublimação que ultrapassa a realidade. Se "a verdade fez-se carne ou história", ela explica que o estatuto da palavra não é jamais abstrato. A poesia de amor (ou a imagem de amor) faz algo com as mulheres, e o que ela faz é matar.

O que Warburg chama de *Pathosformel* tem relação direta com o que Auerbach chamou de "figura", referindo-se às palavras e às "formulações" que fazem história na poesia (e podemos dizer que poesia é o discurso onde se dá, onde se sustenta, a *Nachleben*). Trata-se das imagens que se repetem, aparecem e desaparecem, que têm relação com o *schéma* (que implica movimento), a imago e "typos", a "impressão", garantias de continuidade da narrativa e de sucesso literário. A história da literatura também busca repetição, e toda ruptura é evitada, como é evitado o "sujeito" que desestabilize a cena do poder narrativo, por exemplo, aquele em que a morte-narração está assentada. Para Auerbach, "só figura pode servir para esse *jogo entre modelo e cópia*; forma e imago também estão solidamente ligadas a um ou outro dos dois significados; *figura é mais concreta e dinâmica* do que forma [...]".[23]

Ao apresentar a evolução do conceito de *figura*, Auerbach conta que, em Tertuliano, a expressão indica a representação concreta de algo que vai se realizar no futuro. Evidentemente, Auerbach se refere ao mundo dos textos, às relações entre Velho e Novo Testamento, a narrativas que se completam no tempo (como Moisés sendo "figura" de Cristo). Contudo, que "figura" implique algo real e histórico que anuncia "outra coisa", também histórica e real, obriga a levar a sério a ideia de uma "profecia figural", ou seja, que a "figura" implica a antecipação de algo, que ela apresenta um avatar, um metamorfismo. Na literatura e na pintura essas repetições se apresentam como tropos.

Segundo Auerbach, é em Lucrécio que se encontra pela primeira vez a palavra "figura" empregada no sentido de "visão de sonho", "imagem da fantasia", "fantasma", enquanto em Cícero a palavra tem "tons de páthos",[24] e em Ovídio refere-se à "marca da impressão do selo".[25] Da mesma raiz de *fingere, figulus, fictor* e *effigies* e tendo os gregos *morphé, eidos, schèma, typos, plasis* como referências, *figura* tem afinidade com o conceito de typos, como em *typos* de impressão, e de verdade (Veritas). Todos esses termos remetem ao procedimento por meio do qual acontece a "figuração". A passagem entre imagem e palavra, entre poesia e pintura, permite configurar o elemento "Ninfa".

Auerbach ainda comenta que uma variante especial do significado de "*cópia*" ocorre na doutrina de Lucrécio sobre as "estruturas que se desgarram das coisas como películas (membranas) e flutuam no ar [...]", que se pode entender como um desdobramento mimético da realidade e que volta à realidade como um fantasma vivo e atuante a obsedar a vida.

Warburg fala da pré-cunhagem que permite compreender a Ninfa como um avatar:*

> [...] no âmbito da exaltação orgiástica de massa, faz-se necessário buscar *a matriz que imprime na memória as formas expressivas da máxima exaltação interior*, expressa na *linguagem gestual* com tal intensidade que esses *engramas da experiência emotiva sobrevivem como patrimônio hereditário da memória,* determinando de modo exemplar o *contorno criado pela mão do artista* no momento em que os *valores mais altos da linguagem gestual* desejam emergir na *criação* por sua mão.[26]

O significado categorical dos termos "pré-cunhagem", "matriz", "impressão", "memória", "formas expressivas", "engrama", "patrimônio hereditário da memória", "contorno criado pela mão do artista", "valores mais altos da linguagem", "criação" remetem ao "gesto" da criação, do caráter memorial e arcaico, da questão do estilo "formular" que está

---

* Indo ao texto de Warburg, encontramos na introdução ao seu Atlas as intenções de seu projeto: "Mnemosyne, com a sua base de material visual que o atlas anexado apresenta reproduzida, deseja sobretudo ser um inventário das pré-cunhagens de inspiração antiga que concorreram, no período renascentista, para a formação do estilo de representação da vida em movimento". BARTHOLOMEU, Cesar (org.). *Dossiê Aby Warburg. Revista Arte e Ensaios – Revista do Programa de Pós-Graduação em Artes Visuais – EBA*, UFRJ, ano XVI, n. 19, 2009. p. 126.

em jogo no pensamento e na metodologia de Warburg, baseada na ideia de "massa compressora de impressões".*

A Ninfa nada mais é do que a mulher idealizada na imagem. A "atividade figural" tal como exposta por Auerbach faz pensar na "impressão" como método do qual deriva uma experiência em escala coletiva da figura que habita o meio-termo entre *littera-historia* e *veritas*.

Os seguidores de Warburg, eles mesmos extasiados com seu ponto de vista, veem na Ninfa muito mais do que a imagem de uma moça jovem linda e apaixonante. Para seus estudiosos, a Ninfa é uma espécie de "imagem da imagem", ou representação da imagem em si enquanto imagem em movimento. Giorgio Agamben, cuja percepção de Boccaccio citei acima, verá na Ninfa a imagem que nasce no "indiscernível de matéria e forma".[27] Nesse "indiscernível" perde-se a fortiori o elemento material, justamente um dos temas mais caros à obra de Agamben, a vida nua[28] que jaz sob a imagem. O caráter concreto, histórico da figura, do qual fala Auerbach, permite recuperar aquilo que se perdeu nas análises da imagem das mulheres que operam com as mulheres concretas como referentes ausentes. O "indiscernível" de Agamben é justamente o meio-termo entre *littera-historia* e *veritas*, fácil de perder em leituras que existem para legitimar a cesura entre realidade e ficção, como se entre elas não houvesse solução de continuidade.

Certo é que a Ninfa é também a imagem que leva a uma reflexão sobre o sentido da imagem enquanto tal, como aquilo que se move no tempo, mas não se pode perder de vista que se trata da imagem enquanto algo que tem relação com um corpo que é sempre nela apagado. A idealização implica um referente ausente. Ela é identificação no sentido de inclusão do "outro", da concretude, na perspectiva do mesmo e, como tal, a negação do não idêntico. A questão da Ninfa é um problema gramatológico,** no instante em que um problema da ordem da

---

* "Mnemosyne deseja, com sua base de material visual, ser um *inventário de pré-cunhagens* documentáveis que propuseram a cada artista o problema da rejeição ou então da assimilação dessa *massa compressora de impressões*." BARTHOLOMEU, Cesar (org.). *Dossiê Aby Warburg. Revista Arte e Ensaios – Revista do Programa de Pós-Graduação em Artes Visuais – EBA*, UFRJ, ano XVI, n. 19, 2009. p. 128.

** Se estivéssemos falando com Lacan, seria o momento de tratar da função da letra por

linguagem é também político desde que a vida nua segue sendo negada nas teorias que, ao mesmo tempo, tendem a apresentá-la.

A vida nua é um rastro que implica uma desproporção. Desproporção entre o corpo e a imagem cada vez mais clara no mundo das imagens técnicas, da fotografia à televisão, onde as Ninfas são idealizadas no contexto da imagem mercadoria. O êxtase é o destino da experiência com as imagens na era do espetáculo em si mesmo religioso onde as mulheres seguem sendo bodes expiatórios sacrificáveis. Entre o êxtase e o delírio, o patriarcado constitui a idealização de suas vítimas. A vida nua recebe o manto da idealização na máquina devoradora de corpos que é o espetáculo, ao mesmo tempo, em sua empreitada de humilhação dos corpos.

A aparição, presença e permanência das mulheres mortas na história, diz respeito ao ódio que é elevado à imagem da arte. O que Auerbach chama de figura diz respeito às "coisas ou pessoas que aparecem como veículos do significado", ao que em Warburg é o significado justamente "recalcado nas imagens" diante da abstração do significante, como se não houvesse mais alegoria. De fato, a verdade se fez carne ou história porque ela é mais do que uma alegoria, ela é da ordem do "milagre", no sentido daquilo que, como no *Unheimliche* de Freud,[29] deveria ter permanecido oculto e, no entanto, se revelou. É o estatuto concreto da palavra e da imagem o que entra em jogo. Se queremos entender o que a poesia, a literatura e a arte fazem com os corpos-mulheres, encontramos uma pista aqui.

---

oposição ao significado: "O significante nasce do apagamento do traço, o que indica a negatividade de que é portador, mas, para se presentificar, recorre a formas tangíveis, visualizáveis, materiais, entre os quais a letra mantém o privilégio". BORGES, Sonia. Letra a letra, o gozo da escrita. *Revista Tempo Psicanalítico*, Rio de Janeiro, v. 40.2, p. 339-357, 2008. p. 347.

PARTE II
MODELOS

O culto necrófilo de mulheres mortas faz parte do regime estético do patriarcado, a esteticonomia política, que calcula sobre o corpo e, nele, a vida nua das mulheres, a partir da detenção dos meios de produção das imagens. Obras de arte são esses meios de produção e, ao mesmo tempo, registros de sentimentos históricos. Elas revelam interesses subjetivos – cognitivos, afetivos e morais – relativos às épocas em que foram criadas. Ora, interesses são também políticos, porque concernem às relações que permitem ou não a vida. As obras de arte são também meios de reflexão, ao mesmo tempo que portais cognitivos que, falando da realidade, ao mesmo tempo, a afetam.

A presença da imagem de mulheres mortas se tornou corrente nos textos e nas obras de arte enquanto fórmula de sucesso, como se vê em tragédias antigas e modernas e, conscientemente, em autores modernos, como Edgar Allan Poe, filosoficamente decisivo na exposição e legitimação da espectrologia ginecropolítica patriarcal.

Tendo em vista a real matança de mulheres diante da representação de mulheres mortas, a hipótese de um nexo mimético entre realidade e representação precisa ser analisada. O fascínio pelas mulheres mortas é uma constante no patriarcado em todas as épocas, vindo a se tratar justamente de uma figuração emblemática, menos simbólica ou alegórica, ou seja, menos um enunciado imagético constatativo, que descreve a realidade, do que um enunciado mimético performativo, que realiza algo concretamente e informa sobre um dever-ser, ou seja, sobre a moral ontologizante do mundo no contexto da misontoginia generalizada. As imagens falam não apenas para revelar um naturalismo, mas para sustentar um dever-ser. O funcionamento do sistema da matança precisa do aval estético e poético. Se toda estética contém uma ética e uma política, ela contém também uma promessa, no caso, a da morte das mulheres, que mistifica e fetichiza o terror como tecnologia política do que precisa ser reconhecido como terrorismo patriarcal e psicoterrorismo patriarcal.

BRANCA DE NEVE

Branca de Neve* é um conto prototípico da construção do sistema ginecropolítico como armadilha na qual a vida nua das mulheres pode ser capturada e calculada para a morte. Em Branca de Neve, o discurso ideológico finca as esteiras da dominação patriarcal na qual é deitado o corpo-mulher reduzido ao sexo e morto como forma social da opressão disfarçada de contrato.

Branca de Neve é uma heroína popular da vida nua, do corpo que se mantém vivo enquanto não é capturado pelo poder e pela violência, ou seja, o corpo de uma fugitiva constantemente recolocada na exceção topológica do lar. Ideal da mulher bela e boa, protótipo do gênero feminino, sobre Branca de Neve todo poder se exerce como dominação. Mais do que pertencer a um homem ou a uma classe social, Branca de Neve perambula entre a vida e a morte, entre a casa e a floresta, vítima de um eterno banimento que a faz condenada ao seu próprio corpo de

* *Sneewittchen* é a versão dos Irmãos Grimm escrita em 1857 a partir da narrativa popular alemã, algo que Charles Perrault havia feito ao publicar a coletânea *Contos da Mãe Gansa* em 1697 na França. Roald Dahl, em *Revolting rhymes,* reescreveu a história com características mais modernas. Walt Disney adaptou-a para o cinema em 1937. Angela Carter escreveu uma versão feminista do conto, intitulada "The snow child", publicada em sua coletânea *The bloody chamber and other stories,* de 1988. Sobre a reescrita de Carter, ver SILVESTRE, Nelci Alves Coelho. A subjetificação feminina no conto *The snow child,* de Angela Carter. *Revista Litteris,* n. 7, mar. 2011.

mulher, jovem em estado ninfal, pronta ao casamento, um corpo sempre *excluído*, sempre *incluído* no cálculo dos sujeitos do qual ela é objeto.

Em primeiro lugar, órfã de mãe, ela está no mundo submetida ao poder do pai, posta sob o emblema do poder soberano patriarcal. O pai se casa com uma mulher que tem como paixão o ódio a sua filha, a essa Branca de Neve, por competir com ela em beleza. A madrasta é o primeiro algoz da Ninfa das neves, representando, portanto, a infeliz colaboração das mulheres com o poder patriarcal. Em outra interpretação, a madrasta revela o ódio da consciência às mulheres que se deixam submeter. De qualquer modo, nesse conto melancólico e machista, a culpada é a madrasta, responsável pela operação de caça, ordenando a um serviçal que leve a jovem à floresta para dar-lhe a morte. A sentença de morte do patriarcado é o seu destino. Branca de Neve deverá morrer pela mão de um caçador.

A pena de morte corre junto ao banimento. Salva pela piedade daquele que a deveria matar, ela será por ele abandonada na floresta, vindo a configurar o *homo sacer* abandonado por seu caçador. O abandono tem a marca da penalidade a que ela se furtou pela piedade de outrem colocado no lugar da decisão soberana. Abandonada e apiedada, ela jamais é dona de si mesma até o fim do conto. Abandonada na floresta e submetida a seus terrores, ela também está abandonada a si mesma. Emblema da solidão das mulheres, ela encontra alento quando reunida aos animais que virão associar-se a ela por afinidade, ou por "natureza". É com a companhia deles que ela faz bando. Associada aos seus iguais, ela encontra a "identidade" na qual poderá gozar de um lugar no mundo. Sua destinação comum com os animais, tendo *zoé* como vida comum, define uma natureza não-humana para as mulheres. O funcionamento do biopoder visa definir quem ou o quê será humano. Identificada aos animaizinhos, a Ninfa é mais animal do que humana e partilhará com esses seres o destino traçado pelos homens.

O mandado de assassinato de Branca de Neve, do qual ela é salva pelo "banimento" rumo à floresta, leva ao tema da decisão soberana sobre o corpo, sobre a vida e a morte. Nem totalmente natural, nem suficientemente cultural, Branca de Neve é como o animal doméstico, habitante do limbo, sobrevivente desse espaço intervalar. Na casa dos anões, ela fará a limpeza, sempre ajudada pelos pequenos animais tão dóceis quanto ela, até a hora da morte. São eles que a conduzem e que a acompanham em sua menoridade ignorante e vitimada. Os anões que vivem em bando, eles mesmos "corpos abjetos" habitantes do "abandono" na floresta, aceitam-na como "dona de casa", responsável pelas lides domésticas. Ela reencontra a casa no meio da floresta, como se a zona de exceção se abrisse mais uma vez dentro da exceção. Os anões não a levam junto de si nas explorações mineiras, pois ela não tem seu gênero, é mais próxima aos animais; deve, como eles, servir aos homens trabalhadores das minas. Reclusa, ela é mantida em casa, como uma prisioneira, no entanto sem ser prisioneira. O destino, ou o conluio das instâncias do poder, destina Branca de Neve a ser banida, a ser excluída enquanto incluída, na casa interna ao mundo dos animais e na floresta que é margem da cidade onde vive seu pai, o representante do Estado, alheio ao seu destino. A madrasta foi apenas o "kapo" que fez o trabalho sujo e que leva a culpa providencial na narrativa. Incluída no espaço excluído dos anões, eles mesmos banidos, excluídos, e que excluem, enquanto a incluem em sua casa, Branca de Neve é uma espécie de "esposa" escravizada, a mulher universal, da qual todos podem se servir coletivamente. A condenação de Branca de Neve é a de ser sempre uma prisioneira de sua condição feminina.

Branca de Neve mostra a imagem do vazio operando no imaginário acerca do feminino. Sua narrativa, contada às meninas ao longo de séculos, serve para produzir no imaginário feminino uma lei, a de um lugar a ocupar: o gineceu, o lar, a casa. É preciso colocar medo nas mulheres e criar salvadores para suas condenações e perdições. O conto mostra declaradamente como se deve constituir a identidade feminina e deixa soçobrar em seu fundo a declaração explícita do mecanismo de instauração do poder – como dominação do outro – que não pode se estabelecer sem a construção desse outro. Como o "bandido" dos clichês autoritários e fascistas, a mulher boa é a mulher morta. A mulher desejável na sociedade patriarcal. Branca de Neve é mais uma mulher natureza-morta.

Em *Minima Moralia*, no fragmento 78, Theodor Adorno fala da Branca de Neve:

> [...] de um modo mais perfeito do que qualquer outro conto, Branca de Neve exprime a melancolia. sua imagem pura é a rainha, que olha a neve pela janela e deseja uma filha com a beleza viva, mas inanimada dos flocos, com a negra tristeza da moldura da janela, com a pungência do sangue que escorre; e que morre no momento do parto. Nada disso é cancelado pelo final feliz. Assim como o consentimento de seu desejo significa a morte, a salvação permanece uma ilusão. Pois a observação mais profunda não deixa acreditar que aquela que parece adormecida no ataúde de vidro tenha sido despertada. O pedaço da maçã envenenada, que o abalo da viagem faz desprender-se de sua garganta, não seria, muito mais do que um meio para o assassinato, o resto da vida não aproveitada, banida, da qual só agora ela se cura, quando não há mais mensageiras enganadoras para seduzi-la? E como soa alquebrada essa felicidade: "e então branca de neve enamorou-se dele e com ele partiu". Como nada disso é revogado pelo ruim triunfo sobre ruindade! Assim, quando esperamos salvação, uma voz nos diz que a esperança é vã e, no entanto, é ela apenas, a impotente esperança, que nos permite cobrar alento. Nenhuma contemplação é capaz de outra coisa senão redesenhar pacientemente em figuras e esboços sempre novos a ambiguidade da melancolia. A verdade é inseparável desta quimera: que das figuras da aparência surja, no entanto, um dia, sem aparência, a salvação.[1]

Branca de Neve é um conto sobre a ambiguidade e a polaridade que caracterizam a melancolia. A vida de Branca de Neve, como menina e mulher, transcorre como um efeito da morte da mãe. Ela está abandonada pela própria vida. A janela diante da qual a mãe de Branca de Neve expressa seu desejo simboliza um outro mundo, um outro caminho para a menina, ao mesmo tempo, a separação entre o mundo da casa e o mundo da floresta, o mundo da neve, que ela irá conhecer lá fora. Não há um mundo diferente para essa mulher grávida, sequer há a urbanidade e as instituições; o que há é o vazio da neve. Branca de Neve deverá assemelhar-se a essa imagem restrita do olhar da mãe. A moldura escura da janela define a cor de seus cabelos. Ela representa a ambiguidade da abertura que é, também, fechamento. A mãe é o fantasma que sobrevive como desejo. Suas palavras são uma herança maldita.

O desejo é essa demarcação inscrita na forma física da menina: bela e triste, emoldurada com cabelos escuros, animada pelo sangue e inanimada pelo branco morto dos flocos de neve. O quente do sangue e o frio da neve são emoldurados pelo negro dos cabelos. O frio inanimado da morte é contraposto ao quente sangue da vida que escorre de um ferimento, imagem do feminino. A vida e a morte de Branca de Neve compõem uma dupla banda. A melancolia é apenas o nome declarado dessa condição subjetiva de uma mulher-morta a ser salva por um "príncipe", ou seja, o senhor de um território. A decisão soberana pertence ao caçador, o "homem bom" que pode salvá-la ou ser seu algoz como um Barba Azul.

Jogada entre ser e não ser, a heroína do conto deverá escapar da morte por assassinato várias vezes. Caçada por uma outra mulher: a salvação pelo príncipe define que, salva por um homem, avesso à madrasta, ela foi, de certo modo, capturada no caminho contrário do que dispunha sua condição de ser à deriva. Cada tentativa de assassinato da qual ela escapa é a re-proposição de uma vida: mas, a cada possibilidade de uma vida nova, ela se vê novamente banida para o território da morte. No conto, a dialética entre vida e morte é encenada sobre uma heroína que não poderia romper um ciclo vicioso. Ela simplesmente não tem para onde ir. Apenas o poder de um príncipe poderá redimi-la no fim, mas nada garante que ela saia do ciclo ao qual está condenada, pois o príncipe a cavalo é apenas a cristalização de um homem branco rico, por oposição a um bando de trabalhadores anões. O ciclo vicioso da ameaçabilidade sobre a vida, a morte como condenação da qual se escapa por obra dos homens, implica o paradoxo da mulher que é salva enquanto condenada.

A melancolia de que fala Adorno diz muito mais respeito a essa condenação à morte. A mãe condenada condena a filha que tem no ventre à concentração na casa. É uma mulher grávida de outra mulher que, trancada do lado de dentro da habitação, usa a abertura da janela para estabelecer o design da filha. A sobrevivência da morta na vida da outra desenhada na abertura-fechamento, no aberto[2] entre a animalidade e o feminino. A melancolia dá as cores desse "design de gênero" pelo qual a "branca de neve" vem a ser quem é.

O desejo da mãe de Branca de Neve define sua vida, e é assim que ela se torna emblema da melancolia: a rainha pede uma filha que seja a própria imagem da melancolia em suas cores. Branca de Neve, a menina condenada à morte pela madrasta má, já havia sido condenada à melancolia pela mãe domesticada. De uma ela recebe um pedaço de maçã envenenada para que morra; da outra, que morrera no parto, o seu design. A madrasta é a face real da mulher viva que manda matar, oposta a uma mãe que morre. A madrasta ocupa o lugar da mãe como sua imagem sobrevivente. A maçã é a confirmação do desejo de morte para essa Ninfa condenada pelo desejo da mãe a ser uma imagem da melancolia. A mãe e a madrasta são as duas faces desse lugar/prisão no desejo de uma mulher prévia, ambas más, lúgubres, mortíferas. Um "complexo de Branca de Neve" implicaria uma mulher destinada a aceitar morrer em seu desejo para viver o desejo dos outros dos quais ela precisa fugir para sobreviver mantendo-se em eternas núpcias com a morte.

A reunião entre feminino, mulher e morte é uma constante histórica. Branca de Neve é mais que a representação da morte; ela é a escolhida, a condenada da pena de morte. Banida para a zona da morte de onde ela pode ser salva por um príncipe que, como soberano, lhe daria, enquanto princesa – ser apolítico e tutelado –, o direito a um tipo específico de sobrevivência, a da reclusão dentro do lar. A mesma que ela conseguiu ao associar-se aos animais e aos anões que a acolhem em troca de favores domésticos.

Branca de Neve é a mulher como a natureza exemplar, como caça e como ser frágil e dominado. Ela revela a estrutura arcaica do poder que captura a mulher como natureza para, na continuação da sua passividade naturalizada, aparecer dentro de um caixão de vidro, como o relicário de uma "natureza morta". Vanitas ou mulher-natureza morta no *continuum* histórico de um melancólico *memento mori* para as mulheres.

A reclusão das mulheres no espaço da casa é paralela à domesticação dos animais. Branca de Neve corresponde à "lógica da caça" que aparece na *Dialética do esclarecimento*[3] e ao estado de exceção pelo qual ela está abandonada pela lei e, ao mesmo tempo, submetida a ela, ou seja, condenada à morte sem que seus perseguidores sejam julgáveis por isso.

O animal e a mulher seriam os representantes do recalcado que vem à tona no contexto do androcentrismo da razão, em seu caráter patriarcal no qual a vida é transformada em "território de caça" (*Jagdgebiet*), o ponto de acordo das pessoas em uma sociedade de homens. O acordo entre homens caracteriza tanto a democracia grega quanto a filosofia do consenso do século XX, passando pelos contratos modernos.

A questão do estado de exceção apresenta-se como paradigmática do conto e sustenta o esquema de entrada e saída, de pertença e exclusão de Branca de Neve, ou das mulheres, no mundo político, cuja base é a determinação da ideia de natureza desses corpos. A estrutura do campo de concentração está aí desenhada como zona de indistinção da lei, em que estar dentro e estar fora, submisso e livre, resultam no mesmo. É em função da saída desse espaço de confinamento que se pode dizer que o feminismo se construiu como um resgate do corpo aprisionado. O feminismo seria a produção revolucionária de um corpo que é resgatado de seu abandono para ser corpo político. É nesse sentido que toda a luta feminista se deu como direito ao corpus, no sentido de retomar o corpo, de reapresentá-lo para além da lei de exceção patriarcal para além do confinamento. É a "lógica da caça" que permite sustentar o confinamento, afinal todo animal preso quer fugir ou, em estado selvagem, pode, potencialmente, ser capturado. A sociedade patriarcal torna a vida um território de caça, o que vale para animais e mulheres. Branca de Neve, em sua condição de animal doméstico e, paradoxalmente, animal lançado no mundo selvagem da floresta, será carente de domesticação e votada ao cativeiro se quiser sobreviver à pena de morte que paira sobre ela.

Branca de Neve é a mulher falocentricamente caçada, eternamente condenada à morte. Perseguida, ela deverá ser eliminada e, todavia, salva pelos homens, caso decidam fazê-lo de maneira soberana. É à condição da morta viva que ela chega ao ser salva pelo príncipe. A mulher ressuscitada é uma ex-morta. Sua afinidade com a ideia de *homo sacer* tal como aparece na filosofia de Giorgio Agamben. Branca de Neve é insacrificável e, todavia, matável como um zumbi que pode ser morto sem nunca poder ser morto. Branca de Neve escapa do assassinato de um caçador, mas sucumbe ao assassinato pela madrasta.

O caçador a deixa viver. Decide desobedecer à ordem da rainha, pois essa ordem, ou quem lhe dá a ordem, não é legítima, confirmando que a soberania, no patriarcado, é masculina e não pode pertencer a uma mulher. Mesmo na condição de súdito, um homem pode desobedecer à mulher em sua condição de rainha. A condição de rainha não lhe dá legitimidade. De resto, com sua desobediência, ele dá demonstração de sua soberania salvando a mulher submissa. O que está em questão não é a compaixão do caçador, nem que ele se sinta criminoso ou apto à ação que lhe é exigida. Não saberemos o motivo por que ela foi deixada viva. Ela está viva, mas deixada fora do mundo para o qual deveria estar morta. Sua vida segue oculta aos olhos do pai. Permitida, porém, na esfera privada, à qual ela é reconduzida na casa dos anões. O caçador deixa que ela permaneça viva, mas tanto ela deveria ter sido assassinada que o caçador esconde que não a matou: sua morte era obrigatória. Descumprindo a ordem, o assassino em potencial leva o coração de um animal no lugar do coração da Ninfa para mostrar à rainha (o coração da mulher análogo ao do animal...). Ela está morta até que o espelho mágico (a figura da identidade paranoica e narcísica) revele a verdade da vida e da natureza contra a verdade da representação. A voz da representação vem falar da verdade da natureza. A moça será assassinada, todavia, pela lei da madrasta, para quem já estaria morta. Uma segunda morte e uma segunda vida dão o sentido do *continuum* histórico da vida das mulheres.

No encontro com a madrasta disfarçada de velha, Branca de Neve já está morta, de certo modo, pela lei da madrasta. A madrasta a mata pela segunda vez. Ela vive a condição de morta-viva duas vezes: uma delas ao ser deixada pelo caçador, outra delas ao ser morta pela madrasta. Na primeira morte, ela sai fora da lei, é dela excluída, expulsa da lei, morre para a pólis, é lançada ao reino da natureza, onde deveria se reunir ao bando dos trabalhadores, mas eles permitem sua entrada apenas no *domus*. Na segunda morte ela já está dentro de uma vida privada onde a casa pertence à floresta e não à pólis. A vida privada é a vida ocultada, a vida junto ao "bando" no qual ela é incluída enquanto excluída, ou seja, ela não pertence a esse bando, mas serve a ele como uma típica mulher, dedicada às tarefas do cuidado. Condenada a ser "körper", o corpo "como coisa que se pode possuir",[4] o corpo como objeto, como coisa morta, como "corpus", Branca de Neve não pode voltar ao corpo vivo. Aquilo que é o *Leib* para os autores da *Dialética do esclarecimento* e que resta para sempre mutilado. É o corpo vivo ao qual não se pode retornar, o corpo que "permanece um cadáver", diz Adorno.

ANTÍGONA

Antígona prefere morrer a desmentir-se, a desdizer o que pensa, mas também a tornar-se esposa. Morta por haver preferido um irmão morto a uma vida de esposa, como afirma Nicole Loraux, ela terá diante de si um casamento. Para ela, a execução é o casamento. Talvez ela possa "encontrar um marido no Hades, como sugere Creonte, talvez o senhor dos mortos possa desposá-la", diz Loraux, apontando para o fato de que "antes de morrer ela dera ao esposo infernal o nome de Aqueronte, mas no discurso do mensageiro a moça (*kore*) encontrou o próprio Hades em 'seu aposento nupcial cavado na rocha'". De qualquer modo, ela não escapa de Hêmon, que "se matará para juntar-se a ela, movido pelo desejo desesperado de desposá-la 'na morada de Hades' (Sófocles, *Antígona,* 1240-1241)".[1] Apesar de seu discurso sofrido sobre seu futuro, nada a demove do dever para com o irmão condenado depois de morto a não ter sepultura. Certamente se sabe que o amor do noivo não é maior do que o sentimento de amor pelo irmão e a responsabilidade quanto ao dever familiar.

Na peça de Sófocles, a personagem Antígona vive entre o luto e o dever. Em sua crise, ela confronta a própria irmã, com quem se dá uma relação de espelhamento: as duas são mulheres e, ao mesmo tempo, de oposição, não são mulheres da mesma forma. Antígona será condenada à morte e se matará antes, como quem, querendo não obedecer, obedece ao tirano, enquanto Ismênia, correspondendo ao que se espera de uma mulher, sobreviverá. Ismênia tenta apoiar a irmã, que a rechaça, incapaz de sair de seu transe.

Loraux fala das mortes de mulher por enforcamento. Assim como Jocasta, Fedra e Leda, também Antígona morrerá dessa forma. O enforcamento é a morte feminina por excelência, na qual se desdobra a "feminilidade infinitamente":

> [...] as mulheres e as moças sabem que a corda – instrumento usual do enforcamento – pode ser substituída, como em Antígona, estrangulada no laço feito de seu véu, pelos adornos com que se cobrem e que são emblemas de seu sexo. Véus, cintos, faixas: esses instrumentos de sedução constituem virtualmente armadilhas de morte para aquelas que os usam, como as Danaides suplicantes explicam ao rei Pelasgo; em suma, aproveitando a expressão vigorosa de Ésquilo, há nisso uma bela astúcia, *mekhané kalé,* em que *apeithó* (a persuasão) erótica se põe a serviço da mais sinistra das ameaças.[2]

Os artefatos do "feminino" e a sensualidade que dela resulta são artifícios do patriarcado que, usados para seduzir os homens, na verdade, aprisionam as mulheres.

Medeia é a personagem grega que vai na contramão de todas. Em vez de se matar com os objetos femininos, ela usa uma tiara envenenada para matar a nova esposa de Jasão. Certamente ela está numa posição de desvantagem. É uma esposa traída, já deu o que podia para o marido e a família, já foi usada e usurpada, seus dotes financeiros, bem como seu tempo de vida e seu corpo, já foram usados. Ela será descartada sem nenhuma consideração porque perdeu seu valor. E, no entanto, não aceitará seu destino sem buscar alternativa. Ela lutará por uma saída, até perceber que seus filhos não terão futuro. Ora, que uma mulher se mate é aceitável e mesmo desejável dentro da regra patriarcal, não que ela mate os filhos e outras pessoas. As mulheres devem viver e morrer pelos homens, jamais usar o seu método e prerrogativa. Nenhuma interpretação de Medeia ousa pensar que, assim como Jasão atua soberanamente dando a si mesmo outra chance, Medeia mereceria o mesmo direito. Clitemnestra é outra que "governa como um homem" e, em vez de matar-se ou desaparecer quando o marido retorna da guerra com outra esposa, ela o mata com um manto por ela tecido.

Antígona revoltada é interrompida em seu ímpeto revolucionário pela morte à qual ela é condenada e que ela busca vencer morrendo por conta própria. Não cabe a uma mulher revoltar-se contra o tirano ou contra quem quer que seja. Nesse caso, leituras de Antígona que buscam ver nela a imagem da feminista em crise contra o Estado opressor acertam e, ao mesmo tempo, erram, assim como Hegel e Lacan acertam e erram. De fato, se as mulheres estão a serviço dos homens, se

> [...] é pelos homens que as mulheres morrem, é pelos homens que elas se matam com maior frequência. Por um homem, para um homem: distinção ausente em muitos textos, mas que Sófocles sublinha com uma atenção especial, na *Antígona,* onde Eurídice morre por seus filhos mas por causa de Creonte, nas *Traquínias,* onde Dejanira morre por causa de Hilo, por amor de Héracles. Assim a morte das mulheres confirma ou restabelece sua relação com o casamento e com a maternidade,[3]

e com a casa onde são confinadas.

Se às mulheres cabe viver no espaço destinado à vida nua, é para obedecer às suas regras. Quando não há outro motivo para existir, já que a procriação e, depois, a manutenção da procriação constituem o único objetivo de suas vidas, uma mulher deve morrer. *Medeia* é lida como uma peça de vingança, mas a ofensa e o abandono, o desrespeito e a humilhação vividos são relativizados diante da atrocidade que ela comete matando os próprios filhos. Medeia defende a si mesma, e isso é inaceitável. O mesmo ocorre com Antígona: por mais compreendida que ela possa ser, ninguém ousa revoltar-se e defendê-la. Quando Creonte, avisado por Tirésias, a quem ele humilha, percebe seu erro, é tarde demais. E ele apenas se arrepende quando vê que perderá a própria família. Não é, portanto, por respeito a Antígona, mas por medo ao destino, por covardia.

Antígona se tornou paradigmática desde a leitura de Hegel, que só se tornou contestável muito recentemente na obra de Judith Butler[4] e nas de outras pensadoras do campo feminista. Butler relê *Antígona* contra as interpretações de Hegel, Luce Irigaray e Jacques Lacan,* que operam na oposição público e privado** quando, na verdade, o problema de Antígona seria muito mais a confusão do parentesco – seu pai é, ao mesmo tempo, seu irmão, e sua mãe é, ao mesmo tempo, sua avó. Para Butler,

> [...] ela pouco representa os princípios normativos do parentesco, uma vez que está impregnada por legados incestuosos que tornam confusa sua posição nessas relações. Além disso, e de qualquer modo, ela pouco representa um feminismo desvinculado do mesmo poder ao qual se opõe. Não se trata simplesmente de, como ficção, o caráter mimético ou representativo de Antígona ser já de partida questionado, mas de, como figura relevante para a política, ela apontar para outro lugar – não para a política como questão de representação, mas para a possibilidade política que emerge quando os limites da representação e da representabilidade vêm à tona.[5]

De fato, Butler tem razão ao encontrar uma brecha em *Antígona* para repensar o sentido de parentesco e família, mas sua abordagem perde de vista um aspecto. Naquilo que os autores criticados

---

* "Assim, para Lacan, o parentesco se rarefaz na medida em que possibilita uma estrutura linguística, um pressuposto de uma inteligibilidade simbólica, e é, então, retirado da esfera do social; enquanto, para Hegel, o parentesco é precisamente uma relação de 'sangue' e não de normas. Em outras palavras, o parentesco ainda não entrou na esfera do social, já que o social é inaugurado mediante uma substituição violenta do parentesco." BUTLER, Judith. *A reivindicação de Antígona*: o parentesco entre a vida e a morte. Tradução Jamile Dias Pinheiro. Rio de Janeiro: Civilização Brasileira, 2022. *E-book*. p. 23.

** "[...] me impressionou a leitura que Hegel e Lacan fizeram de Antígona, e o modo como Irigaray, dentre outras, a interpretaram – não como uma figura política desafiadora, uma figura cujo discurso tem implicações políticas, mas sim como alguém que articula uma oposição pré-política à política, passando assim a representar o parentesco como a esfera que condiciona a possibilidade da política sem para isso participar dela. Na verdade, na interpretação que Hegel talvez tenha tornado mais conhecida, e que continua estruturando apropriações da peça em boa parte da teoria literária e do discurso filosófico, Antígona se torna emblema do parentesco e de sua dissolução, enquanto Creonte representa uma ordem ética emergente e a autoridade do Estado, fundada nos princípios da universalidade." BUTLER, Judith. *A reivindicação de Antígona*: o parentesco entre a vida e a morte. Tradução Jamile Dias Pinheiro. Rio de Janeiro: Civilização Brasileira, 2022. *E-book*. p. 21-22.

compreenderam como "oposição pré-política à política", mantém-se a tensão entre *oikos* e pólis na qual o "pré-político" é, na verdade, a vida nua. Certamente tais autores não se ocupam desse tema, mas é nesse lugar intervalar que a morte de Antígona vem fazer sentido. Antígona não é a simbolização de uma ordem familiar e pré-política superada no Estado e na política. Esse "pré-político" é totalmente político enquanto negação e interdição à política aos seres que existem como "i-representados", a saber, as mulheres. Antígona representa as mulheres enquanto seres condenados à casa e, por isso, pré-políticas. Sua ação fora da casa apenas a reconduz à casa na qual ela deverá morrer por conta própria. Antígona vem perturbar a ordem decretada pelo Sujeito Soberano que é Creonte com sua política de contrassoberania.* No cálculo que o poder faz sobre a vida nua, ela deveria permanecer calada, obediente como sua irmã Ismênia, mas ela se rebela e é condenada à morte. Com seu suicídio, ela apenas confirma o destino. De fato, toda mulher está condenada à morte; apenas pode adiar esse feito por meio de sua obediência.

Nesse sentido, não é errado dizer que o parentesco seria a "esfera que condiciona a possibilidade da política" se essa política é patriarcal. De fato, o parentesco condiciona a política sem participar dela, porque é no âmbito do parentesco que homens e mulheres ocupam lugares predeterminados nomotopologicamente. Se a interpretação de Hegel, pela qual "Antígona se torna emblema do parentesco e de sua dissolução, enquanto Creonte representa uma ordem ética emergente e a autoridade do Estado, fundada nos princípios da universalidade", está superada, não é apenas porque Antígona questiona o parentesco, o que de fato ela faz, mas porque ela escancara o que, apesar da leitura pouco expressiva de Lacan** sobre a peça, é um acerto, o caráter "aberrante", monstruoso

* HONIG, Bonnie. *Antigone, interrupted.* Cambridge University Press, 2013. *E-book.* p. 2: "Minha leitura alternativa identifica uma Antígona que se envolve em uma política de contrassoberania. No lugar da atualmente sedutora política de lamentação, encontro na peça, lida no contexto do século V e com a teoria dos séculos XX e XXI, uma política de lamentação mais robusta, na qual a lamentação não é 'humana', ética ou maternal – ligada ao fato da finitude –, mas uma prática essencialmente contestada, parte de um agon entre sistemas de significação e poder frágeis e divididos".

** Lacan, ao falar da beleza de Antígona, referindo-se à catarse que ela alegoriza, deixa transparecer a velha equação estética que sustenta o patriarcado na cena eterna pela qual se

do que ela vem apontar, que seu corpo e seu desejo não têm lugar e, mesmo assim, desesperadamente é o que ela vai insistir em manter. Butler compara Hegel e Lacan sem poder perceber o peso do sangue como elemento ligado à vida nua. Para ela, é estranho o

> [...] modo como o parentesco é retratado no limite do que Hegel chama de "ordem ética", a esfera de participação política, mas também de normas culturais viáveis, a esfera da *Sittlichkeit* [eticidade] legitimadora (as normas articuladas que regem a esfera da inteligibilidade cultural), segundo os termos hegelianos.[6]

Butler coloca Hegel na perspectiva de Lacan (*O seminário*, Livro VII), que lê *Antígona* nas "fronteiras das esferas do imaginário e do simbólico", entendendo-a como uma "figuração inaugural do simbólico, da esfera das leis e normas que regem o acesso à linguagem e à possibilidade da linguagem", o que só é possível porque as relações de parentesco são tratadas por Lacan como normas simbólicas. Segundo ela, na medida em que pertencem à esfera do simbólico, as normas não são exatamente sociais, o que afasta Lacan de Hegel, "ao transformar, por assim dizer, uma certa noção idealizada de parentesco em um pressuposto de inteligibilidade cultural".[7] Ao mesmo tempo, Butler dirá,

---

alcança o gozo masculino como um gozo da morte ao animal de abate, no caso à mulher. Apesar disso, uma interpretação mais ampla aparece em "Antígona: heroína da psicanálise?", de Phillipe van Haute. Segundo ele, "Nossa interpretação disto ilustra, uma vez mais, que Lacan tem exclusiva atenção, como na tradição heideggeriana, à verdade (do desejo) do sujeito que é expressa por Antígona de modo exemplar. E é exatamente por Lacan entender o trágico como (confrontação com a) verdade do sujeito desejante (a verdade do Ser, respectivamente) que ele pode dizer, partilhando com Heidegger, que nada realmente acontece na tragédia grega: a tragédia começa com uma ruína do sentido". Além disso, Lacan fala que, no final da peça, Antígona não é nada mais que "a escória do mundo [...], coisa vazia de toda aparência especiosa". Desse modo, ela confronta a si com o nada abismal da existência humana. Mas Lacan imediatamente adiciona que essa experiência forma, ao mesmo tempo, o término lógico de uma análise realmente completa. "Consequentemente, nós devemos, na análise (como Antígona), nos confrontar com o nada último de nossa existência." (VAN HAUTE, Phillipe. Antígona: heroína da psicanálise? Tradução Ronaldo Manzi Filho. *Discurso,* v. 36, p. 285-309, 2007).

> Lacan dá continuidade a certa tradição hegeliana ao traçar uma separação entre essa esfera idealizada do parentesco, o simbólico, e aquela da ordem social. Assim, para Lacan, o parentesco se rarefaz na medida em que possibilita uma estrutura linguística, um pressuposto de uma inteligibilidade simbólica, e é, então, retirado da esfera do social; enquanto, para Hegel, o parentesco é precisamente uma relação de "sangue" e não de normas. Em outras palavras, o parentesco ainda não entrou na esfera do social, já que o social é inaugurado mediante uma substituição violenta do parentesco.[8]

O elemento "relação de sangue" aponta para o extrato subterrâneo do poder. A "relação de sangue" implica a vida biológica subsumida nas normas. Ela não desaparece, embora devesse desaparecer em um sentido de "família" não autoritário, baseado em novas configurações afetivas.

O tema da maternidade reaparece na crítica de Butler a Irigaray:

> A separação entre o parentesco e o social assombra até as posições mais anti-hegelianas do legado estruturalista. Para Irigaray, o poder insurrecional de Antígona é o de quem permanece fora do político. Antígona representa o parentesco e, certamente, o poder das relações "de sangue", às quais a autora não se refere em um sentido estritamente literal. Para ela, o sangue designa algo da especificidade e do caráter vívido do corpo que os princípios puramente abstratos da igualdade política não só não conseguem captar, como também devem rigorosamente excluir e até mesmo aniquilar.[9]

De fato, diz Butler,

> [...] ao significar "sangue", Antígona não representa exatamente uma linha de consanguinidade, mas algo mais parecido com um "derramamento de sangue" – o que deve ser deixado para a manutenção dos Estados autoritários. O feminino, por assim dizer, torna-se aquilo que resta, e o "sangue" se torna a figura pitoresca desta linha recorrente de parentesco, uma reconfiguração da figura da linha de consanguinidade,

> enfatizando o violento processo de esquecimento das relações primárias de parentesco no momento da inauguração da autoridade simbólica masculina.[10]

Assim, Butler tem razão ao criticar Irigaray, para quem "Antígona representa assim a passagem do princípio de legalidade baseado na maternidade, uma ordem baseada no parentesco, a um princípio de legalidade baseado na paternidade", mas não tem razão ao perder de vista que esse "sangue" e essa "maternidade" são calculados pelo poder patriarcal, são subjugados dentro da casa, asseguram a continuidade da família como uma instituição de escravização de mulheres calculando sobre a vida e a morte desses corpos mulherificados a serviço do patriarcado.

Com sua atitude, Antígona é uma ameaça à virilidade de Creonte, justamente porque traz à tona o lugar do sangue, por assim dizer, pré-político, de seu corpo falante, que não poderia falar como fala sob pena de ameaçar um homem e, junto dele, o Estado como um todo. Creonte e sua masculinidade não estão separados do poder do Estado. Ele é o corpo do tirano, o corpo soberano, e fala desde o Sujeito Soberano encarnado. O "sangue" em jogo é o sangue da vida nua sempre calculado, o sangue a ser derramado. "Entre as moças em flor é o sacrifício e o sangue derramado que dominam. Por terem menos autonomia que as esposas, mesmo no universo trágico, as virgens não se matam; são mortas", como afirma Loraux. Ou elas se matam ou serão mortas. Butler não vê a morte das mulheres na figura de Antígona; sua morte inevitável, sentença sobre o corpo meramente vivo, passa sem mais considerações. Se a vida nua das virgens, as Ninfas, deve ser morta, Antígona é aquela que, "não se contentando com matar-se, mata-se como as esposas lacrimosas, buscando no enforcamento um último recurso. A dificuldade é real, e seria inútil tentar atenuá-la", diz Loraux. Não há saída para Antígona senão a morte. Somente em uma sociedade que superou o Estado patriarcal ela poderia sobreviver, e, nesse sentido, o feminismo imita Antígona em sua luta de vida e morte, mas luta para que Antígonas tenham alternativas além da morte.

Loraux tem razão ao falar que "no mínimo convém proceder a uma análise meticulosa das condições inerentes à consumação da morte de

Antígona, onde se misturam inextricavelmente um suicídio bem feminino e algo como um sacrifício fora das normas".[11] Essa morte anormal poderia ser apenas o efeito de um desespero, mas é também a tentativa de sustentar a própria soberania, na forma de uma paradoxal autonomia por meio do suicídio anteposto ao assassinato. Creonte, por sua vez, age de posse de seu direito soberano de impor leis, de punir com a falta de sepultura, mas também de punir os desobedientes com a morte. Nas palavras de Loraux, "embora tenha tido, em sua opinião, o cuidado de não comprometer nem sua responsabilidade pessoal nem a da cidade, Creonte condenou inapelavelmente Antígona ao Hades, vítima humana oferecida aos deuses infernais para que eles se apoderassem de sua jovem vida",[12] uma jovem vida nua, a vida que não tem poder sobre si mesma, a vida em seu paradoxo ao ser vida que não pode, na verdade, ser vivida. Vida que é impedida de ser vivida, pois ela pertence, por lei, ao operador da lei, que, com sua vontade soberana e sua autoridade mística, manda e desmanda, condena à morte quando bem quer.

Assim é que, "sepultada viva, a filha de Édipo estava condenada a morrer asfixiada e, no laço feito com seu véu de virgem, ela antecipará a asfixia por outra via".[13] Inventando sua própria morte, ela "condena Creonte à mácula que ele queria evitar". Loraux vê na conversão da execução em suicídio o encontro da jovem com a "feminilidade que enquanto viva renegara com todo o seu ser". Antígona sucumbe sem alternativa em seu questionamento sobre seu lugar de mulher. Ela se casa com a morte porque não há saída para ela. O que Loraux chama de "morte excepcional", marcada pelo "aspecto de exceção" e por uma "estranha norma que determina que se executem as virgens na tragédia",[14] é, na verdade, apenas uma lei trivial que garante o prazer dos homens em escutar e imaginar essa morte fetichizada e morbidamente prazerosa: assim é que a norma bizarra é "realmente a norma, ou aquilo que parece ocupar o seu lugar no universo trágico: um sacrifício, geralmente sanguinolento, cuja vítima é uma moça".[15]

Segundo Loraux, "ironia trágica dos cortejos fúnebres", "casamentos ao inverso" que levam "a um sacrificador que é frequentemente o próprio pai" ou um "marido chamado Hades", eis o que está em jogo. Por fim, "quando a vítima é uma virgem, o sacrifício é tragicamente irônico, por assemelhar-se demais ao casamento".[16] Pobre Antígona, que pensa escapar ao noivo, que se matará para juntar-se a ela, movido pelo desejo desesperado de desposá-la "na morada de Hades". Antígona, assim como muito depois Branca de Neve, não terá alternativa senão ser a melancólica noiva da morte condenada ao próprio túmulo que se torna seu lar eterno.

Para além do que ela define como "mera política de resistência, antiestatismo reflexivo ou um humanismo extrapolítico", Bonnie Honig propõe algo diferente. Segundo ela, "aqueles que buscam promover a causa da igualdade frequentemente recorrem a *Antígona* como um modelo de desobediência civil ou igualdade alternativa (dos mortos)". Muitos se encantam com a personagem que representa as políticas de resistência. Porém, Honig sugere que há outra opção. Trata-se do que ela chama de "humanismo agonístico", no qual uma política de "contrassoberania, conspiração e solidariedade" se torna mais promissora para esses grupos. Portanto, a ideia de um "universalismo extrapolítico" ligado ao "luto com o qual essa heroína clássica é cada vez mais identificada na teoria feminista e crítica enfatiza a igualdade na morte", assim como "uma política de contrassoberania enfatiza a igualdade na vida". Na visão de Honig, este último é mais "o foco da teoria democrática e, na verdade, é mais bem promovido, ainda que de forma imperfeita", por Antígona como uma figura "divisiva, vingativa e politicamente partidária".[17] Trata-se de ver *Antígona* desidealizada, na contramão de séculos de interpretações filosóficas, cristãs e românticas fixadas no "ardor pelo martírio". A leitura de Honig sobre *Antígona* faz dela uma peça que revela a origem de uma revolução que se transforma em feminismo.

OFÉLIA

Ofélia é a personagem mais famosa de Shakespeare e, mais do que emprestar a fama de *Hamlet*, peça onde ela surge como personagem secundário – como, de resto, sempre cabe a uma "mulher" –, afirma-se com uma expressiva recepção histórica, sobretudo nas artes visuais, onde aparece muito mais do que o príncipe alucinado pelo qual morreu, mas sempre romantizada como se o que ela tivesse vivido não fosse uma catástrofe.*

Nos últimos duzentos anos, a representação de Ofélia parece seguir certa unanimidade, Ofélia é representada como louca e morta.**

---

* Refiro-me àquelas leituras que apenas conseguem ver na imagem da ninfa aquilo que os homens disseram dela, a confirmação do desenho feito pelos homens de uma adolescente suavizada, adoecida, branca como a neve, nem que para isso tenha de usar o pó de Ofélia (Bram Dijkstra, em *Idols of perversity*: fantasies of feminine evil in fin-de-siecle culture. Oxford University Press, 1986, p. 46, conta que, nos anos 90 do século XIX, uma indústria de cosméticos francesa criou o "Poudre Ophélia", que foi um enorme sucesso). Busco, no entanto, uma leitura que faça desmoronar o romantismo que até hoje sustenta leituras como a de Giorgio Agamben (*Ninfe*. Torino: Bolatti Boringhieri, 2007), autor que não abre seus olhos para o problema interno à representação da ninfa no que tange à relação da imagem com a história das mulheres. Pensando na imagem e na imagem da imagem como toda a tradição, ele esquece da mulher e da escolha política em fazer da "imagem da imagem" a imagem de uma mulher. Vê na ninfa apenas a história da imagem enquanto modo de se dizer a si mesma sem perceber que seu discurso evoca a todo momento um referente ausente.

** Alan Young, em *Hamlet and the visual arts*: 1709-1900 (Newaer: University of Delaware

Loucura e morte compõem uma espécie de equação da representação de mulheres no século XIX.* Doença e morte, bem como o sono e morte,[1] compõem o cenário do "culto do invalidismo"** nas artes visuais daquele século. A morte das mulheres faz parte do imaginário dos homens num cenário de necrofilia cultural, de um "padrão cultural de se matar mulheres",[2] de uma história da arte que expõe o culto da mulher-cadáver.

Vários livros demonstram hoje o interesse analítico despertado no século XX pela imagem da moça nobre, louca e morta que se tornou perturbadoramente paradigmática tanto nas artes quanto no contexto geral da vida do século XIX. Ofélia tornou-se um modelo de mulher, tendo um ideal correspondente de beleza a ser seguido pelas moças na realidade. Serviu como um estranho paradigma: era o modelo das histéricas dos manicômios, que, segundo a psiquiatria vigente, deveriam copiar o comportamento de Ofélia.*** Ora, a loucura é um conceito

---

Press; London: Associated University Press, 2002. p. 279-345), traça um panorama geral das numerosas representações de Ofélia em pinturas, gravuras e ilustrações até o fim do século XIX e inícios do XX. Young mostra como a imagem de Ofélia a cada nova representação no teatro sofria modificações que tinham como objetivo comum suavizar os traços eróticos da jovem mulher, acentuar ou diminuir nela o peso da loucura, uma das linhas cruciais da idealização de Shakespeare. A pesquisa de doutoramento de Alex Miyoshi, intitulada *Moema é morta*: pintura e escultura na segunda metade do século XIX (Programa de História da Arte, Unicamp, Campinas, 2010), traz também um capítulo sobre a representação de Ofélia nas artes visuais, relacionando-a ao teatro. A ele agradeço por alguns dos importantes textos consultados para este livro.

* Sobre a loucura na literatura ver GILBERT, Sandra M.; GUBAR, Susan. *The madwoman in the attic*: the woman writer and the nineteenth-century literary imagination. New Haven: Yale University Press, 2000.

** Enquanto o século XIX representava Ofélia morta, o século XX a dissecou, de certo modo, pela literatura de comentadores, embora já houvesse à época uma autora, Abba Goold Woolson, que percebia aquilo que Dijkstra definiu como "culto da invalidez" (DIJKSTRA, Bram. *Idols of perversity*: fantasies of feminine evil in fin-de-siecle culture. Oxford University Press, 1986. p. 27).

*** Judith Wechsler, em seu artigo "Performing Ophelia: the iconography of madness" (*Theatre Survey*, v. 43, n. 2, nov. 2002. p. 216), levanta não apenas a questão da influência da personagem na cultura, mas a tão particular quanto curiosa história de Harriet Smithson, atriz irlandesa que se tornou sensação entre franceses pela naturalidade com que representava Ofélia. Segundo Wechsler, atrizes e diretores da época passaram a visitar asilos de loucos com a intenção de aprender um modo de ser com as loucas. No entanto, foram surpreendidos

amplo, cultural e político.[3] A loucura atribuída a alguém, e certamente a uma mulher, é sempre um mecanismo de controle, capaz de "neutralizar" a ação e a fala daquele que é considerado louco. A loucura das mulheres no século XIX, no contexto da histeria, é apenas um estágio preparatório da morte, ou sua eufemização. Há um interesse político no silenciamento das mulheres que é alcançado pela construção da loucura, mas ligado a ele há um interesse estético que pode ser apavorante e que remete a um questionamento sobre o desejo contido no ato de representar ao ponto de que a força e profusão dessa representação crie um tema clássico da pintura.*

Estranhamente, no entanto, o conhecimento sobre o tema não fez cessar sua aparição nas artes. Ainda hoje artistas – e, sobretudo, mulheres – representam a morte das mulheres, outras ou elas mesmas.** Esse interesse na representação de mulheres mortas no circuito geral da imaginação misógina revelada na história da arte obriga a pensar. Ofélia é a principal representante da pulsão feminicida, o "impulso assassino" próprio ao imaginário patriarcal, exposto na história dos textos, dos trágicos antigos aos modernos, assim como na pintura. Tal impulso corresponde a uma ideologia necrófila e, mais, necropolítica, ou ginecropolítica, no culto da mulher-cadáver amplamente difundido na história das imagens.

Que não haja personagem criado pela pintura, mas tão somente representações a partir dos textos literários, poemas ou romances, mitos, contos populares ou narrativas prévias é algo que faz pensar na função

---

com certa encenação das loucas à la Ofélia. A imitação de Ofélia por parte das loucas foi possível devido a certa difusão promovida pelos psiquiatras bardólatras quanto ao modelo Ofélia. Como se houvesse um modo de agir correto a ser seguido pelas mulheres loucas e que estava personificado em Ofélia. Um dever-ser extraído de uma "ser", eis o que significa a correspondência entre estética e ética. Uma falácia naturalista que entre o ridículo e a maldade típica do machismo não nos deixa espaço de decisão.

* Antes do século XIX, a pintura de Vermeer fetichizou a imagem da mulher, compondo-a em cenários domésticos – casa como túmulo? – como natureza morta, segundo Claudio Díaz em *Vermeer, o la mujer naturaleza morta* (Málaga: Universidad de Málaga, 2001).

** Cito apenas para não deixar de mencionar, já que não cabe no espaço deste trabalho, a obra da cubano-americana Ana Mendieta, morta em 1985, da americana Daniela Ediburg, da guatemalteca Regina Galdino, da espanhola Pilar Albarracín e do brasileiro Bruno Vilella.

da própria pintura ao criar imagens para representações que antes nascem no contexto da ação linguística aliada ao pensamento que vem compor o campo literário.* Que a história da pintura permaneça por mais de um século determinada por esse imaginário é algo que nos diz tanto da pintura quanto do olhar misógino e perverso que a constituiu enquanto iconografia em que a mulher não chega nem mesmo a ser "outro" como figura da alteridade, mas aquilo que se torna "objeto" do desejo de matar.**

A imagem de uma mulher não pode ser pensada como imagem universal de mulher como as leituras mais tradicionais e inevitavelmente essencialistas tentam fazer, mas deve ser tratada dialeticamente como *imagem de uma mulher**** *ou de mulheres.* Ofélia, como personagem, foi, ao mesmo tempo, imagem de "uma mulher" na visão de "um homem", e, se imagens não são apenas a cópia ou revelação do real, elas são também sua invenção.

Gaston Bachelard, em *A água e os sonhos*,[4] deu atenção à natureza de Ninfa de Ofélia: "A água é a pátria das ninfas vivas, é também a pátria das ninfas mortas. É a verdadeira matéria da morte bem feminina". Bachelard vê, "desde a primeira cena" entre Hamlet e Ofélia, o príncipe como uma espécie de assassino que chora a perda daquela a quem ele lançou o seu amor-ódio. Na crise de choro na cena do enterro, Lacan viu a inveja de Hamlet[5] em relação à dor de Laertes, irmão da morta, mas talvez a inveja seja em relação à própria Ofélia, que alcançou a morte, algo que o príncipe melancólico desejaria para si como uma

---

* Ao lado de Ofélia estiveram as representações de Elaine e Lady de Shallott a partir dos poemas de Tennyson, de Albina em *O crime do padre Mouret*, de Zola; Isabella, de Boccaccio e Keats; Matelda de Bordignon e várias outras, entre as quais não devem ser esquecidas as princesas adormecidas dos contos de fadas.

** Uma análise do "desejo de matar" de Hamlet se encontra em TIBURI, Marcia. *Complexo de vira-lata*: análise da humilhação brasileira. Rio de Janeiro: Civilização Brasileira, 2021. p. 84.

*** Refiro-me aos níveis de significação – significado fatual, significado expressivo, significado intrínseco ou conteúdo – tais como foram definidos por Erwin Panofsky e lembrados por Judith Wechsler em seu estudo Performing Ophelia: the iconography of madness. *Theatre Survey*, v. 43, n. 2, nov. 2002. Ver PANOFSKY, Erwin. *Significado nas artes visuais*. São Paulo: Perspectiva, 1991. p. 47-87.

libertação. O que dói não é perdê-la, mas saber de sua vantagem morrendo e se tornando protagonista por meio dessa morte. Hamlet, segundo Bachelard, segue "a regra da preparação literária do suicídio –, como se fosse um adivinho que pressagia o destino, sai de seu profundo devaneio murmurando; eis a bela Ofélia! Ninfa, em tuas orações, lembra-te de todos os teus pecados".[6] Ofélia é a Ninfa, Hamlet faz saber, a mulher jovem – no caso, uma "quase" mulher que é, antes de sua vida adulta, devolvida à natureza de ondina. Ninfa – nem bem mulher – depois de morta, "nunca mais mulher". Hamlet chama Ofélia de "Ninfa" quando a exorta ao convento/prostíbulo. Contenta-se com seu "sumiço". Ela irá até as últimas consequências dessa provocação com cheiro de ordenamento. Ninfa, diz Bachelard, ela deverá "morrer pelos pecados de outrem".

Ninfa é a mulher que, a rigor, ainda não é mulher e, na hipótese do coveiro que se pronuncia na peça, nem chegou a ser, pois, quando morta, já não é mulher. A correspondência entre a suspensão da Ninfa (nem bem mulher) e a morta (não mais mulher) vem à tona nos raciocínios do coveiro, um dos personagens reflexivos da peça. O coveiro, aquele que não mente sobre o suicídio que Gertrudes tenta ocultar, não entra no acordo entre o que é uma mulher e o que é a morte. Mantém a suspensão que é própria à Ninfa. Ele vê o significante mulher como algo que se pode dizer do vivente, não do corpo morto que está fora das relações, inútil e fora de qualquer jogo. O coveiro não é um nobre, nem mesmo um burguês; é quem, em uma classe social subalterna, cuida dos restos, dos conteúdos rejeitados e de sua verdade indesejável. Na suspensão da mulher ela encontra sua realidade de Ninfa: aquela que deve morrer e que, morta, atinge o ápice de sua descrição como coisa "suspensa", que caiu do galho de uma árvore e seguiu flutuando pela água.

Encarnação de um significante, ela é corpo literário, ideal da poesia, da prosa e das artes visuais. Libertar-se de seu complexo só é possível pela desconstrução do signo da "mulher morta" que ela é. A tragédia é a textualidade em que o culto à morte de uma mulher faz dela a forma artística do "assassinato de mulheres", ou seja, o assassinato enquanto forma. O desejo hediondo de matar uma mulher funda a história da política e a história da estética. Morte e mulher andam juntas no discurso literário e imagético patriarcal. A sociedade patriarcal espera suicídios e comete feminicídios imaginários e reais.

Como narrativa, Ofélia é também o mito do desejo feminino. O complexo de Ofélia é complementar ao mito de Édipo encarnado por seu parceiro de tragédia, o príncipe Hamlet. *Hamlet* é, segundo Freud, uma espécie de adaptação moderna de *Édipo*. A afinidade entre Édipo e Hamlet aparecerá em *A interpretação dos sonhos*[7] quando Freud comenta sobre o lugar do recalque ou da repressão na vida emocional da humanidade. Ofélia pratica o suicídio bem feminino de que fala Loraux: ela se suicida por Hamlet. Porém, cabe a ela a responsabilidade sobre seu suicídio, já que em nenhum momento a culpa é posta em ninguém mais além dela mesma, ainda que ela tenha sido vítima de violência psicológica, como é o caso. A noção de culpa aparece no discurso dos coveiros que desconfiam de seu suicídio, ou é posta na própria loucura, que, aliada à natureza, produz um acidente fatal, segundo o discurso da rainha Gertrudes.

Lacan fala de uma prisão no desejo da mãe que impede Hamlet de ser feliz, de amar Ofélia. Isso o desresponsabiliza em relação a ela, até porque o foco de sua vida é o heroísmo da vingança planejada pela morte do pai. O que Bachelard chama de "complexo de Ofélia" implica estar preso no desejo do homem e, portanto, numa posição secundária. O machismo de Shakespeare é o retrato da modernidade inteira, embora provavelmente quisesse apenas impactar seu público sedento por ver a morte de uma bela mulher em cena.

O complexo de Ofélia seria a prisão no desejo de um homem, ou a prisão no desejo patriarcal. O complexo de Ofélia simboliza um acordo no campo do desejo em que mulheres são negadas ou subordinadas, enquanto homens prevalecem como protagonistas. Lacan[8] tratou de Ofélia como "o falo", aquilo que Hamlet deveria ter para escapar do círculo mortífero do desejo da mãe no qual estava enredado. Sua leitura obriga a pensar no desejo do ponto de vista de um homem, como se o desejo não fosse mais que a cena onde se instaura a história de um homem. O desejo de Ofélia não entra em seu cálculo.

Ofélia está condenada ao casamento ou à morte. Assim como Antígona tentou escapar do casamento com Hemon pelo suicídio, Ofélia foge de Hamlet. Mortas, as duas heroínas são abraçadas e pranteadas depois de mortas. Mas Hemon pelo menos tem a coragem de matar-se, por isso Hamlet vai demorar muito mais para alcançar a morte tão desejada. Antes, ele precisa matar os outros. Não há saída, como não havia para Branca de Neve, que experimenta a morte e o casamento num estranho paralelo. O que a peça de Hamlet nos mostra é que a realização do desejo de um homem é a morte. A tragédia não seria mais do que a encenação do desejo de matar, que, deixado solto à própria sorte, não leva a outro lugar. A morte de uma mulher se destaca na cena do desejo porque é a sua verdade mais radical.

Ofélia é, enquanto personagem, a mulher feita para morrer. Ela representa o corpo biopolítico das mulheres buscando um lugar dentro da casa. Como um joguete entre homens, ela está entre o pai que a negocia, Hamlet que dela abusa e o irmão que por ela chora. Sua "loucura" é um adorno, assim como seu cadáver vestido entre flores flutuando na água.

Como Nicole Loraux alerta, não se pode perder de vista o caráter de texto da tragédia. Ainda que a encenação seja espetáculo para os olhos, "tudo passa pelas palavras, porque tudo se passa nas palavras, principalmente a morte".[9] Segundo Loraux, "tudo começa por ser dito, por ser ouvido, por ser imaginado".[10] Também a morte de Ofélia é dita como texto. Tanto o sacrifício das virgens quanto o suicídio das esposas não se apresenta nas tragédias senão como "narração". "A tragédia coloca as moças em cena apenas para delas tirá-las e para entregá-las, longe dos olhos, ao cutelo do degolador: execução escandalosa, ficção satisfatória narrada passo a passo pelos mensageiros em linguagem técnica cujas palavras carregam todo o peso do real", diz Loraux. Por isso, "faz bem matar as moças em pensamento, em narração",[11] e assim seguirão fazendo os escritores, artistas e cineastas ao longo das eras. Se, como diz Loraux, "recorrer à ordem da linguagem para matar Fedra ou Dejanira talvez seja uma das dimensões constitutivas do trágico em sua definição grega",[12] pode-se recorrer à ordem da linguagem para matar muitas outras.

A cena de Ofélia morta no rio não é descrita senão pelas palavras da rainha Gertrudes, que se torna a porta-voz da tragédia que estará, de uma vez, "sob o signo da escuta". Trata-se de um texto que conta com o sacrifício de uma figura que deve morrer, que se deseja que morra, ou que, morrendo, faz surgir a tragédia. O julgamento, o veredito, a sentença sobre a morte da outra têm seu lugar estético na tragédia, textualidade e performaticidade que carrega a moral da morte das mulheres. A tragédia apresenta a estetipolítica do feminicídio.

A forma nasce de um conteúdo, ela dá lugar a um conteúdo. "Imitar uma ação", prática mimética da ficção desde a Poética de Aristóteles,[13] pela qual se constrói a tragédia, pode levar à obra de arte ou ao crime. Entre a *poiesis* e a *práxis*, tudo é questão de suporte, tempo e contexto. Se a tragédia é pedagógica e catártica e ensina algo aos seus espectadores, o crime também deveria ensinar, pois ele mesmo é teatral e performático, ou seja, produz efeitos catárticos. Devemos concordar com Loraux quando fala de um "benefício imaginário muito real que estas mortes apenas ditas deviam trazer a um público de cidadãos". A "morte-narração"[14] presta-se mais a conjecturas, dirá Loraux, mas, ao mesmo tempo, a morte-narração está na vida, onde se fala todo dia das mulheres que morrem assassinadas por seus companheiros sem mais consequências.

Kaara Peterson investiga o que chama de "convenção" da "morte de uma bela mulher" e tem como foco a compreensão de uma "iconologia ecfrástica, na qual a invariabilidade verbal torna-se a intérprete do visual".[15] Peterson discute o caráter "elusivo" das representações de Ofélia, "corpo literário" que se apresenta nas representações visuais. Ofélia, como ela bem nota, é a todo momento contada, citada, referida pelas falas dos outros personagens, sejam Polônio, Laerte ou Hamlet, que a todo momento reconfiguram quem é Ofélia, o que ela quer, o que ela pode ser. Ofélia vem a ter sua vida inteira transformada na história de sua morte por meio do discurso de Gertrudes, que é, segundo Peterson, "a epítome da reconfiguração da realidade de Ofélia". Gertrudes relata uma espécie de "história ventríloqua", mudando o suicídio pelo acidente. A rainha esconde com seu discurso a tragédia, sem, no entanto, escondê-la; na verdade, o que ela faz é estetizar a morte da Ninfa, como em geral fazem os artistas. Os suicidas e suas famílias sempre foram vítimas de preconceitos jurídicos e religiosos. Peterson pretende que o caráter inconclusivo da morte de Ofélia assim como é deixado no texto de Hamlet é a chave de sua compreensão.* Esse "*gap*" não quer dizer pouco. É nele, intervalo entre os discursos, que se constrói a dúvida quanto à verdade da morte (que se torna a única vida) de Ofélia.

O corpo de Ofélia, portanto, na tese de Peterson, está suspenso entre os discursos de Gertrudes e os dos coveiros. Gertrudes discursa em torno de uma perda, sendo que ela mesma, ao narrar, eleva a perda à linguagem. Essa perda é repetitiva: primeiramente é o corpo morto de Ofélia que, elevado a discurso, revela o desejo de narrar. Ora, a perda é aquilo que justifica a narrativa, que dá sua forma e permite que ela seja também gozo sobre um conteúdo. Uma mulher morta é motivo de gozo literário para quem tem esse recurso, e nada impede que, na sua ausência, seja motivo de gozo iletrado.

Segundo Peterson, fomos ensinados a "ler" esse discurso da rainha como uma experiência visual, enquanto Shakespeare o tratou como reportagem. Aquilo que Gertrudes diz tornou-se cena em nossa memória coletiva. Passou a compor a memória visual de um tempo como a bela morte de uma moça apaixonada. Peterson insiste que Gertrudes enquadra Ofélia, torna-a "bela como uma pintura". Cita Bronfen,[16] para quem esse desejo de enquadrar significa "foracluir" uma reação ao discurso. Ou seja, criar a imagem com o objetivo de acobertar e interromper a pergunta que necessariamente se dirige ao discurso. A imagem de uma mulher morta em um quadro apenas nos faz ver que ela é morta. A imagem sustenta uma "verdade" que não permite o questionamento que seria inevitável para o discurso.

Nesse ponto, a relação íntima da representação pelo discurso e seu efeito e a representação pela imagem mostram sua notória solidariedade. Ambas estão envolvidas com a "redução da morte de Ofélia somente ao status de objeto verbal", que é logo transferido à objetificação pela imagem. A história narrada serve como o verbal-visual, verdade como o *eidos* platônico que os filósofos sempre almejaram contemplar. O corpo de Ofélia torna-se "objeto de contemplação" pela imagem que estava já desenhada no discurso ecfrástico de Gertrudes. Com a

* Que se lembre o *Dom Casmurro* de Machado de Assis e a inconclusividade da traição de Bentinho por Capitu.

imagem fica garantida a contemplação desse corpo que apavora em sua "instabilidade" provada pela inconclusão do discurso de Gertrudes e dos coveiros. A chance de tornar estável a instabilidade é o que encanta artistas visuais que a representam morta ou, louca, pronta a morrer. A imagem de uma bela mulher morta é a contemplação absoluta ou o "motivo mais poético do mundo" de Poe. O "puro olho do mundo", para usar uma expressão cara à estética de Schopenhauer. A mulher que pode ser contemplada é a morta, que só pode ser contemplada como morta.* A pintura elimina a reflexividade, não há nada mais a contar, como afirma Peterson. Nela se cala aquilo que a tragédia queria calar ao criar um discurso imagético. Uma completa a outra. O feminismo, nesse sentido, leitura que abre o que é visível com total descompromisso com a lógica das representações, é antitrágico e antipictográfico. Uma pura anatomia do discurso e da imagem feita pelos homens com o objetivo de "enquadrar" mulheres.

Sem narrar, a pintura demonstra a estase do corpo-mulher. Um corpo sem narrativa, sem história, reduzido à notícia de sua morte. Estase que permite sua configuração como objeto, bibelô fetichizado da contemplação. Quando toda morbidez deveria ser ocultada e, no entanto, apareceu. Como diz Peterson, Ofélia parece sentada em uma sala onde ela posa para uma pintura, mais do que vitimada em um fim violento. A mulher estática é a mulher morta que cabe à pintura representar no ideal poético da beleza do romantismo à la Edgar Allan Poe.

Peterson fala em "elisão" textual. Elidir é tanto fazer desaparecer quanto "deitar no chão". Elidir é o gesto essencial que está em jogo nas representações das mulheres. Não é apenas a morta, mas antes dela a

---

* Guimarães Rosa faz o mesmo com o corpo de Diadorim quando finaliza *Grande sertão: veredas* (GUIMARÃES ROSA, João. *Grande sertão*: veredas. Rio de Janeiro: Nova Fronteira, 1986). Pela narrativa ele consegue seu momento máximo na cena trágica em que se "enquadra" Diadorim como corpo de mulher morta a ser contemplada. É nesse enquadramento pela narrativa de memória da imagem de uma mulher morta que ele como que a transforma em mulher após todo um processo narrativo em que essa mulher é ocultada sob as vestes de um homem. O contrário também é válido. Diadorim é enquadrada e assim revelada, enquanto antes era escondida, porque é mulher e só assim pode ser vista. Como se, por ser mulher, não lhe coubesse outro destino no contexto da narrativa. Também Guimarães Rosa atinge o "ápice" da beleza poética como indicada em Poe.

"deitada",* a inválida e a doente para a morte que é elidida. Contudo, na elisão presentificada, a imagem de uma mulher é ela mesma a figura do estado de exceção.

* Refiro-me não apenas àquela que dorme, mas a uma segunda, a que é caçada, derrubada e eviscerada. Ver a primeira na análise de DIDI-HUBERMAN, Georges. *Ninfa moderna*: essai sur le Drapé Tombé. Paris: Gallimard, 2002, e a segunda em *Venus rajada:* desnudez, sueño, crueldad. Madrid: Losada, 2005, a respeito das pinturas de Botticelli sobre "Nastagio Degli Onnesti".

DIADORIM

Diadorim é a emblemática personagem da obra de Guimarães Rosa, avatar da donzela guerreira, símbolo de uma forte renúncia, por assim dizer feminista, aquela que se faz na negação do feminino para viver na liberdade do além-do-sexo. A análise da personagem permite avaliar a relação entre corpo e poder como fundamento da história conhecida da dominação de gênero. Diadorim é uma figura dupla: homem e vivo enquanto vestido, mulher e morta no advento de sua nudez, Diadorim fará parte de uma história arquetípica do tropo da mulher/morta. Ela é a "mera vida" ou a "vida nua" que comparece na análise biopolítica contemporânea. A função da textualidade no patriarcado é tanto gozar sobre o corpo morto de uma mulher quanto devolvê-la à sua suposta natureza doméstica e antipolítica.

A questão posta por Nicole Loraux acerca das modalidades da morte de mulheres nas tragédias gregas serve-nos neste momento para pensar a morte de Diadorim no desfecho semifinal de *Grande sertão: veredas*, de João Guimarães Rosa. A morte das mulheres, segundo a análise de Loraux, se torna visível pela fala de homens. Inscrita no discurso dos homens e para seu deleite estético, essas mortes dizem tudo sobre a vida das mulheres.

Loraux declara que na tragédia, por seu evidente caráter textual, tudo se passa pelas palavras e, sobretudo, a morte. Morte que deve "começar por ser dita, por ser entendida, por ser imaginada – visão nascida das palavras e sustentada nos olhos".[1] Interpretando a tragédia como um evento sonoro, como a audição de uma fina leitura, não apenas um espetáculo, como processo de compreensão discursiva e não apenas imagem, Loraux leva a atenção para o caráter literário e simbólico das mortes das mulheres nas tragédias. A morte de Diadorim, apresentada pelo discurso de Riobaldo, parece ter o mesmo sentido que a morte das mulheres na tragédia. Também ela é a bela morte de uma mulher, dita e feita no discurso de um homem com o "benefício imaginário"[2] que lhe é próprio.

Em que pese a diferença de cada uma das mortes dessas mulheres, todas levam a pensar no estatuto patriarcal do imaginário presente nos textos. O que une a tragédia grega ao romance de Rosa é o mesmo motivo sobre o qual devemos prestar atenção: a morte narrada é sempre a morte de uma mulher. Há, na interpretação da filósofa helenista, um modo de morrer masculino e um modo de morrer feminino que determinam papéis de gênero. Certo é que a morte dos homens também é narrada, mas, enquanto ela os faz heróis na transcendência da mera vida, a morte das mulheres não as torna heroínas, antes serve para recolocá-las em seu lugar, o de ser doméstico vivendo na penumbra da casa. Devolvê-las ao lugar de onde saíram, à sua "natureza de mulher", eis o papel da morte na tragédia de um modo geral, segundo a visão de Loraux, e, a meu ver, da morte de Diadorim.

A mesma garantia de sucesso literário da fórmula de Edgar Allan Poe de que "a morte de uma mulher é o motivo mais poético do mundo" é o que se vê em *Grande sertão: veredas.* A velha tradição textual realizando sua fenomenal função de assassinato na intenção do gozo estético. Diadorim "morta", momento apoteótico da narrativa, é o desfecho da lei à qual Diadorim está abandonada. Na analogia entre texto e lei, uma mulher pode ser morta na literatura de ficção (ou no cinema, ou nas artes visuais). Sua morte é "bela", esteticamente viável e politicamente aceitável. Toda estética tem sua política e vice-versa. Se a escritura tem o estatuto de lei sendo ponte entre realidade e ficção, a fartura da temática da "mulher morta" em todos os campos das artes não é simplesmente inofensiva no contexto da constante cultural que é o assassinato de mulheres. Há uma solidariedade entre realidade e imaginário que não deve passar despercebida.

Afirmar que homens escreveram sobre mulheres mortas com intenção de gozo estético não é um exagero. A semelhança entre discurso e violência não é, no terreno da arte e da literatura, da ordem da mera coincidência. Trata-se, neste momento, de pensar a questão biopolítica no sentido do "investimento sobre o corpo vivo, sua valorização e gestão distributiva de suas forças", segundo a definição de Foucault,[3] da qual o discurso e a imagem são as mais naturais das armas.

A força do lugar-comum não elimina a diferença entre as mortas gregas, princesas e rainhas, e a cangaceira do sertão mineiro. As gregas morriam na cama, suicidavam-se por seus maridos ou eram sacrificadas por motivos religiosos. Mulheres mortas no parto não contavam, vazio de tensão política. Contudo, é preciso notar que, no circuito feminicida, o que parece uma simples atividade orgânica, própria da vida das mulheres por oposição à vida dos homens, é, de fato, política na vida real na medida em que faz parte do cálculo sobre a vida nua na maternidade compulsória do sistema.

De fato, nenhuma das personagens gregas jamais morreu em combate como Diadorim. No entanto, permanece a simetria dos motivos, a maneira como morre Diadorim, ainda que em luta de morte com Hermógenes:* ela não sai em posição de destaque como vencedora

* Diadorim é personagem multifacetado. Urobórica encarnação da dialética, da ambiguidade, do princípio da duplicidade que organiza o mundo na unidade tão impossível quanto almejada, encarnação da donzela guerreira, da crise do paradigma sexual e do amor platônico a um só tempo. Figura da androginia e do que Mircea Eliade chamou "o mistério da totalidade" (*Mefistófeles e o andrógino ou o mistério da totalidade.* São Paulo: Martins Fontes, 1999. p. 77), em que essência e aparência, masculino e feminino, homem e mulher, bem e mal, anjo e demônio, se associam na explicação do mundo, Diadorim realiza sua morte num momento muito especial e significativo: junto da morte de Hermógenes, infinitamente mais humano e menos divino do que Riobaldo, o princípio demoníaco explícito, que também a feriu e que, como seu negativo, é o outro lado que se associa a ele na maleável Banda de Moebius, a leminiscata (UTÉZA, Francis. *João Guimarães Rosa:* metafísica do *Grande Sertão.* Tradução José Carlos Carbuglio. São Paulo: Edusp, 1994. p. 422), que, finalizando o romance, também sugere um método de leitura em que é preciso voltar sempre atrás, numa espécie de ritornello para entender o que aconteceu. Riobaldo é, nessa história, o inventor e o testemunho do laço do amor, da racionalidade, da civilidade, da linguagem e que, por meio de Diadorim – ela é *meio*, talvez o que Riobaldo chama "homem humano" e "travessia"

ou como heroína. O fato de ter morrido enquanto matava o temível Hermógenes é apagado no deslumbramento de Riobaldo diante de seu corpo feito cadáver.

Loraux fala do "benefício imaginário" que tais mortes ditas causam a um público de cidadãos. As mulheres serviram de matéria à imaginação mórbida dos homens. Lida com base no gozo estético que só uma cultura patriarcal pode sustentar, ela mostra pouco. Prazer estético e erótico também não dizem muito, além de que o patriarcado seja perverso e que a questão se esgote na explicação por "coisa de homem". A hipótese do "logocentrismo" e do "falocentrismo", bem como do "fonocentrismo"[4] que definem o sentido de uma "violência da letra" pode nos levar mais longe na intenção de compreender o sentido do próprio texto.

Características da narração de Riobaldo, o falo-logo-fonocentrismo vem garantir o caráter prescritivo de uma fala que, ao se pronunciar, estabelece uma espécie de "lei natural". Na forma de verdade inquestionável por sua simples apresentação é que aparece o corpo morto de Diadorim como uma espécie de emblema por meio do qual a "mulher" é finalmente marcada ou aparece a partir de sua marca. Na posição de narrador romântico da morte de sua musa (aquela que o leva a contar), Riobaldo é mais um dos representantes da necrofilia epistemológica que pesa sobre as mulheres. Necrofilia que se eleva à imagem e texto, que se alça à posição de escritura. E lei. Na cena da morte de Diadorim, temos a continuação histórica da condenação à morte dada *na* e *pela* ficção. Tragédia, romantismo e simbolismo unem-se no espetáculo da morte das mulheres* das quais Ofélia, morta na água, é a grande

---

ao final do romance, mas também é fim segundo o primeiro final, o semifinal do romance (GUIMARÃES ROSA, João. *Grande sertão*: veredas. Rio de Janeiro: Nova Fronteira, 1986. p. 531) –, é a contraposição direta a Hermógenes, personagem que simboliza a barbárie, a imoralidade, o mal maligno que destrói sem reconstruir o que destruiu.

* A propósito, ver a dissertação de mestrado de Ellen Guilhen, *A morte de Ofélia nas águas:* reflexos da personagem de Shakespeare na poesia simbolista brasileira, na qual a autora analisa a sobrevivência da imagem de Ofélia morta nos poemas de Valentim de Magalhães, Cruz e Sousa, Alphonsus de Guimaraens, Guerra Duval, Alceu Wamosy e outros. Ver também o anexo com poemas ofélicos em diversas línguas (IEL, Unicamp, Campinas, 2008).

musa. Diadorim, morrendo na seca do sertão, deve ser o seu oposto complementar.

O corpo exposto de Diadorim é corpo marcado. Como emblema da duplicidade, Diadorim é duplo que mostra e esconde. Aparecendo como mulher e morta, ele desaparece como homem vivo. Mas não simplesmente, pois a "dia-lética" – própria ao nome de *Dia*dorim – implica que o homem vivo é, em convenientes termos hegelianos, suprassumido na "mulher". Nesse sentido há uma significação ocultada que Riobaldo não pode ver.

> Aquilo que Riobaldo toma como significação do nome não corresponde ao que o nome está designando no secreto, a significação ocultada da mulher. [...] O nome "Diadorim", assim, não só significa a si, na aparência enganosa, mas também a irrupção do duplo em Riobaldo: (não)-ser, ausência, mas também figuração de significação essencial, verdade.[5]

Ou seja, há algo que se mostra e algo que se oculta ao mesmo tempo.

O que é ser homem / o que é ser mulher? É a pergunta que surge na forma de uma dupla banda diante da aparição de Diadorim como corpo de mulher morta. Neste ponto é preciso propor uma leitura que compreenda a função dessa morte no contexto de um par categorial: escamoteamento/revelação em que a questão da sexualidade vai bem mais longe do que a de um efeito "divertido" no qual a oposição entre sexo masculino e feminino seria "irrelevante".[6] De fato, o desejo homossexual é confessado e justificado durante toda a narrativa de Riobaldo. Contudo, se, de um lado, Riobaldo pode ficar na indecidibilidade edipiana, de outro, a morte de Diadorim oferece uma espécie de perdão heterossexual a Riobaldo, que até então se debatia com o seu "desejo encoberto",[7] com aquilo mesmo que fica claro, nas palavras do romance,

> [...] eu mesmo não entendia então o que aquilo era? Sei que sim. Mas não. E eu mesmo entender não queria. Acho que. Aquela meiguice, desigual que ele sabia esconder o mais de sempre. E em mim a vontade de chegar todo próximo, quase uma ânsia de sentir o cheiro do corpo dele,

dos braços, que às vezes adivinhei intensamente – tentação dessa eu espairecia, aí rijo comigo renegava.[8]

Mesmo que se possa com isso dizer que, na verdade, a questão do amor entre os dois jagunços esteja para além da oposição entre os sexos lançada no universo da metafísica, é um fato emblemático do texto que Diadorim feito *mulher/morta* redime Riobaldo de seu desejo, dos "vícios desencontrados", com o sacrifício daquele mesmo que ele desejou. De resto é confirmada a lei do patriarcado: quem paga a conta do desejo masculino é o ser heterodenominado pelo patriarcado como "mulher".

É justamente nesse sentido que a posição romântica de Riobaldo, no viés de um falocentrismo, vem revelar o que importa em um primeiro momento. O caráter proibido – ainda que confesso – do desejo do narrador, que tinha representado até então um ganho crítico do personagem em relação à moral heterossexual, cai por terra no momento da exposição do corpo morto sacrificado. A morte de Diadorim surge como solução de Rosa para dar ganho de causa à tradição: pois que a figura de Diadorim mulher/morta é o emblema que tanto vem revelar o desejo de um homem por uma mulher quanto vem "tapar" o desejo do homem por outro homem.

É o amor pela mulher/morta que, revelando um segredo, escamoteia ao mesmo tempo a homoafetividade de Riobaldo com a qual ele lutou até o fim, heterodenominando com a arma do discurso seu desejo como da ordem de algo "diabólico", um afeto "dum jeito condenado".[9] Se as mulheres tais como Maria Bonita[10] teriam sido introduzidas no cangaço real para evitar qualquer desconfiança de homoerotismo,* Diadorim – que não é mulher, lembremos, senão quando se revela seu corpo morto – acabaria tendo uma função dupla: enganar o cangaço de sua masculinidade absoluta, mas, por outro lado, levar o homoerotismo até uma tensão que culmina com uma espécie de sacrifício do objeto

* Ver o artigo de Márcia Marques de Morais "Coração mistura amores": o desejo deslocado nas veredas do *Grande sertão*. *In:* FANTINI, Marli (org.). A *poética migrante de Guimarães Rosa*. Belo Horizonte: Ed. UFMG, 2008. p. 91-109. Nesse artigo, a autora enfrenta a questão do desejo remetendo ao fato de que Riobaldo só assume seu amor quando o percebe "encoberto de amizade" e retira, assim, a análise do moralismo com que muitas vezes foi tratada.

desejado. O homoerotismo (homossexualidade ou homoafetividade) aparece apenas para que possa ser negado. Uma revolução sexual em nome da homoafetividade se anuncia e é, no instante derradeiro, negada. Como que julgada durante todo o texto feito lei, ela é condenada enquanto, ao mesmo tempo, uma espécie de redenção heterossexual é alcançada com a imagem do corpo morto de Diadorim.

A negação da homossexualidade é paralela à armadilha antifeminista: a isca é o corpo-mulher, o corpo que só pode aparecer como mulher enquanto morta. Ou de um homem que, ao ser morto, aparece como mulher. O corpo de mulher morta é, nesse caso, o desfecho de uma lei a ser cumprida. O corpo de mulher parece para sempre subjugado ao destino – a uma lei ditada pelos homens. A lei que é o próprio patriarcado, do qual o texto é o lugar-comum.

A revelação da mulher/morta é também a morte do objeto do desejo. Ela tem a função de liberar *o* desejo enquanto libera *do* desejo. Uma mulher morta é um tipo específico de objeto, a mulher em sua condição de objeto puro. Não mais passível de um ato sexual que implicaria a heterossexualidade a ser provada, é a prova mesma do triunfo da heterossexualidade, que, tendo sido posta à prova durante todo o livro, não precisaria mais provar a si mesma, estaria desincumbida de provar-se, livre do peso de provar-se. Assim, é o corpo morto de mulher que salva o jagunço de seu desejo heterossexual quando, ao mesmo tempo confirmando o prévio e autoafirmado amor homossexual, o livra de assumi-lo. De fato, é verdade que, ao mesmo tempo que o libera da mulher, libera-o também do homem, enredando-o para sempre nessa mulher-homem, nesse homem-mulher. Libera-o do sexo lançando-o na sexualidade impossível e transformando, assim, a inação sexual em potência absoluta da sexualidade.

O amor sinuoso dos personagens é homossexual até render-se numa espécie de "heterossexualidade compulsória".[11] Riobaldo recebe dessa morte a autorização para amar, mas apenas porque o objeto de seu amor foi desnudado em uma verdade que lhe favorece. Assim ele ganha o amor enquanto é, ao mesmo tempo, logrado no desejo. Ao fim, o ganho é do sujeito patriarcal (sempre moral) e não do sujeito do desejo que seria finalmente liberto. O amor não passa, nesse caso, da miséria moral autorizada contra o desejo em relação a um objeto proibido. A perda maior, no entanto, é do sujeito feito objeto do patriarcado: Diadorim surge como figura enganadora, sendo lograda por sua própria morte ao não dispor de si mesma.

Se Diadorim se inscreve nesse curioso *lugar* da mulher/morta, não se trata apenas do papel da morte para uma mulher (o de fazê-la voltar à casa), mas muito mais o que está em jogo é o papel da mulher: o de morrer. Daí que Diadorim apareça como "mulher" apenas quando "morta". A morte, nesse caso, não é apenas um meio para que ela volte à casa, mas aquilo que lhe cabe enquanto mulher. Em outras palavras, não é, no caso de Diadorim, apenas uma mulher que é morta, mas, como precisamos ver, que alguém de quem não sabemos que seja mulher até o fim da leitura só é mulher uma vez que morta, ou seja simultaneamente mulher e morta. Alguém que pretendia parecer homem, vestindo-se, agindo, falando como homem, surge como que "castigado" no ato mesmo de ser "devolvido" ou "abandonado" à verdade que é também lei da natureza.

Diga-se de passagem, natureza morta, enquanto todas as demais personagens do livro de Rosa mantêm-se vivas. Elas são emblemas de papéis femininos: moças casadouras, prostitutas, adúlteras. A pergunta pelo motivo da morte de Diadorim é primeiramente banal e se dissiparia elegendo o direito do autor de construir seu personagem trágico. Mas por que Diadorim pertence à tragédia e não ao drama, no qual o herói supera a si mesmo ensinando algo a seus leitores/espectadores? O corpo morto de Diadorim é uma figura fundamental da mera vida ou vida nua. A mera vida natural sujeita à matabilidade pelo poder. Ora, o patriarcado é a permanência dos *Arcana Imperii*, e a mulher é a figura principal da matabilidade. O texto falocêntrico é sua arma simbólica. Diadorim, entre tantas outras, é confirmação desse paradigma político.

Como mulher/morta, Diadorim é emblema da mera vida. Ela dá a pista sobre sua condição de "mera vida": "Não posso ter alegria nenhuma, nem minha mera vida mesma, enquanto aqueles dois monstros não forem acabados".[12] O que se confirma em Riobaldo: "Enquanto os dois monstros vivessem, simples Diadorim não vivia".[13] Em função de sua vida de jagunço, o que ele não tem é sua "mera vida" de mulher.

Diadorim é personagem trágico, e mais do que personagem, o "emblema trágico" que se sobrepõe ao "emblema jagunço"* no ato de sua morte. Sua morte tem caráter de transfiguração: ela passa do "emblema jagunço", definido em sua vestimenta, ao que chamarei de "emblema nu", o que significa que, mais do que desvelamento, é uma outra vestimenta que vem lhe definir desde que ela retirou sua "pele" de jagunço.

Pode-se dizer que é vestido de uma nudez de mulher na cena final, na inevitável leitura retroativa que o livro impõe, que se sabe também por retroação que Diadorim é "travestido" de jagunço. É como se Diadorim estivesse vestido de uma enganação, mas uma enganação nada gratuita, já que é de homem/jagunço que ele se disfarça, se camufla para poder viver como homem, o que, na prática, Diadorim é. Isso nos permite pensar que Diadorim é tão homem, tão identificado com a sua condição de homem (Riobaldo se refere a ele sempre como "ele" ou simplesmente Diadorim), que é evidente que ele se torna mulher apenas por um instante quando aparece morto. E como mulher-morta, como que transformado em não-ser.

O corpo morto de Diadorim aparece como epifania e apoteose. Que sua aparição convoca ao cancelamento de qualquer pergunta, como se uma resposta estivesse dogmaticamente em cena na equação que une morte/nudez/verdade: podemos assumir que um significante novo – o corpo de mulher morta – trouxe-nos um outro significado – o que era homem era falso e o que é mulher é verdadeiro – e manter a leitura patriarcal/logo/fono/falocêntrica que apaga o significante em nome de um significado, ou pensar que o significante se revela em sua condição de escritura, em seu devir significante, revelação em si mesmo – o corpo morto é mulher revelada enquanto devir de um homem que, ele mesmo escritura, ele mesmo emblema, não deixa de ser homem ao longo do texto. O que implica que a imagem da mulher-revelada é tão verdadeira quanto a imagem do homem até então mostrada. Assim faria sentido

---

* Segundo Leonardo Vieira de Almeida, "O emblema trágico se compõe a partir da tensão que se estabelece entre os símbolos que configuram a ordem da barbárie, a lei jagunça, e o corpo que não deixa de revelar e esconder os traços da *philía*". ALMEIDA, Leonardo Vieira de. Diadorim: o pacto como emblema trágico do corpo. Disponível em: http://www.filologia.org.br/ixcnlf/7/01.htm. Acesso em: 10 maio 2025.

a ideia de que Diadorim é "operador metalinguístico".[14] Um operador que se estabelece pelos jogos de sentido em que se expressa a passagem da designação à significação. Essa leitura, no entanto, implica quebrar o pacto patriarcal rumo a uma leitura feminista sempre atenta ao modo como se representa uma mulher.

Duas hipóteses, nesse caso, devem ser consideradas: ou bem Diadorim é mulher e seu travestimento de jagunço é engano e sua nudez é verdade, ou, como é preciso levar em conta desde que essa roupa era um véu (e o fim do livro não acaba exatamente em sua morte, o que também convida a continuar a pensar...), Diadorim não é exatamente mulher e sua roupa de jagunço coube-lhe muito bem. Diadorim não foi mulher durante todo o texto narrado, senão ao final, e mesmo assim sob o signo da perplexidade, quando, então, precisamos redobrar a atenção ao discurso de Riobaldo. Riobaldo, ao ver o corpo morto, diz que "Diadorim era o corpo de uma mulher, moça perfeita".[15] Nessa primeira frase ele trata de Diadorim como "o corpo de uma mulher", objetivando uma característica de seu amigo. A constatação vem na hesitação que opera o tempo da torção na própria ideia. Riobaldo segue em sentenças tão explicativas quanto marcadas pela surpresa: "Ela era". "Diadorim era uma mulher". "Diadorim era mulher como o sol não acende a água do Urucuia [...]". Percebendo a finura dessas declinações, Riobaldo demarca, ele mesmo, a pista: a distância entre Diadorim que ele conheceu como jagunço ("Meu corpo gostava do corpo *dele* [...]"[16]) e esse corpo revelado até que possa afirmar com certeza "Diadorim era mulher". É como se a dúvida (a "duvidação") não cessasse até que fosse preciso assumir esse fato cuja torção, naquele momento, é desfeita.

Diadorim vestido de homem,* com sua vida de jagunço, é emblema da diferença sexual, por oposição a seu corpo morto, emblema

---

* A pergunta "o que é ser homem?" cabe à relação Riobaldo-Diadorim, e não é apenas análoga à pergunta "o que é ser mulher?", à qual Diadorim não serve de resposta simples, mas entre elas há uma relação de copertencimento. Durante todo o romance, Diadorim é menino e moço: "era um menino bonito, claro, com a testa alta e os olhos aos-grandes verdes" (GUIMARÃES ROSA, João. *Grande sertão:* veredas. Rio de Janeiro: Nova Fronteira, 1986. p. 86). "O moço, tão variado e vistoso, era, pois sabe o senhor quem, mas quem, mesmo?

da identidade à qual ele é devolvido na forma de mulher morta. Essa mulher/morta é como que a vítima da racionalidade identificatória, criadora e devoradora da diferença, própria do pensamento patriarcal. A esquizofrenia da razão está sempre lançada sobre Diadorim em todo o discurso de Riobaldo. Morta, ela encarna a impossibilidade de que uma mulher exista no mundo masculino. Ao voltar à condição de mulher, ela não existe senão como corpo morto. Seu destino, como para toda mulher, é estar condenada à sua *zoé*, proibida de participar da vida qualificada dos homens, do *bíos*. A razão patriarcal é, por princípio, pigmaliônica: constrói modelos de mulheres para amar e odiar e, de qualquer modo, assassinar. Constrói heteronomamente a essência da mulher que Diadorim mostra em sua inteira verdade de *zoé*, ou seja, como mera vida exposta em sua matabilidade. Diadorim, sendo a própria leminiscata, representa a duplicidade que se recusa a estancar seu processo. O "tornar-se mulher" acontece como um cancelamento da vida exposta na forma de uma nudez imediata. A nudez de uma mulher morta. A mulher que Diadorim é está oculta sob uma relação homossexual. A heterossexualidade compulsória revela uma mulher morta. Ela se revela como destino das mulheres no patriarcado, seu único direito e sua legitimação.

Em termos ético-políticos, o motivo pelo qual Diadorim será morta está ligado à insubmissão às regras da identidade. Ao fato de que ousou sair de seu papel de gênero, praticar a diferença em sua ação. A morte de Diadorim justifica-se, assim, na transgressão das regras, na queda na *hybris* que caracteriza o herói trágico sempre vitimado pelo destino que as mulheres de *Grande sertão: veredas* não ousam combater: permanecem no papel que lhes concerne, seja o de prostituta, seja o de esposa, seja o de noiva.* Essa regra, a de ser mulher, envolve um papel: uma

---

Era o Menino!" (p. 118). E depois macho: "Eh, ele sabia ser homem terrível. Suspa!" (p. 136). Desse modo, percebe-se que a questão de que Diadorim seja "mulher" é bem menos importante do que a questão de sua "dessemelhança" ("Ele, o menino, era dessemelhante, já disse, não havia minúcia de pessoa outra nenhuma. [...] Eu queria que ele gostasse de mim" (p. 87). De sua "diferença": "Sou diferente de todo o mundo. Meu pai disse que eu careço de ser diferente, muito diferente" (p. 92). De seu caráter "singular" (p. 134).

* Cleusa Passos, em "Diadorim: dia da lua" (*In*: FANTINI, Marli (org.). *A poética migrante*

vestimenta, um comportamento. Diadorim usou outra roupa e agiu de outro modo, transcendendo o papel a que tinha sido destinada por certa anatomia. Assim, teve que pagar com a vida, na "matabilidade" da "mera vida" contra a qual tinha se colocado ao ser "outro" que apenas mulher.

A encenação da morte, o fato de que ela se torne visível, é a chance, diz Loraux,[17] de pensar a diferença dos sexos, o que vale especialmente para o caso de pensar a diferença sexual *em* Diadorim, cuja vida é dividida em dois momentos: vida qualificada (homem e vestida) e vida desqualificada (mulher e morta). Que a revelação de sua condição de mulher se dê no instante de sua morte coloca em cena este significante histórico que desde Aristóteles divide a política em dois territórios: ao homem cabe a vida. Vestido de guerreiro, lutando pela liberdade, o homem é a vida qualificada que os gregos chamavam de *bíos* e que se relacionava à experiência da pólis. À mulher cabe a morte, a nudez, a imobilidade da mera vida que os gregos chamavam de *zoé* e que diz respeito à experiência do *oikos*, ao qual também Diadorim é devolvida quando morta e encomendada pela curiosa figura da mulher de Hermógenes, que Rosa grafa como a Mulher com M maiúsculo.

Noutro sentido, sua condição matável, de *res*, mera vida, permanece em outra chave. Daniel Lins, interpretando o cangaço, oferece mais um aspecto que devemos trazer para a compreensão da imagem de Diadorim. Trata-se do "encontro marcado com a morte"[18] com o qual podemos pensar a luta de Diadorim com o próprio Hermógenes. Analisando o que ele chama o aspecto "*Western* americano" do duelo do filme *O cangaceiro,* de Lima Barreto, ele cria a tese de que "a conquista do feminino só pode terminar com o encontro marcado com a morte" como "tributo a pagar, antes do encontro final, do face a face entre os homens, como última cumplicidade".[19] Lins coloca em cena a questão da "territorialidade masculina, fora do alcance das mulheres", que deve aqui

---

de Guimarães Rosa. Belo Horizonte: Ed. UFMG, 2008. p. 64-90), analisa a personagem de um ponto de vista bem diferente. A autora rastreia no texto os sinais de feminilidade (discurso e comportamento) de Diadorim antecipando em sua interpretação o saber sobre sua condição de "donzela" e, de certo modo, comparando-a às demais personagens (Nhorinhá, Otacília), numa prefiguração da disputa feminina por um homem, no caso Riobaldo.

ser considerada na interpretação da necessidade de matar Diadorim, ou de representar Diadorim como mulher apenas quando morta. Pois, na luta com Hermógenes, Diadorim ainda é homem. Se a entrada da mulher no cangaço mudou o destino de algumas sertanejas,[20] se Lampião subverteu a ordem ao "ignorar a tradição", promovendo uma "revolução feminina" do cangaço, Diadorim, contudo, podendo pertencer ao cangaço apenas na figura do "guerreiro" e ocultando sua condição de mulher, não será parte dessa revolução. Ela é uma figura da exceção.

O motivo para a aparição do corpo-mulher morta vai além de salvaguardar a tragédia como relação humana com a morte, sempre dependente do final infeliz na catástrofe do percurso de seus heróis. A morte de uma pessoa como Diadorim oferece literariamente o espetáculo do seu corpo. Seu segredo – no caso, um segredo sexual e corporal – é dito apenas na morte que é consubstancial à sua nudez. Morte/nudez/mulher, eis a tríade que revela a verdade da cena da "verdade" de Diadorim. Diadorim é a vítima da reposição do papel feminino ao seu posto de coisa doméstica. Reposição que se dá por meio da revelação de um segredo – feito verdade – capaz de refazer o sentido inteiro da história. Que o segredo de Diadorim esteja marcado em seu corpo e que essa marca seja sua condição de mulher – em que o sexo é marca – é o que o final do livro, como toda a tradição patriarcal, não deixa de referendar. Tal segredo é a redução de uma mulher ao seu corpo – e desse corpo a cadáver. Emblema da matabilidade da mera vida.

Diadorim não protagonizou sua própria história senão pela vontade da fala de Riobaldo. Na condição de "neblina",[21] ela é ofuscamento, como um objeto cuja característica é não chegar a uma forma definitiva. Objeto que escapa enquanto objeto e que só será capturado quando imagem de um corpo morto, momento em que se faz objeto total, o corpo-cadáver que interessou ao paradigma racionalista da ciência moderna baseada na relação sujeito-objeto, o mesmo que separa corpo e alma e que sustenta tanto o caráter da escritura quanto a leitura simbólica e metafísica da obra de Rosa. A mulher/morta é a mulher-objeto que, no senso comum, há muito virou piada. Na prática, ela é oposição a um homem-sujeito. O par Riobaldo/Diadorim é o par sujeito/objeto. Tal conceito de mulher-objeto é explicativo de uma longa história de gênero que a literatura tanto ajuda a construir, como, apenas tardiamente, começa a verificar.

Observada de um ponto de vista político, a androginia de Diadorim corresponde ao homoerotismo de Riobaldo, do qual ele é rendido no ato mesmo da devolução de Diadorim à casa e à condição de mulher pela morte. A morte é, nesse caso, o caminho por onde a aliança entre gênero e natureza se refaz para alguém que, mera vida matável que ousou transgredir uma regra, precisa ser incluído no lugar da vítima, ou seja, na imagem da mulher/morta. Mas é possível pensar ainda um pouco mais sobre essa armadura que oculta seu corpo de mulher: travestida de jagunço, a "Donzela Guerreira" – Atena aviltada* – poderá entrar no bando dos jagunços, fazer "bando" com eles e participar assim da vida política que sua condição de "mera vida" ou "vida nua" não permite.

Se Diadorim é realmente uma apresentação da *coincidentia oppositorum*,** não se deve ver nela apenas a mulher morta, mas o símbolo de alguma coisa transcendente.*** Minha intenção não é simplesmente descartar a leitura simbólica. Contudo, essas abordagens escamoteiam

---

* O capítulo "O par escamoteado" do livro *A donzela-guerreira:* um estudo de gênero, de Walnice Nogueira Galvão (São Paulo: Ed. Senac, 1998), fornece-nos o argumento que permite inscrever Diadorim na linhagem de Palas Atena. Galvão fala de "uma imaginária partenogênese masculina", que cabe bem à figura de Diadorim, filha de um pai sem mãe, de um pai que, como ela, aparece como virgem (p. 139-144).

** Conceito desenvolvido por Nicolaus Cusanus a partir de uma vasta tradição que envolve a filosofia desde seu nascedouro, propõe que se a pense a partir do que ele chama uma "fase pré-sistemática do pensamento", ou seja, que se analise a fase pré-histórica do princípio quando ainda não tinha sido filtrado pelo *logos* racionalizante. Mais teológico que filosófico, ou filosófico no lugar onde a razão se ocupa da fé e suas manifestações antropológicas, a *coincidentia oppositorum* é, segundo ele, a tentativa da totalidade que seria a forma da realidade última. Tal realidade última, à qual podemos nos referir, como Eliade, pelo termo alemão *Grund,* é "discernível unicamente enquanto mistério e paradoxo" (ELIADE, *Mefistófeles e o andrógino ou o mistério da totalidade.* São Paulo: Martins Fontes, 1999. p. 77), aspecto presente em todos os mitos e ritos que, por meio dela, "ensinam aos homens que a melhor via para se aprender Deus ou a realidade última é renunciar [...] a pensar e imaginar a divindade em termos de experiência imediata" (p. 82).

*** É o que faz, por exemplo, Utéza (*João Guimarães Rosa:* metafísica do *Grande Sertão.* Tradução José Carlos Carbuglio. São Paulo: Edusp, 1994. p. 367), cuja leitura, baseada nas correntes esotéricas presentes em *Grande sertão,* vê na morte de Diadorim a revelação da alma de Riobaldo. O corpo morto seria essa "alma" e a morte de Diadorim poderia ser pensada em termos de sacrifício pelo qual a alma de Riobaldo é liberada de sua condenação.

o caráter biopolítico – e, nesse sentido, patriarcal – da própria literatura enquanto também ela é cálculo sobre a vida das mulheres. Em outras palavras, a intenção desta leitura é determinar que, assim como Diadorim é mais do que mero corpo, ele não deixa de ser esse corpo que aparece morto e, assim, é alçado à abstração meta-histórica, entra no mundo transcendental[22] enquanto morre para a história, embora a história não possa ser meramente recalcada como uma abordagem feminista e "profana" faz ver.

Diadorim é sagrada tanto no sentido de que é intocável em vida (enquanto jagunço) quanto intocável quando morta justamente porque morta. A sacralização de Diadorim tem o sentido do *homo sacer* – a figura do condenado ao banimento (a ser abandonado) do direito romano. *Sacer* é aquele que é "sacralizado", tornando-se intangível pela lei e ao mesmo tempo submetido à lei de exceção (à lei fora da lei à qual é abandonado: Diadorim é "abandonada" – como afirma Nancy: "abandona-se sempre a uma lei", ou seja, lançada para fora de qualquer relação), tornando-se matável por qualquer um. O disfarce de androginia de Diadorim evita ao longo do texto que ele seja tocado, ao mesmo tempo que permite sua participação no "bando" dos jagunços (e não pertencer a homem nenhum), sob a forma de uma lei soberana que ele mesmo dá a si. Bando, por sua vez, é a condição biopolítica daqueles que, tendo sido banidos ao mesmo tempo, encontraram um lugar, são incluídos pela exclusão, o que explica bem a condição de Diadorim. Se a morte se justapõe à nudez e define a sacralização (mera vida), a vestimenta relaciona-se à vida e à participação no bando enquanto ele é também a vida qualificada em relação às mulheres, embora seja mera vida em relação ao governo e à polícia. Diadorim é, nesse sentido, figura do "estado de exceção".

Lei que é disfarçada de destino a ser cumprido e que impõe que Diadorim seja vítima de sua própria "soberania". De jagunço vestido a cadáver, ele é excluído pela lei masculina que ele mesmo usou para ocultar seu corpo de mulher – o emblema masculino do jagunço com o qual fez pacto. Dele dependia a saída da vida (enquanto *zoé*) e participação da vida da pólis. A liberdade pela qual Diadorim desejava lutar foi a mesma que faltou às mulheres para que pudessem historicamente dispor de seu corpo. Justamente o que foi possível a Diadorim enquanto jagunço e homem. Como mulher, no entanto, Diadorim restou como o camponês do conto "Diante da lei", de Kafka. Ele não pode entrar na condição de mulher na vida social dos jagunços, mas, ao mesmo tempo, oculta, de alguma forma, ela esteve sempre paradoxalmente incluída nessa vida enquanto estava dela excluída.

A indisponibilidade do corpo, contudo, é o que vem definir o lugar de uma mulher: só tem a si mesma quando morta, ou seja, jamais tem a si mesma. Num contexto patriarcal, sua morte se dá justamente no âmbito em que ela não podia sequer identificar-se a si mesma. Assim é que a representação da morte de Diadorim pode ser interpretada como questão do autoconhecimento de Riobaldo, mas por outro ponto de vista é apenas derrota de Diadorim, que jamais pode dispor de si mesma.

O romance é marcado por um impossível que foi experimentado e é narrado por Riobaldo. Diadorim é, afinal, a que morre, e nessa morte tem toda a sua história de luta – ainda que vença Hermógenes – finalizada como uma derrota que permanece dialética. Ela venceu como jagunço, mas perdeu – e duplamente – como mulher. Mulher derrotada em sua luta para ser homem (afinal, Diadorim não decidiu mostrar sua nudez e dispor dela), e mulher que foi revelada, à sua revelia, como morta. Sua morte não é como a morte de qualquer jagunço, pois a narrativa deixa ver que ela morre *para* os jagunços homens, que, imbuídos da sua condição de homens, ou seja, vivendo em grupo, a veem morta. Os jagunços a veem morta como anões que vissem Branca de Neve e chorassem a morte da donzela. Abandonada à Mulher (Rosa escreve essa mulher com M maiúsculo, substantivando-a como "A Mulher") de Hermógenes – ela mesma uma figura da enganação –, que lava e veste seu corpo morto no interior da casa (onde ela mesma esteve escondida e enganando ao próprio marido ao declarar que não gostava dele), Diadorim representa uma espécie de retorno do feminino ao feminino, do feminino ao lar, ao útero, ao *oikos*, após um grande exílio na pólis, território dos machos, e a guerra que nele se realiza. A casa é campo de concentração ao qual a "mera vida" é sempre confinada.

Ainda que Diadorim possa ser interpretada em seu caráter mítico, em sua aparição iniciática, o fato de que ela encerre sob suas vestes um segredo não pode sugerir apenas a Vênus Urânia (a nua) que se esconde na Vênus Pândemos (a vestida), o princípio da beleza-verdade ideal sob as vestes reais: a carne, a roupa. A Mulher que dela cuida vem abrandar essa violência e operar a revelação. Mas também aquela, a Mulher, que operava a enganação do marido, vem desenganar a outra enganadora. Como o ladrão que rouba o ladrão. O que se estabelece entre as personagens é um ato de comparação. A Mulher de Hermógenes representa a própria Vênus Pândemos, mundana e profana, que vem revelar a Vênus Urânia sempre representada nua e que, ao estar vestida, engana. É algo da ordem de um segredo que a revela mulher, mas esse segredo não é revelado por ela mesma, senão sob a inevitável violência da qual ela é vítima.

A aparição do corpo morto de mulher poderia ser lida como algo fantástico. Diadorim teria sido, assim, encantado na forma de uma mulher. Porém, para além da brincadeira, Diadorim é, na verdade, alegoria da crise da identidade dos sexos em que o feminino aparece apenas como negativo. Diadorim mesmo não é esse negativo senão por ser objeto da fala de Riobaldo e, na hora de sua morte, como corpo--cadáver, objeto no sentido de coisa dessubjetivada. De quem perdeu sua potência de sujeito, ou seja, sua autonomia, sua disponibilidade sobre si mesmo.

De Diadorim também podemos dizer que *ele* tanto *se torna mulher quando está morta* quanto é negado como mulher ao estar morta, posto que a mulher/morta é já a mulher negada, como ensinam os coveiros em Shakespeare. E que essa morte é só o desfecho de uma vida em que Diadorim mesmo se negou como mulher. A negação é simbolicamente uma morte. Diadorim como homem que foi, foi ao mesmo tempo, sempre uma mulher negada e, nesse aspecto, morta.

Como mulher, Diadorim estaria morta desde o começo: o emblema da mulher/morta, a revelação que obriga a retornar e reler o romance, pode mesmo valer como verdade em um nível metalinguístico e simbólico, mas não no sentido de uma *mulher viva vestida de jagunço* e sim de um *jagunço que ocultava uma mulher*. Na experiência de sua vida espelhada na ordem à qual busca pertencer, Diadorim seria posta em crise da sexualidade, nem homem, nem mulher, mas antes *não-mulher* enquanto homem e não-homem enquanto mulher; *homem-travestido--vivo* por oposição à *mulher-nua-morta*. Ainda que, ao final, no tempo da morte, seja, de repente, mulher que – ao se revelar morta – revela-se também a enganação como potência da mulher e a negação de sua corporeidade de mulher que lhe permitia justamente ter outro tipo de vida do que aquele que "caberia" a uma mulher. Diadorim é, assim, a mulher como aparição – corpo morto, fantasma de um passado não revelado, escamoteamento da verdade que se dá a ver como num susto em que "às claras dá-se o oposto".[23] Como tal, a mulher aparecida de entre as vestes do homem é o que assusta não apenas porque um desejo estaria agora autorizado a ter se realizado no passado, mas porque o próprio desejo homossexual, uma vez reconhecido, posto debaixo de nossos olhos de leitores, exposto na fala explícita de Riobaldo, na verdade não poderia jamais ter sido realizado.

Eis que então a mulher é morta mesmo que ela tenha sido sempre um homem. Em termos patriarcais, para começo de conversa, é no texto que uma mulher tem que morrer; se uma mulher estiver ali na condição de heroína, é, mais cedo ou mais tarde, como morta que ela aparecerá. Literatura é, nesse sentido, parte do velho projeto biopolítico enquanto cálculo que o texto como forma de poder faz sobre a vida, sobre o corpo, sempre subjugado ao valor do patriarcado e do sexismo que lhe é próprio. O romance de Rosa, em que pese a sua absoluta genialidade, participa da tradição da literatura como discurso biopolítico do patriarcado cuja desmistificação é tarefa urgente da crítica feminista.

GRADIVA

Gradiva é a personagem que dá nome a um livro de Wilhelm Jensen publicado em 1903 e que serviu como objeto a um ensaio de Freud[1] de 1907 na linhagem de *A interpretação dos sonhos*. Gradiva, o personagem de Jensen, é o nome emblemático que situa a relação entre a imagem e a realidade, objeto de fantasia e de amor do jovem arqueólogo Norbert Hanold. Gradiva é um personagem cindido: na primeira parte da história, situados do lado de Hanold, Gradiva nada mais é do que o nome que Hanold dá à personagem de um relevo romano (*Reliefbild*), cuja cópia ele possuía como objeto decorativo colocado na parede de sua biblioteca. Nesse ponto ela não é apenas personagem, é também "figura". No delírio de Hanold, ela teria saído do suporte petrificado e ganhado vida caminhando pela cidade.

Hanold não dava muita importância ao objeto que tinha em sua sala até que um raio de sol entra pela janela e, incidindo sobre a imagem, chama a sua atenção. É por meio dessa luz, emblemática da razão iluminista diante das coisas do mundo, antes lançadas na sombra, que a imagem adquire vida aos olhos do jovem arqueólogo. Em termos alegóricos, a razão ilumina a mulher, sombra para o homem, à sombra do homem. A relação "sujeito" da razão iluminada e "objeto" iluminado pela luz da razão é evidente. Trata-se também do início do processo de retorno do recalcado de que fala Freud, quando um saber desconhecido vem à luz.

Norbert Hanold percebe algo que, na imagem, ela mesma morta, se apresenta como "vida". A imagem era de uma mulher "não criança e, evidentemente, ainda não mulher",[2] nas palavras de Jensen. Hanold começa a ter "visões" de uma moça que aparecia, para ele, como a própria Gradiva do relevo. Em um primeiro momento é a semelhança que o perturba, mas imediatamente lhe vem a ideia de que sejam a mesma pessoa. Viajando em busca de alívio para suas angústias e sem chance de escapar das "impressões" de realidade que começa a ter em função da imagem, e talvez da própria solidão em que vivia junto aos estudos desde a morte dos pais (o que significa que ele mesmo deixaria de ser uma criança para se tornar "Sujeito" de sua própria história), ele segue – meio que por acaso, inconscientemente – para Roma e depois Pompeia. Em Pompeia, entre as ruínas da cidade antiga, ele acaba por confundir a imagem do relevo com a imagem de uma moça que, ele vem a saber apenas muito depois, fora sua amiga na infância e que, por acaso, se encontrava também no local para o qual ele se dirigiu. É a esse grau radical de esquecimento que Freud chama repressão. A impressão que "Gradiva" lhe causa será o mote da revelação do que foi reprimido e acaba por encontrar um lugar na realidade.

Aquilo que na análise de Freud é delírio (*Wahn*) para Jensen é fantasia (*Phantasie*). Uma série de situações em relação à jovem da aparição, ainda não apresentada como uma mulher real, faz com que Hanold creia que a figura da cópia do relevo esteja rediviva em Pompeia, onde teria morrido no começo da era Cristã quando da ativação do Vesúvio. O fato de que Hanold fosse atormentado desde a sua casa por sonhos da destruição de Pompeia, e de que neles visse Gradiva andando pelas ruas e desaparecendo entre cinzas, provocou-lhe a crença de que estava preso entre a realidade e a ilusão, ora aceitando, ora rechaçando a ilusão. Confuso diante de seu próprio encantamento com a imagem, Hanold se autoconvence de que tinha ido a Pompeia porque Gradiva voltara a viver e que o fantasma se comunicava com ele.

Na confusão entre realidade e fantasia surge a imagem como paixão e delírio fantasmático. A paixão é uma fixação na imagem (tal como na lenda de Butades de Sícion narrada por Plínio[3]), e, pelo menos na ideia de transferência freudiana, o amor é a libertação da fixação quando a alteridade atravessa a crença delirante.

A Ninfa é o emblema do encantamento que sustenta o discurso poético e que, da tragédia grega ao romantismo que culmina na *Filosofia da composição* de Edgar Allan Poe, não faz outra coisa do que mostrar uma mulher que anda em seus trajes esvoaçantes, em um certo ponto da história se deita, em outro ponto, adoece e, para deleite poético dos homens, sempre morre. A Gradiva de Jensen é uma dessas figuras. É nela que se encontra de modo explícito o cruzamento entre vida e morte que define o sentido e a verdade da imagem da Ninfa. Freud tentou ver na novela a exposição do conhecimento buscado em suas pesquisas psicanalíticas. Derrida viu em Freud a autoexposição da própria psicanálise enquanto busca freudiana, dos fantasmas que atormentavam Freud, de sua obsessão com um desejo de memória, da procura incessante pelo que ficou soterrado em algum lugar do inconsciente. Derrida verá no desejo de Freud o páthos da busca pelo que se mostra enquanto não deveria jamais ter aparecido, a estranheza inquietante.[4]

Derrida falará de uma "loucura assombrada por um outro – e por um outro enquanto personagem de ficção",[5] para entender o mal de arquivo em Freud (ou a questão do apagamento da memória e a obsessão de Freud por uma impressão da Bíblia que ele recebe de herança do pai). O laço que une e separa Gradiva e Zoé Bertgang, a mulher real que Hanold confunde com uma morta, e o próprio Hanold como sujeito do drama realidade-alucinação se define na relação com o emblema, ou "engrama", para usar os termos warburguianos, ou com a "figura" ou "meio-termo entre *littera-historia* e *veritas*", em temos auerbachianos, mas também "impressão", se usarmos os termos de Derrida. A impressão responde à questão sobre a "cesura insanável entre musas e mulheres" de que falava Agamben; ao fim e ao cabo, se trata do conflito entre imaginação e realidade que vem sinalizar para o lugar do corpo em tensão com o lugar da imagem. Mas é também aí, nesse intervalo entre o corpo-mulher real e a alucinação com uma mulher-imagem, que se entende que uma mulher-morta é, ela mesma, a idealização de uma mulher pela imagem. A morte é a imagem de uma mulher. A imagem de uma mulher morta é a imagem ideal da mulher.

Derrida verá Gradiva, sob o signo da impressão, como uma "experiência de leitura". Freud não a verá de outro modo, apenas quer tirar partido do fantasma literário compreendendo que ele revela algo da ordem deste mundo – o mundo real, não fantasmático. Freud assume acreditar nos fantasmas da ficção ao preferir ficar "ao lado da superstição e da antiguidade"[6] das pessoas simples, em que pesem as reprovações da ciência estrita. Freud pode ter se identificado com Hanold percebendo que havia mais verdade na alucinação e no delírio do que supõe a filosofia, postura a ser assumida na hora de interpretar sonhos. Contudo, uma experiência de "impressão" com uma paciente que surgiu em seu consultório, fazendo com que se lembrasse de outra paciente falecida, foi bem importante para Freud. Freud falou da semelhança física das duas (que eram irmãs e sofriam da mesma doença) e chegou a pensar que "afinal é verdade que os mortos podem retornar à vida".[7] Derrida chamou esse evento de "alucinação furtiva".[8] Desde a teoria dos espectros de Balzac,* fantasmas não deixam de fazer parte da literatura. A arte é uma atividade fantasmática, no sentido de ser uma mimetização da vida, ou seja, enquanto a mimese diz respeito à atividade e à interpretação figural,[9] algo que tem uma afinidade distante, mesmo assim uma afinidade, com a alucinação.

Freud analisa a Gradiva de Jensen nos termos de uma teoria do desejo sexual, tentando entender, sobre esse pano de fundo, a relação entre a psicanálise e a literatura, a arqueologia e o recalcado, o amor e a análise. A leitura de Freud é a do recalque da sexualidade do personagem Hanold. Entra em jogo uma teoria do amor como elemento curativo do delírio (amor usado também pelo médico no processo de transferência do qual depende a análise), mas também a função do fetichismo (*Fetischismus*) como fixação delirante do sujeito no objeto. Freud está interessado no "poder curativo do amor contra um delírio",[10] bem como na teoria do recalque (*Verdrängung*[11]) e do "retorno do reprimido"

---

* Sobre a qual comenta Rosalind Krauss em seu ensaio sobre o fotógrafo Nadar: *O fotográfico*. Barcelona: Gustavo Gili, 2002. p. 24.

(*Wiederkehr des Verdrängten*[12]), mas perde de vista algo que ele mesmo começa a vislumbrar: que a personagem Zoé Bertgang é vítima de um fetiche que começa com a fixação na imagem do relevo de Gradiva. O amor aparece como o "método" exposto na linguagem e na ação de Zoé, modificando a postura do neurótico delirante. Nesse caso, o amor é uma força no sentido de um poderoso método de cura. O amor seria a energia capaz de solucionar os delírios como erros da razão, como desmedida, como efeito da própria racionalidade da qual é vítima o personagem Hanold enquanto sujeito dominado tanto pelo fetiche quanto pelo discurso da ciência que, se opondo a ele, o reforça e que apareceria para ele apenas como uma ingenuidade moral a ser evitada.

Muito mais do que a análise literária ou a interpretação da sexualidade individual, é, de um lado, a questão da sexualidade como função da cultura – nesse caso o amor como sexualidade não reprimida – que cabe levar em conta. Freud não vai longe, no entanto, na questão do amor como "fixação na imagem", que é clara no romance de Jensen. O amor sublimado de Zoé Bertgang é o que salva pela paciência do objeto diante do paradoxo do "sujeito alucinado", mas no início ele é uma espécie de força primitiva que nasce do fetiche com a imagem da Ninfa impressa no relevo. Na época das teorias do sujeito, o tema do objeto jamais poderia interessar, e mesmo hoje, perguntar sobre o lugar dessa "Gradiva" como objeto do desejo e de uma injustiça epistemológica e narrativa, como mais uma mulher "morta na narração", pode parecer algo totalmente destituído de sentido e interesse. A questão é, portanto, reler a história do ponto de vista de Zoé Bertgang, colocando em cena a primazia do objeto.

A imagem na qual o sujeito do amor se fixa (seja ele o poeta, o historiador da cultura, o machista ignorante ou o psicanalista) é um fetiche que é uma espécie de prótese, "objeto" sem o qual o "sujeito" não existe, a coisa da qual ele se alimenta. O objeto é a caça do caçador. O objeto é a mulher do homem como é Eva, a costela de Adão. Derrida fala de uma "experiência hipomnésica e protética do suporte técnico" que não deve fazer pensar apenas em computadores e máquinas. Trata-se de uma experiência da linguagem em que a mulher é sino como prótese linguística. Ora, Gradiva é uma representação na forma de um relevo, mas é também uma prótese que se confunde com seu suporte, já que não existe sem ele. Hanold é capturado por essa imagem da mulher impressa e idealizada na pedra que lhe permite tornar-se sujeito do desejo, um desejo todo localizado na prótese-fetiche. Na verdade, o sujeito é apenas a expressão do desejo de devoração que parte da primazia do outro como alteridade radical sempre negado e, ao mesmo tempo, manietado pelas fórmulas do devorador.

O amor no seu estado de páthos primitivo e não sublimado é, justamente, a experiência que depende da mediação da imagem, fetiche e prótese. Nesse sentido, o amor segue o mesmo modelo do conhecimento: ambos dependem de uma prótese – a coisa da qual se depende – a partir da qual vão além do sujeito que os porta. Mas o amor e o conhecimento são, ao mesmo tempo, não a busca por um objeto, mas a produção de marcas idealizadoras que podem acompanhar todas as representações do sujeito "amante" que é também sujeito do ódio patriarcal.

Se Gradiva é uma obra sobre o vestígio, sobre o rastro, sobre o "mal de arquivo" (a impossibilidade do esquecimento), é preciso fazer incidir sobre a própria obra aquilo que ela mesma propõe em termos metodológicos. Nem Freud, nem Derrida, saem com suas leituras do campo restrito do olhar patriarcal essencialmente incapaz de abordar o índice do "recalque" cultural à mostra em Gradiva por sua própria natureza discursiva. O que se esquece ou se recalca na análise de Gradiva é a própria Gradiva capturada na idealização/figuração, mantida no inconsciente textual-conceitual, e a relação entre os nomes Gradiva e Zoé Bertgang, quando Zoé é, ela mesma, uma impressão de Gradiva, sua "figura".

Nessa "com-figuração", Gradiva é a imagem alucinada, o "fantasma", que acoberta o corpo-mulher, o corpo de Zoé. O nome Zoé diz respeito à representação direta da vida animal.

Embora Norbert Hanold seja o sujeito do patriarcado, e como tal delirante, é ele quem dá a pista para entender a fissura entre corpo e imagem de mulheres no ato de colocar-se a pergunta: "qual a essência da aparição corporal de um ser como Gradiva, ao mesmo tempo morta e viva?".[13] Norbert Hanold "não se interessava por mulheres vivas",[14] daí que a arqueologia lhe permitira o deslocamento de seu interesse para "mulheres de mármore ou bronze". Em vez de ir cada vez mais verticalmente nesse fato, Freud decide interpretá-lo pelo caminho mais fácil: ver a solução da equação na memória perdida da infância, em vez de ver em Hanold um exemplar do recalque na ordem da cultura patriarcal. A falta de gênero como categoria de análise é um limite sério que atinge também Freud em seu falocentrismo. Limites que levam sempre a distorções. Assim, o "motivo mais poético do mundo" de Poe, uma forma de idealização que afasta da realidade incômoda de uma mulher real.

Gradiva enquanto sobrevida da imagem – a *Nach-Leben* de Warburg – tem caráter de véu, de cortina ou de camada que acoberta a vida nua (*bloss Leben*). O delírio de Hanold tem a ver com essa confusão. A questão da imagem como pós-vida da vida-nua não é politicamente inofensiva. O patriarcado é o conjunto das práticas e do discurso que fazem da imagem o elemento encobridor da mulher real. Derrida chamou de "espectro da verdade assim recalcado"[15] o que seria o grão de verdade no delírio[16] de Freud. Ora, o patriarcado se põe como verdade quando, na verdade, se trata de um sistema delirante. Como diz Derrida, "a verdade é espectral, fantasmática, eis aí sua parte de verdade irredutível à explicação".[17] Gradiva é ela mesma um espectro, o espectro da verdade da sobrevida da imagem sobre a vida nua de Zoé. Derrida disse que o delírio é uma prótese,[18] o substituto deformado da verdade. Freud entendeu que Gradiva é a tradução de Bertgang.[19] Assim, a própria Gradiva enquanto imagem e objeto de um delírio é, ela mesma, não apenas a tradução, mas a própria prótese, enquanto imagem e nome, de uma outra. É o nome, pois, que carrega a figura de Gradiva como "meio-termo entre *littera-historia* e *veritas*".

Freud e Jensen, assim como Warburg, são eles mesmos doentes do "mal de arquivo" do qual fala Derrida, o desejo incurável do original. O original, por sua vez, está exposto em todas as suas letras no texto de Jensen, para o qual os autores não podem olhar na medida em que estão protegidos pelo próprio recalque masculinista, enquanto são sujeitos do patriarcado, do qual o discurso científico é o instrumento. O próprio Jensen coloca com todas as letras na fala de seu personagem Norbert Hanold: que o nome Gradiva, com que batizou a imagem da Ninfa no baixo-relevo que tinha em seu escritório, traduzindo "aquela que avança", já que ela tem o "andar mais bonito", inspirado em Mars Gradivus (o Deus da guerra que vai à batalha),[20] é tradução de Zoé Bertgang. Norbert Hanold, no parágrafo inicial da novela, percebendo a imagem não sem notar nela todos os detalhes, vê nela um traço, a posição do pé da moça. A imagem é, afinal, a de uma Ninfa caminhando: "o pé esquerdo estava à frente, e o direito, disposto a segui-lo, só tocava o chão com a ponta dos artelhos, enquanto que a planta e o calcanhar elevavam-se quase que verticalmente". É, pois, todo um design da Ninfa o que surge e que se revela no nome.

O nome de Gradiva é um tema no diálogo entre os amantes.* Hanold revela que se interessou por *Gisa Hartleben*, ele quase põe a perder seu romance com Zoé, que, irritada, desce do muro onde estava sentada formando uma imagem aos olhos de Hanold, justamente a imagem do relevo na qual ele estava mistificado. Ele percebeu pela primeira vez "um detalhe na verdade ínfimo que distinguia a viva do baixo-relevo".[21] Tratava-se de "uma pequena covinha na face, onde se passava qualquer coisa mínima e difícil de determinar".[22] Instaura-se uma confusão semiótica entre a possível covinha e uma mosca, e um tapa para matar o inseto é "uma resposta experimental para o problema da realidade física da aparição".[23] Hanold toca a mão de Gradiva quando pensa na "essência da aparição corporal de um ser como Gradiva".[24] De fato, Hanold está confuso. É quando dividem um pãozinho que Hanold se detém na "forma e a cor do rosto, os cabelos ondulados de maneira particularmente encantadora, os dentes imaculados e o vestido claro, que nem a menor mancha mostrava, não podiam, sem flagrante contradição, ter estado enterrados durante inumeráveis anos sob as cinzas".[25] Hanold acredita que está sonhando até que, ao atingir uma

---

* JENSEN, Wilhelm. *Gradiva*: uma fantasia pompeiana. Tradução Ângelo Melim. Rio de Janeiro: Jorge Zahar, 1987. p. 97: "— Sim, eu te reconheço agora... Não, na verdade, tu não mudaste... és Zoé..., minha boa camarada alegre e ajuizada, é realmente muito estranho. / Que alguém tenha primeiro que morrer para encontrar a vida. Mas isso sem dúvida é necessário na arqueologia.../ — Não, eu quero falar de teu nome... / — Por que ele é estranho? / [...] — Pois Bertgang e Gradiva têm o mesmo sentido e querem dizer aquela que resplandece ao andar. [...] / — Mas que sorte que tu não és Gradiva, mas sim aquela moça tão simpática. [...]".

mosca que pousa sobre a mão de Zoé, ele se impressiona, pois se trata de uma "verdadeira mão humana, quente e viva".[26]

Hartleben, sobrenome de Gisa, a moça opositora e objeto do ciúme de Zoé, significa o contrário da vida nua animalizada de Zoé: o prefixo "Hart" traduz-se por algo de duro, de rígido, bem oposto ao caráter suave do andar de Gradiva. Se o sufixo *Leben* significa vida, podemos traduzir por "vida dura", ou por Vida Rígida, a rival de Zoé Bertgang / Gradiva. Zoé significa Vida, Hanold sabe disso: "uma amarga ironia".[27] Hanold também sabe que associou Zoé a Gradiva enquanto não sabia o verdadeiro nome de Zoé.

Zoé carrega o sentido de vida em seu nome, assim como Gisa Hart-Leben. Ambas são vida, mas, enquanto Hart Leben é a vida dura, Zoé significa outro tipo de vida, "a vida amada e a presença amável" de que fala Hanold, mas também aquilo que Walter Benjamin chamou de "mera vida" (*bloss Leben*). O que advém com a imagem sobrevivente é a mera vida recalcada reaparecendo como fantasma.

A imagem da mulher é o ideal como fantasma. Ela deve aparecer sempre como morta. A morte, por sua vez, implica que só pode aparecer como fantasma. O nexo entre a vida que sobrevive como fantasma e o corpo de uma mulher sempre condenado à pena de morte é o que surge por fim. A própria Zoé brinca com sua condição de morta: "há muito tempo já me habituei a estar morta".[28] Seu pai faz parte disso. Ela é a filha de um zoólogo sem que seja, segundo ela mesma, "uma peça indispensável à coleção dele".[29] O pai, diz ela, se tivesse que escolher entre ela e um lagarto, preferiria um lagarto. Curioso também é que ela tenha esse (e outros) diálogos com Hanold na casa de Meleagro, do qual conta Jensen que a esposa, chamada Cleópatra, matou-se ao saber da morte do marido, realizando o projeto de toda esposa na Antiguidade, segundo nos conta Nicole Loraux, o de matar-se quando sabe da morte do marido.

Precisamos, para concluir, lembrar o que diz Derrida em seu *Mal de arquivo* quando analisa a primeira conversa entre Hanold e Gradiva em que ela lhe pede que fale em alemão e não em grego ou latim: "Não se fala com um fantasma em qualquer língua. Lei da economia, ainda uma vez, lei do *oikos*, da transação dos signos e dos valores, mas também de alguma domesticidade familiar: a obsessão supõe lugares, uma habitação é sempre alguma casa mal-assombrada",[30] como a casa de Meleagro, como as casas gregas com suas mulheres, mães e esposas suicidadas e sacrificadas.

A explicação disso está contida no fato de que ela seja associada à casa, ao lar que tem a estrutura política de um "campo de concentração", onde a mera vida nua é confinada. Se lembrarmos do que diz Didi-Huberman sobre o fato de que a Ninfa seja a heroína impessoal da aura, da estranheza inquietante, do Nachleben, temos que a heroína da pós-vida é também a heroína da casa (onde se dá, pois o "un-heim-lich"? Sendo que "Heim" significa, além do que é "familiar", também "lar" ou "casa"). Casa que se torna um túmulo para abrigar a sempre matável *bloss Leben*, enquanto se sublima em "nach-leben". Não se trata apenas de uma imagem do próprio tempo, mas da imagem daquela que, estando na casa, nela deve morrer e nela deve permanecer como imagem fantasma.

* * *

É preciso ler a *Gradiva* de um ponto de vista cultural, percebendo que não é apenas a sexualidade de Hanold, seus desejos infantis reprimidos ou recalcados que vêm à tona, mas é a própria Gradiva que vem ressurgir como fantasma. Ela é o próprio recalcado da cultura patriarcal. Gradiva é o arquivo de uma impressão em torno da qual se constrói um delírio que, em termos universais, se chama patriarcado. A representação é parte da máquina mortífera do patriarcado, fazendo o papel de produção imagética que reproduz o corpo da matança. Entre a pedra esculpida e a imagem sublimada, reside o fantasma das mortas assombrando a razão delirante masculinista.

EPÍLOGO

AS MULHERES NAS FOGUEIRAS DO PIROMACHISMO

Um filme de Lars von Trier chamado *Anticristo*, datado de 2009, portanto antes do tsunami feminista que invade o mundo na última década, conta a história de uma mulher que sofre pela morte acidental do filho pequeno. A opção do diretor dinamarquês foi investir na ideia de uma culpa feminina a partir de uma polarização tão lendária quanto misógina própria à estrutura delirante do patriarcado, ela mesma sustentada num pensamento dualista e maniqueísta sobre as mulheres, o que são, o que desejam e o que fazem. De um lado, Von Trier coloca o desejo sexual irrefreável de uma personagem ninfomaníaca, de outro a responsabilidade materna pelo acidente que vitima a criança no exato instante em que ela está fazendo sexo com o marido e, é preciso lembrar desde já, um marido que é o pai da criança vitimada, que, por sua vez, não sente culpa alguma e tampouco sofre enquanto a mãe se desespera. A personagem interpretada pela atriz Charlotte Gainsbourg encarna o conflito patriarcal entre a mulher e a mãe, uma oposição forjada na cultura que cria a imagem da mulher como ser sexuado e a da mãe como sua antagonista não sexuada. "Mãe" seria uma posição biológica, jurídica e doméstica que vem a se constituir como uma abstração da mulher. Imbuída da maternidade, a mulher deveria sentir culpa por estar ausente de sua função materna e dedicada ao prazer sexual ou por não ser mãe. Essa parte da narrativa é um clichê que pode animar ou indignar algum desavisado. A parte mais sofisticada e realmente perversa da narrativa está num detalhe mais curioso e politicamente mais perigoso.

A personagem é uma estudiosa do feminicídio, do qual ela mesma será vítima no final do filme. Depois de ter mutilado o marido e ter se automutilado sexualmente como se seus corpos desejantes devessem ser punidos por um crime, ela é morta pelo marido e seu corpo é por ele incinerado sobre um arbusto diante de uma casa de campo onde eles haviam se refugiado para viver o luto. O desfecho não implica apenas a punição por uma culpa, mas o extermínio pelo fogo. A morte por incineração é comum como crime doméstico em alguns países, tais como o México, a Argentina e o Brasil. Muito mais que a culpa materna, seria a culpabilização pelo fato simples de ser uma mulher, um ser que se elimina como "papel" queimado. O trocadilho pode parecer bobo, mas, de fato, o que se quer eliminar é o corpo de uma mulher, de um modo que não seria necessário eliminar o corpo de um homem ateando fogo a ele. O fogo é um excedente de violência que busca atingir as instâncias "espirituais" da definição do ser, enunciando, com a transformação dos corpos em fumaça, que algo não deveria ter existido. O uso do fogo contra mulheres, que se torna uma tecnologia usual de matança, configura o caráter piromaníaco do patriarcado em seu momento de potência mais destrutiva.

A trama do filme de Lars von Trier chama a atenção pelo mais óbvio. O destino infeliz de uma mulher que, colocando-se na posição de "sujeito" ao estudar o tema da matança de mulheres, acaba por retornar à condição de "objeto" morto pelo Sujeito Soberano do sistema. É a impotência feminina diante da soberania masculina que emerge desse jogo sadomasoquista em que a mulher ocupa o posicionamento essencial da vítima, do qual se pode querer escapar por meio da luta de vida e morte, tal qual o escravo na tragédia diante de um senhor como se vê na conhecida dialética hegeliana.

No filme, a impotência está explícita no fato de que, mesmo estudando o assunto, a pesquisadora não escapa da morte, e do silêncio que é seu efeito, algo que sua pesquisa poderia ter esclarecido, caso tivesse sido levada a cabo. O objeto não se torna sujeito. O marido é o condutor psíquico dessa morte. Como Sujeito Soberano, arcaico detentor do *pater potestas,* ele detém o direito de vida e morte sobre o corpo da mulher subalterna. Diante dele, ela é apenas o objeto da ação essencial ao patriarcado, aquela que implica uma "*res*" sacrificial. A ação de matar uma mulher qualquer (o ser *quodlibet* de que fala Agamben) implica a aniquilação da mulher genérica, a imagem-corpo criada no próprio sistema para ser usada e consumida, seja como procriadora, seja como serviçal, seja como objeto erótico recreativo.

Que a personagem de Gainsbourg seja vítima de um feminicídio e queimada numa fogueira sobre um arbusto não é uma cena fortuita, muito menos na imaginação de um diretor misógino como Lars von Trier. Trata-se da encenação de uma imagem comum no imaginário ocidental, a da bruxa incinerada num auto-de-fé. A imagem de mulher que arde na fogueira retorna porque, na linha das imagens sobreviventes de Aby Warburg, a carga psíquica que a gera não permite que ela deixe de irromper.

No Brasil, o ato de atear fogo ao corpo de uma mulher tornou-se banal. Estudos acadêmicos sobre o tema ainda são raros, mas basta entrar na internet para ver a profusão de notícias ao longo dos últimos anos sobre mulheres queimadas nas mais diversas cidades de todos os estados do país. Casos como o do homem que perseguiu sua ex-mulher numa estação de trem no Rio de Janeiro, lançando o conteúdo de um galão de gasolina e ateando fogo ao seu corpo, infelizmente, são comuns. A cultura masculina é a cultura da violência, da guerra e da morte, e, nela, assassinatos são produzidos por homens por meio de armas de fogo ou armas cortantes. De fato, assassinatos de mulheres são produzidos com as mesmas armas, mas o incêndio se torna um recurso técnico que cresce ao longo do tempo, pois possibilita a farsa do acidente doméstico. Porém, há mais em jogo nessa astúcia técnica.

Não se encontram notícias de assassinatos de homens com o recurso à incineração como vemos acontecer com mulheres, o que leva a pensar que a maneira pela qual homens são mortos e as maneiras pelas quais se matam mulheres têm especificidades que exigem análise. Os estabelecidos papéis de gênero em vigência no sistema de opressão e privilégios que é o patriarcado têm na forma de matar parte importante da produção e reprodução de standards.

O patriarcado implica signos e, desse modo, valores pelos quais corpos alcançam a condição de "homem", e homem no que podemos definir como patriarcapitalismo equivale justamente a capital. O funcionamento do sistema exige unidade, e é o status perante outros homens que produz essa unidade, ou seja, são necessários seres com os quais se pode construir um contexto de reconhecimento, no qual as mulheres (trans ou cis) não participam como sujeitos, mas como significantes genéricos sobre os quais se estabelece o jogo de linguagem agregador, no caso o da misoginia expressa em diversas formas e gestos. O "ser homem" é um valor estabelecido a partir de um padrão de virilidade – o *habitus* viril de Bourdieu[1] –, implicado na estética da violência em seus diversos níveis, inclusive o mais decorativo.

A especificidade das formas de matar também é linguística. O jogo de linguagem misógino permite a comunicação entre homens e a constituição da fratria. Baseados numa performatividade codificada desde cima pelo *pater potestas* (o poder do patriarca), homens que queiram dele participar devem agir na linguagem da violência para serem reconhecidos uns pelos outros, mas também pelos corpos a seu serviço, a saber, os corpos femininos que serão assujeitados pela ameaça, cujo efeito é o medo, a paralisia e a obediência. Em um jogo de inteligibilidade, a virilidade encenada, inclusive decorativamente, precisa da redução de outro corpo a coisa. A distinção se instaura, definindo quem manda e quem obedece, ou seja, quem é soberano, detendo os meios de produção da violência e quem está submetido às ordens do *pater potestas*. O complexo jogo intersubjetivo da humilhação, o elo sadomasoquista, está, arcaicamente, instaurado.

Como signos numa liturgia sacrificial (com esporádicas marcas cultuais, como vemos no romantismo), as mulheres são elos de comunicação entre homens. Rita Segato compreendeu o estupro como um jogo de linguagem, a partir do qual homens asseguram a si mesmos uma mútua inteligibilidade, ou seja, asseguram uns para os outros que são homens. A função da violência é assegurar a marca significante da virilidade no processo de socialização.

A pensadora francesa Nicole Loraux se perguntou sobre os modos pelos quais as mulheres eram mortas na Grécia antiga. Diferentemente dos homens, que morriam em situações heroicas, as mulheres das tragédias gregas eram mortas em sacrifícios ou em suicídios usando o gládio ou o enforcamento quando, por exemplo, seus maridos não voltavam vivos das guerras. Loraux fala do prazer auditivo dos homens que assistem à encenada morte das mulheres. Mais tarde, Laura Mulvey dirá que o prazer visual do olhar masculino é constitutivo do cinema no qual mulheres violentadas, torturadas e mortas são um signo indelével.

Na velha prática indiana do "sati", as esposas se atiravam na pira funerária de seus maridos mortos em nome de uma suposta honra feminina criada pelo patriarcado para matar mulheres sem culpa. Spivak discute esse antigo costume no contexto da produção do sujeito imperialista pelo qual se cria a ideia de que os ingleses colonialistas vieram salvar as mulheres indianas de homens indianos com sua lei proibindo a autoimolação no final do século XIX. O discurso sobre um suposto desejo das mulheres de morrer autoimoladas segue sustentado, sendo análogo ao discurso da culpabilização da vítima no caso de estupro. Spivak ressalta, em sua análise, o caráter sexual e genital do fogo como metáfora que serviria de justificativa para a adesão das mulheres à morte por autoimolação. Ela fala em ironia, mas é, de fato, o cinismo patriarcal que permite associar erotismo e morte.

Spivak lembra ainda que "Sati" significa "boa esposa", sendo também um nome de mulher muito usado na Índia contemporânea. Com a autoimolação que envolve o desejo de morte da mulher, entra em cena o "lugar do desaparecimento" do objeto – e a autocontradição que se torna a verdade do "sujeito mulher". Nas palavras de Spivak, a "autodegradação ideológica das mulheres" é o que emerge, é a sua "insubstancialidade" – o que Beauvoir definia como o caráter inessencial das mulheres –, o que o fogo vem confirmar por obra das próprias mulheres que buscam a morte, como se elas tivessem alternativa.

Embora haja notícias de suicídio por autoincineração no Brasil, a maioria das mortas pelo fogo no país sofreu violência por parte de homens próximos. O fogo faz parte do que Rita Segato chamou de "violência expressiva", aquela que tem a finalidade de controle absoluto da vontade de alguém sobre a vida de outrem. É o que acontece no estupro. Por meio da "violência expressiva" se afirma que a vontade do outro foi dominada e que o Sujeito Soberano em seu fundamento místico – ou seja, em sua falta de fundamento – foi consubstanciado no corpo privilegiado, ou seja, o corpo capaz de produzir violência assinando a presença reiterada de um sujeito por trás de um ato que vem a se constituir como *modus operandi*. É o que Segato chama de "marca de um estilo" no contexto do ato violento como ato performativo.

A morte por incineração faz parte de um estilo. O estilo do ato violento, assim como o estilo de um texto, implica um autor e um sujeito. Segundo Segato, há sempre uma assinatura que não é uma consequência da mera vontade do agente, mas uma consequência do automatismo da enunciação no âmbito de um jogo de linguagem, ou, podemos dizer, dispositivo de poder do qual todos devem participar. É o rastro de um sujeito genérico, o matador de mulheres, o aniquilador, o destruidor da vida, que vem à tona explicando a metodologia patriarcal como ameaça de morte e nadificação sobre todas as mulheres.

Assim como Segato vê no estupro um enunciado dirigido a outros interlocutores, o feminicídio segue o mesmo princípio. E se pode dizer que o feminicídio por fogo em sua profusão atual não é uma consequência da impunidade, mas parte do jogo de produção e reprodução de impunidade. Pouco se fala sobre a morte das mulheres e menos ainda sobre a forma como são mortas. Talvez Segato tenha razão ao perceber que há uma cumplicidade coletivamente compartilhada nas execuções, que haja um pacto de silêncio que permite garantir a lealdade inviolável entre homens garantindo o status de homens num contexto de masculinidades que se sentem ameaçadas pela emergência de corpos dissidentes e insurgentes no âmbito de uma democracia radical emergente.

Segato tem razão ao ver os atos de violência como uma língua capaz de funcionar eficazmente para entendidos, inclusive para quem não participa diretamente na ação enunciativa, mas é, por omissão ou silêncio, conivente com a matança. Nesse caso, a máfia patriarcal funciona como uma corporação. A Inquisição católica é o melhor exemplo histórico. Ela não desapareceu. Disseminou e fortaleceu sua tática no tempo do desencantamento do mundo que corresponde, paradoxalmente, à mística patriarcapitalista.

NOTAS

Ninfa Morta, feminicídio e ginecropolítica: uma introdução

1. ATWOOD, Margaret. *O conto da aia*. Rio de Janeiro: Rocco, 2017.
2. RUSSELL, Diana E. H.; RADFORD, Jill (ed.). *Femicide*: the politics of woman killing. New York: Twayne Publishers, 1992; RUSSELL, Diana E. H.; HARMES, Roberta A. *Femicide in global perspective*. New York: Teachers College Press, 2001.
3. TIBURI, Marcia. *Mundo em disputa*: design de mundo e distopia naturalizada. Rio de Janeiro: Civilização Brasileira, 2024.
4. Ver o artigo de Helena Hirata: Gênero, classe e raça: interseccionalidade e consubstancialidade das relações sociais. *Tempo Social – Revista de Sociologia da USP*, v. 26, n. 1, p. 61-73, 2014. https://doi.org/10.1590/S0103-20702014000100005.
5. GASPARD, Françoise. Du patriarcat au fratriarcat: la parité comme nouvel horizon du féminisme. *Cahiers du Genre*, HS n. 2(3), p. 135-155, 2011. https://doi.org/10.3917/cdge.hs02.0135.
6. GROSJEAN, Pauline. *Patriarcapitalisme*. Paris: Seuil, 2021.
7. D'EAUBONNE, Françoise. *Le féminisme ou la mort*. Paris: Le Passager Clandestine, 2021. p. 142.
8. SCHOLZ, Roswitha. *Le sexe du capitalisme*: "masculinité" et "féminité" comme pilliers du patriarcat producteur de marchandises. Albi: Crise et Critique, 2019.

9. VALENCIA TRIANA, Sayak. Capitalismo gore y necropolítica en México contemporáneo. *Espacio en lucha: Hacia una nueva geografía de lo internacional*, n. 19, p. 83-102, 2012.
10. DE LAURETIS, Teresa. *The technology of gender*. Indiana University Press, 1987.
11. Ver FEDERICI, Silvia. *Calibã e a bruxa*: mulheres, corpo e acumulação primitiva. Tradução Coletivo Sicorax. São Paulo: Elefante, 2023; da mesma autora, *Une guerre mondiale contre les femmes*: des chasses aux sorcièeres au feminicide. Paris: La Fabrique, 2021.
12. BUTLER, Judith. *Gender trouble*: feminism and the subversion of identity. New York: Routledge, 1990. p. 6.
13. Ver FOUCAULT, Michel. *Em defesa da sociedade*. Tradução Maria Ermantina Galvão. São Paulo: Martins Fontes, 2005; *O nascimento da biopolítica*. São Paulo: Martins Fontes, 2008; *História da sexualidade*. Rio de Janeiro: Graal. 1988. v. 1: A vontade de saber.
14. AGAMBEN, Giorgio. *Homo sacer:* o poder soberano e a vida nua I. Tradução Henrique Burigo. Belo Horizonte: UFMG, 2002.
15. MBEMBE, Achille. *Necropolítica:* biopoder, soberania, estado de exceção, política da morte. São Paulo: N-1 Edições, 2018. *E-book.*
16. WOLLSTONECRAFT, Mary. *Reivindicação dos direitos da mulher.* São Paulo: Boitempo, 2016.
17. HAIDU, Peter. *The subject medieval/modern:* text and governance in the Middle Age. Stanford: University Press, 2004.
18. D'EAUBONNE, Françoise. *Le féminisme ou la mort,* cit., p. 138.
19. MOSSE, George L. *The image of man*: the creation of modern masculinity. New York: Oxford University Press, 1996.
20. WITTIG, Monique. *O pensamento hétero e outros ensaios*. Belo Horizonte: Autêntica, 2022. *E-book.*
21. BUTLER, Judith. *Gender trouble*, cit., p. 13.
22. HANKE-HEINEMANN, Uta. *Eunucos pelo reino de Deus*: Igreja católica e sexualidade – de Jesus a Bento XVI. Rio de Janeiro: Rosa dos Tempos, 2019.
23. Ver RANCIÈRE, Jacques. *Políticas da escrita*. Rio de Janeiro: Editora 34, 1995; e *A partilha do sensível*: estética e política. São Paulo: Editora 34, 2005.
24. RANCIÈRE, Jacques. *Políticas da escrita*, cit., p. 8.
25. RANCIÈRE, Jacques. *Políticas da escrita*, cit., p. 8.
26. FLUSSER, Vilém. *A escrita*: há futuro para a escrita? São Paulo: Annablume, 2010.
27. RANCIÈRE, Jacques. *A partilha do sensível,* cit., p. 9.

28. ADAMS, Carol. *A política sexual da carne*: a relação entre o carnivorismo e a dominância masculina. São Paulo: Alaúde, 2012.
29. TIBURI, Marcia; VALLE, Bárbara. *Mulheres, filosofia ou coisas do gênero*. Santa Cruz do Sul: EDUNISC, 2008.
30. WARBURG, Aby. *Atlas Mnemosyne*. Madrid: Akal, 2010; BARTHOLOMEU, Cezar (org.). *Dossiê Aby Warburg. Revista Arte e Ensaios – Revista do Programa de Pós-Graduação em Artes Visuais – EBA*, UFRJ, ano XVI, n. 19, 2009.
31. GARGAM, Adeline; LANÇON, Bertrand. *Histoire de la misogynie*: le mépris des femmes, de l'antiquité à nos jours. Paris: Arkhé, 2013.

Parte I – MÁQUINA FEMINICIDA
Misontonigia: ontologia e governo do ser matável

1. WITTIG, Monique. *O pensamento hétero e outros ensaios*. Belo Horizonte: Autêntica, 2022. *E-book*.
2. SPINOZA, Baruch. *Ética*. Belo Horizonte: Autêntica, 2009.
3. D'EAUBONNE, Françoise. *Le féminisme ou la mort*. Paris: Le Passager Clandestine, 2021. p. 56.
4. HAIDU, Peter. *The subject medieval/modern*: text and governance in the Middle Age. Stanford: University Press, 2004.
5. BEAUVOIR, Simone. *O segundo sexo*. Tradução Sérgio Milliet. 2. ed. Rio de Janeiro: Nova Fronteira, 2009. p. 16.
6. WITTIG, Monique. *O pensamento hétero e outros ensaios*, cit.
7. BUTLER, Judith. *Gender trouble*: feminism and the subversion of identity. New York: Routledge, 1990. p. 6.
8. WITTIG, Monique. *O pensamento hétero e outros ensaios*, cit.
9. ARENDT, Hannah. *A vida do espírito*: o pensar, o querer, o julgar. Tradução Antônio Abranches, Cesar Augusto R. de Almeida e Helena Martins. 4. ed. Rio de Janeiro: Relume-Dumará, 2000. Ver também ARENDT, H. *A condição humana*. Tradução Roberto Raposo e Adriano Correia. 11. ed. Rio de Janeiro: Forense Universitária, 2014.
10. SCHOLZ, Roswitha. Le Valeur, c'est le Mae. *In*: SCHOLZ, Roswitha. *Le sexe du capitalisme*: "masculinité" et "feminité" comme piliers du patriarcat producteur de marchandises. Albi: Crise & Critique: 2019. p. 18.
11. D'EAUBONNE, Françoise. *Le féminisme ou la mort*, cit., p. 51.
12. SPIVAK, Gayatri. Displacement and the discourse of woman. *In*: HOLLAND, Nancy. *Feminist interpretations of Jacques Derrida*. Pennsylvania: The Pennsylvania State University Press, 1997. p. 169.

13. BEAUVOIR, Simone. *O segundo sexo*, cit., p. 17.
14. FLUSSER, Vilém. O que é comunicação? *In:* FLUSSER, Vilém. *O mundo codificado*. São Paulo: Cosac Naify, 2007. p. 96.
15. BLOCH, R. Howard. *Misoginia medieval e a invenção do amor romântico ocidental.* Tradução Claudia Moraes. São Paulo: Editora 34, 1995. p. 13.
16. BENJAMIN, Walter. Kapitalismus als Religion (1921). *Gesammelte Schriften*, Bd. 6, Ffm.
17. CUSICANQUI, Silvia Rivera. *Ch'ixinakax utxiwa*: uma reflexão sobre práticas e discursos descolonizadores. Tradução Ana Luiza Braga e Lior Zisman Zalis. São Paulo: N-1 Edições, 2021.

A mulher entre a mutilação e a prótese

1. BEAUVOIR, Simone de. *O segundo sexo*. Tradução Sérgio Milliet. 2. ed. Rio de Janeiro: Nova Fronteira, 2009. p. 9.
2. Ver AGAMBEN, Giorgio. *O que é um dispositivo?* Chapecó: Argos, 2014.
3. SCHOLZ, Roswitha. *Marxismus – Feminismus – Kritische Theorie heute*... und die Wert-Abspaltungs-Kritik: Zur problematischen Insistenz auf Erfahrung, Praxis, Empirie, Subjekt, Klasse und die "gelebten Realitäten" von Frauen im Verfall des kapitalistischen Patriarchats. [202-]. Disponível em: https://exit-online.org/pdf/Roswitha_Scholz_Marxismus_Feminismus.pdf. Acesso em: 10 maio 2025.
4. FONSECA, Bruno; CUSTÓDIO, Rafael. Brasil tem um assassinato de pessoa trans a cada 3 dias, aponta relatório. *Brasil de Fato,* 29 jan. 2024. Disponível em: https://www.brasildefato.com.br/2024/01/29/brasil-tem-um-assassinato-de-pessoa-trans-a-cada-3-dias-aponta-relatorio. Acesso em: 10 maio 2025.
5. MBEMBE, Achille. *Crítica da razão negra.* São Paulo: N-1 Edições, 2018. *E-book.*
6. WOLLSTONECRAFT, Mary. *Reivindicação dos direitos da mulher*. São Paulo: Boitempo, 2016.
7. GOURNAY, Marie de. Égalité des hommes et des femmes. *In*: SCRIFF, Mario. *La fille d'alliance de Montaigne, Marie de Gournay*: essay suivi de "L'égalité des hommes e des femmes" e du "Grief des dammes", avec variantes, des notes, des appendices e un portrait. Paris: Leopold Classic Library, 2015.
8. BEAUVOIR, Simone de. *O segundo sexo*, cit., p. 432.
9. BEAUVOIR, Simone de. *O segundo sexo*, cit., p. 432.
10. BEAUVOIR, Simone de. *O segundo sexo,* cit., p. 66.
11. D'EAUBONNE, Françoise. *Le féminisme ou la mort.* Paris: Le Passager Clandestine, 2021. p. 70.

12. Ver LENINE, Enzo; DJÚ, Iqui; GONÇALVES, Elisa de Almeida. Mutilação genital feminina: feminismos ocidentais, africanos e multiculturais. *Rev. Direito e Práx.*, Rio de Janeiro, v. 14, n. 4, p. 2265-2292, 2023. DOI 10.1590/2179-8966/2022/63345.
13. MOULIN, Anne Marie. Excision, l'autre féminicide. *L'Histoire,* n. 465, p. 13-18, 2019.
14. BONOMI, Carlo. Withstanding trauma: the significance of Emma Eckstein's circumcision to Freud's Irma dream. *The Psychoanalytic Quarterly*, v. LXXXII, v. 3, p. 689-740, 2013.
15. BEAUVOIR, Simone de. *O segundo sexo*, cit., p. 31.
16. BEAUVOIR, Simone de. *O segundo sexo*, cit., p. 17.
17. WITTIG, Monique. *O pensamento hétero e outros ensaios*. Belo Horizonte: Autêntica, 2022. *E-book*. p. 31.
18. BEAUVOIR, Simone de. *O segundo sexo,* cit., p. 485.
19. Ver TIBURI, Marcia. *Complexo de vira-lata*: análise da humilhação brasileira. Rio de Janeiro: Civilização Brasileira, 2021.
20. ADORNO, Theodor; HORKHEIMER, Max. *Dialética do esclarecimento*. Rio de Janeiro: Jorge Zahar, 1984. p. 217.
21. Ver FEDERICI, Silvia. *Calibã e a bruxa*: mulheres, corpo e acumulação primitiva. Tradução Coletivo Sicorax. São Paulo: Elefante, 2023; da mesma autora, *Une guerre mondiale contre les femmes*: des chasses aux sorcièeres au feminicide. Paris: La Fabrique, 2021.
22. MERCHANT, Carolyn. *The death of nature*: women, ecology, and the scientific revolution. San Francisco: Harper Collins, 1980.

A distinção misógina

1. SEGATO, Rita Laura. El sexo y la norma: frente estatal, patriarcado, desposesión, colonidad. *Revista Estudos Feministas,* Universidade Federal de Santa Catarina, v. 22, n. 2, p. 593-616, maio/ago. 2014. p. 597.
2. Ver FAUSTO-STERLING, Anne. *Sexing the body*: gender politics and the construction of sexuality. New York: Basic Books, 2000.
3. BOURDIEU, Pierre. *A distinção*: crítica social do julgamento. Tradução Daniela Kern. São Paulo: Edusp; Porto Alegre: Zouk, 2007.
4. LAQUEUR, Thomas Walter. *Inventando o sexo*: corpo e gênero dos gregos a Freud. Tradução Vera Whately. Rio de Janeiro: Relume-Dumará, 2001. p. 313. Ver também HÉRITIER, Françoise. *Masculin/féminin*: la pensée de la differénce. Paris: Odile Jacob, 1996.

5. WITTIG, Monique. *O pensamento hétero e outros ensaios*. Belo Horizonte: Autêntica, 2022. *E-book*.
6. DERRIDA, Jacques. *Mal de arquivo*: uma impressão freudiana. Tradução Cláudia de Moraes Rego. Rio de Janeiro: Relume-Dumará, 2001. p. 12.
7. KAFKA, Franz. *O veredito / Na colônia penal*. Tradução Modesto Carone. São Paulo: Companhia das Letras, 1998.
8. DERRIDA, Jacques. *Mal de arquivo*, cit., p. 13.
9. PLATÃO. *O banquete*. Tradução Irley Franco e José Torrano. São Paulo: Loyola, 2021.
10. VERNANT, Jean-Pierre. *A morte nos olhos*: figurações do outro na Grécia antiga. Rio de Janeiro: Jorge Zahar, 1985. p. 72.
11. SPIVAK, Gayatri. Displacement and the discourse of woman. *In*: HOLLAND, Nancy. *Feminist interpretations of Jacques Derrida*. Pennsylvania: The Pennsylvania State University Press, 1997.
12. DERRIDA, Jacques. *Mal de arquivo*, cit., p. 12.

O mal-estar na cultura patriarcal: sexo e gênero como operadores ginecropolíticos

1. SCHOLZ, Roswitha. *Marxismus – Feminismus – Kritische Theorie heute*... und die Wert-Abspaltungs-Kritik: Zur problematischen Insistenz auf Erfahrung, Praxis, Empirie, Subjekt, Klasse und die "gelebten Realitäten" von Frauen im Verfall des kapitalistischen Patriarchats. [202-]. Disponível em: https://exit-online.org/pdf/Roswitha_Scholz_Marxismus_Feminismus.pdf. Acesso em: 10 maio 2025.
2. SCHOLZ, Roswitha. *Le sexe du capitalisme*: "masculinité" et "féminité" comme pilliers du patriarcat producteur de marchandises. Albi: Crise et Critique, 2019.
3. HIRATA, Helena. Gênero, classe e raça: interseccionalidade e consubstancialidade das relações sociais. *Tempo Social – Revista de Sociologia da USP*, v. 26, n. 1, p. 61-73, 2014. https://doi.org/10.1590/S0103-20702014000100005.
4. KANT, Immanuel. *Observações sobre o sentimento do belo e do sublime*: ensaio sobre as doenças mentais. Tradução Vinicius Figueiredo. Campinas: Papirus, 1993. Ver principalmente o capítulo "Da diferença entre o sublime e o belo na relação dos sexos", p. 47-64.
5. FOUCAULT, Michel. *História da sexualidade*. Rio de Janeiro: Graal, 1988. v. 1: A vontade de saber.
6. DE LAURETIS, Teresa. *The technology of gender*. Indiana University Press, 1987.

7. FOUCAULT, Michel. *O nascimento da biopolítica*. São Paulo: Martins Fontes, 2008.
8. DEBORD, Guy. *Sociedade do espetáculo*. Rio de Janeiro: Contraponto, 2007.
9. BUTLER, Judith. *Problemas de gênero*: feminismo e subversão da identidade. Tradução Renato Aguiar. Rio de Janeiro: Civilização Brasileira, 2003.
10. BEAUVOIR, Simone. *O segundo sexo*. Tradução Sérgio Milliet. 2. ed. Rio de Janeiro: Nova Fronteira, 2009. p. 16.
11. ADORNO, Theodor; HORKHEIMER, Max. *Dialética do esclarecimento*. Rio de Janeiro: Jorge Zahar, 1984.
12. BOURDIEU, Pierre. *A dominação masculina*. Tradução Pierre Kühner. 11. ed. Rio de Janeiro. Bertrand Brasil, 2012. p. 9.
13. KANT, Immanuel. *Observações sobre o sentimento do belo e do sublime*, cit. Ver principalmente o capítulo "Da diferença entre o sublime e o belo na relação dos sexos", p. 47-64.
14. WEBER, Max. *A ética protestante e o "espírito" do capitalismo*. Tradução José Marcos Mariani de Macedo. São Paulo: Companhia das Letras, 2004. p. 48.
15. ADAMS, Carol. *A política sexual da carne*: a relação entre o carnivorismo e a dominância masculina. São Paulo: Alaúde, 2012.
16. WITTIG, Monique. *O pensamento hétero e outros ensaios*. Belo Horizonte: Autêntica, 2022. *E-book*. p. 26-27.
17. WITTIG, Monique. *O pensamento hétero e outros ensaios*, cit., p. 26-27.
18. WITTIG, Monique. *O pensamento hétero e outros ensaios*, cit., p. 81.
19. WITTIG, Monique. *O pensamento hétero e outros ensaios*, cit., p. 81.
20. WITTIG, Monique. *O pensamento hétero e outros ensaios*, cit., p. 97.
21. WITTIG, Monique. *O pensamento hétero e outros ensaios*, cit., p. 81.
22. ESPINOSA, Baruch de. *Tratado teológico-político*. São Paulo: Martins Fontes, 2003.
23. FREUD, Sigmund. *O mal-estar na cultura*. Tradução Renato Zwecki. Porto Alegre: L&PM, 2010. p. 174. Ver também FREUD, Sigmund. Além do princípio do prazer. *In: Obras completas volume 14*: História de uma neurose infantil, Além do princípio do prazer e outros textos (1917-1920). Tradução Paulo César de Souza. São Paulo: Companhia das Letras, 2010; CAROPRESO, Fátima. O instinto de morte segundo Sabina Spielrein. *Psicologia USP*, v. 27, n. 3, p. 414-419, 2016.
24. FOUCAULT, Michel. *Em defesa da sociedade*. Tradução Maria Ermantina Galvão. São Paulo: Martins Fontes, 2005.

Negatividade política: a construção da inimiga

1. THEWELEIT, Klaus. *Fantasmâlgories.* Paris: L'Arche, 2015.
2. Ver SHARPE, Christina. *Monstrous intimacies*: making post-slavery subjects. Durham: Duke University Press, 2010; MACHADO, Taís de Sant'Anna. *Um pé na cozinha*: um olhar sócio-histórico para o trabalho de cozinheiras negras no Brasil. São Paulo: Fósforo, 2022.
3. HOBBES, Thomas. *Leviatã ou matéria, forma e poder de uma república eclesiástica e civil.* São Paulo: Martins Fontes, 2003.
4. PATEMAN, Carole. *O contrato sexual.* Tradução Marta Avancini. 5. ed. Rio de Janeiro: Paz e Terra, 2023. p. 38.
5. HANKE-HEINEMANN, Uta. *Eunucos pelo reino de Deus*: Igreja católica e sexualidade – de Jesus a Bento XVI. Rio de Janeiro: Rosa dos Tempos, 2019.
6. RUSSELL, Diana E. H.; RADFORD, Jill (ed.). *Femicide*: the politics of woman killing. New York: Twayne Publishers, 1992. p. 15.
7. CANETTI, Elias. *Massa e poder.* Tradução de Rodolfo Krestan. São Paulo: Melhoramentos; Brasília: Ed. Universidade de Brasília, 1983.

Design de gênero e forma-valor: "homem branco" e "olhar branco"

1. Ver TIBURI, Marcia. *Complexo de vira-lata*: análise da humilhação brasileira. Rio de Janeiro: Civilização Brasileira, 2021.
2. BENJAMIN, Walter. Kapitalismus als Religion (1921). *Gesammelte Schriften*, Bd. 6, Ffm.
3. CARNEIRO, Sueli. *Dispositivo de racialidade*: a construção do outro como não ser como fundamento do ser. Rio de Janeiro: Jorge Zahar, 2021.
4. FANON, Frantz. *Peau Noir, Masques Blancs.* Paris: Seuil, 1971.

Poder e Sujeito Soberano, matabilidade e ameaçabilidade

1. LORAUX, Nicole. *Maneiras trágicas de matar uma mulher.* Tradução Mário da Gama Kury. Rio de Janeiro: Jorge Zahar, 1988.
2. BODIN, Jean. *Seis livros da República*: Livro VIII. São Paulo: Ícone, 2011. p. 195.
3. DERRIDA, Jacques. *Mal de arquivo*: uma impressão freudiana. Tradução Cláudia de Moraes Rego. Rio de Janeiro: Relume-Dumará, 2001.
4. DERRIDA, Jacques. *Mal de arquivo*, cit., p. 12.
5. SCHOLZ, Roswitha. Le Valeur, c'est le Mae. *In*: SCHOLZ, Roswitha. *Le sexe du capitalisme*: "masculinité" et "feminité" comme piliers du patriarcat producteur de marchandises. Albi: Crise & Critique: 2019. p. 18.

6. BAGAGLI, Beatriz Pagliarini. *"Cisgênero" nos discursos feministas*: uma palavra "tão defendida; tão atacada; tão pouco entendida". Campinas: Unicamp/IEL/ Setor de Publicações, 2015.
7. DERRIDA, Jacques. *Mal de arquivo*, cit., p. 14.
8. Jean-Luc Nancy, *L'imperativ catégorique*. Paris: Flammarion, 1983, p. 149-150. *Apud* AGAMBEN, Giorgio. *Homo sacer:* o poder soberano e a vida nua I. Tradução Henrique Burigo. Belo Horizonte: UFMG, 2002. p. 66.
9. Jean-Luc Nancy, *L'imperativ catégorique*. Paris: Flammarion, 1983, p. 149-150. *Apud* AGAMBEN, Giorgio. *Homo sacer*, cit., p. 66.
10. Jean-Luc Nancy, *L'imperativ catégorique*. Paris: Flammarion, 1983, p. 149-150. *Apud* AGAMBEN, Giorgio. *Homo sacer*, cit., p. 66.
11. AGAMBEN, Giorgio. *Homo sacer,* cit., p. 66.
12. AGAMBEN, Giorgio. *Homo sacer,* cit. *passim.*
13. AGAMBEN, Giorgio. *Homo sacer,* cit., p. 16.
14. MBEMBE, Achille. *Crítica da razão negra.* São Paulo: N-1 Edições, 2018. *E-book.*
15. KOJÈVE, Alexandre. *Introduction à la lecture de Hegel.* 6. ed. Paris: Gallimard, 1947.
16. BEAUVOIR, Simone de. *O segundo sexo.* Tradução Sérgio Milliet. 2. ed. Rio de Janeiro: Nova Fronteira, 2009. p. 17.
17. FOUCAULT, Michel. *Em defesa da sociedade.* Tradução Maria Ermantina Galvão. São Paulo: Martins Fontes, 2005. p. 286-287.
18. HOBBES, Thomas. *Leviatã ou matéria, forma e poder de uma república eclesiástica e civil.* São Paulo: Martins Fontes, 2003. p. 93 [grifo da autora].
19. CAPUTI, Jane; RUSSELL, Diane E. H. Femicide: sexist terrorism against women. *In:* RUSSELL, Diana E. H.; RADFORD, Jill (ed.). *Femicide*: the politics of woman killing. New York: Twayne Publishers, 1992. p. 13.
20. TRILLAT, Étienne. *História da histeria.* São Paulo: Escuta, 1991.
21. ADAMS, Carol. *A política sexual da carne*: a relação entre o carnivorismo e a dominância masculina. São Paulo: Alaúde, 2012. p. 24.
22. CAPUTI, Jane; RUSSELL, Diane E. H. Femicide, cit., p. 18.
23. CAPUTI, Jane; RUSSELL, Diane E. H. Femicide, cit., p. 19.
24. CAPUTI, Jane; RUSSELL, Diane E. H. Femicide, cit., p. 15.
25. CAPUTI, Jane; RUSSELL, Diane E. H. Femicide, cit., p. 21.
26. CAPUTI, Jane; RUSSELL, Diane E. H. Femicide, cit., p. 15.
27. DE LAURETIS, Teresa. A tecnologia de gênero. *In*: HOLANDA, Heloisa Buarque de (org.). *Tendências e impasses*: o feminismo como crítica cultural. Rio de Janeiro: Rocco, 1994. p. 206-242.
28. AGAMBEN, Giorgio. *Homo sacer*, cit., p. 13.

29. AGAMBEN, Giorgio. *Homo sacer*, cit., p. 13.
30. AGAMBEN, Giorgio. *Homo sacer*, cit., p. 16.
31. CASAGRANDE, Carla. A mulher sob custódia. *In*: DUBY, Georges; PERROT, Michelle. *História das mulheres*: a Idade Média. Lisboa: Afrontamento, 1990. v. 2. p. 121.
32. AGAMBEN, Giorgio. *Homo sacer*, cit., p. 174.
33. AGAMBEN, Giorgio. *Homo sacer*, cit., *passim*.
34. SEGATO, Rita. *Las estructuras elementales de la violencia*. Bernal: Universidad Nacional de Quilmes, 2003.
35. Ver ALEKSIÉVITCH, Svetlana. *A guerra não tem rosto de mulher*. Tradução Cecília Rosas. São Paulo: Companhia das Letras, 2016.
36. SPIVAK, Gayatri. Displacement and the discourse of woman. *In*: HOLLAND, Nancy. *Feminist interpretations of Jacques Derrida*. Pennsylvania: The Pennsylvania State University Press, 1997.
37. THOMAS, Yan. A divisão dos sexos no direito romano. *In*: PANTEL, Pauline Schimitt (dir.); DUBY, Georges; PERROT, Michelle (org.). *História das mulheres no Ocidente*. Tradução Maria Helena da Cruz Coelho *et al.* Porto: Afrontamento, 1990. v. 1. p. 127.
38. THOMAS, Yan. A divisão dos sexos no direito romano, cit., p. 128.
39. ROUSELLE, Aline. A política dos corpos: entre procriação e continência em Roma. *In*: PANTEL, Pauline Schimitt (dir.).; DUBY, Georges; PERROT, Michelle (org.). *História das mulheres no Ocidente*, cit., v. 1. p. 353.
40. THOMAS, Yan. A divisão dos sexos no direito romano, cit., p. 129. Sobre a questão intersexual, ver DEGER, Alice Domurat. *Hermafrodites and the age of medical invention of sex*. Cambridge: Harvard University Press, 2003.

Toponomologia patriarcal: contrato sexual, caça e domesticação

1. PATEMAN, Carole. *O contrato sexual*. Tradução Marta Avancini. 5. ed. Rio de Janeiro: Paz e Terra, 2023. p. 42-44.
2. LERNER, Gerda. *A criação do patriarcado*: história da opressão das mulheres pelos homens. São Paulo: Cultrix, 2019.
3. PATEMAN, Carole. *O contrato sexual*, cit., p. 38.
4. TIBURI, Marcia. *Mundo em disputa*: design de mundo e distopia naturalizada. Rio de Janeiro: Civilização Brasileira, 2024.
5. PATEMAN, Carole. *O contrato sexual*, cit., p. 15.
6. MERCHANT, Carolyn. *The death of nature*: women, ecology, and the scientific revolution. San Francisco: Harper Collins, 1980.

7. BENJAMIN, Walter. Para uma crítica da violência. *In:* BENJAMIN, Walter. *Escritos sobre mito e linguagem*. São Paulo: Editora 34, 2013.
8. Ver SALZANI, Carlo. From Benjamin's bloßes Leben to Agamben's Nuda Vita: a genealogy. *In:* MORAN, Brendan; SALZANI, Carlo (ed.). *Towards the critique of violence*: Walter Benjamin and Giorgio Agamben. London: Bloomsbury Academic, 2015. p. 109-123.
9. DERRIDA, Jacques. *Mal de arquivo*: uma impressão freudiana. Tradução Cláudia de Moraes Rego. Rio de Janeiro: Relume-Dumará, 2001. p. 12.
10. FRAISSE, Geneviève. *Les deux gouvernements*: la famille et la Cité. Gallimard, Folio/Essais, 2000. p. 9.
11. BOCCACCIO, Giovanni. *Decameron*. São Paulo: Cosac Naify, 2013.
12. DIDI-HUBERMAN, Georges. *Venus rajada*: desnudez, sueño, crueldad. Madrid: Losada, 2005. p. 79.
13. Ver FEDERICI, Silvia. *Calibã e a bruxa*: mulheres, corpo e acumulação primitiva. Tradução Coletivo Sicorax. São Paulo: Elefante, 2023; da mesma autora, *Une guerre mondiale contre les femmes*: des chasses aux sorcièeres au feminicide. Paris: La Fabrique, 2021.
14. CANETTI, Elias. *Massa e poder*. Tradução Sérgio Tallaroli. São Paulo: Companhia das Letras, 1995. p. 93.
15. DICTIONNAIRE HISTORIQUE DE LA LANGUE FRANÇAISE, 1992, v. 2, p. 1239, citado por SARDINHA, Diogo. Motus, meute, émeute: formes du mouvement sauvage. *Princípios – Revista de Filosofia*, Natal, v. 19, n. 32, p. 109-133, jul./dez. 2012.
16. LORENZ, Konrad. *E o homem encontrou o cão*. Lisboa: Relógio D'Água, 1997.
17. CHAMAYOU, Grégoire. *Les chasses à l'homme*. Paris: La Fabrique, 2010. p. 37.
18. CHAMAYOU, Grégoire. *Les chasses à l'homme*, cit.
19. TIBURI, Marcia. Lobisomem juvenil: uma leitura biopolítica da adolescência. *Educação Unisinos,* v. 20, n. 2, p. 254-263, maio/ago. 2016.
20. CHAMAYOU, Grégoire. *Les chasses à l'homme*, cit., p. 39.
21. ADORNO, Theodor; HORKHEIMER, Max. *Dialética do esclarecimento*. Tradução Guido Almeida. Rio de Janeiro: Jorge Zahar, 1984. p. 231.
22. BUTLER, Judith. *Bodies that matter*: on the discursive limits of "sex". New York: Routledge, 1993.
23. AGAMBEN, Giorgio. *Homo sacer*: o poder soberano e a vida nua I. Tradução Henrique Burigo. Belo Horizonte: Ed. UFMG, 2002. p. 111.
24. WITTIG, Monique. *O pensamento hétero e outros ensaios*. Belo Horizonte: Autêntica, 2022. *E-book*. p. 27.

25. ADORNO, Theodor; HORKHEIMER, Max. *Dialética do esclarecimento*, cit., p. 115.
26. ADORNO, Theodor; HORKHEIMER, Max. *Dialética do esclarecimento*, cit., p. 116.
27. ADORNO, Theodor; HORKHEIMER, Max. *Dialética do esclarecimento,* cit.
28. ADORNO, Theodor; HORKHEIMER, Max. *Dialética do esclarecimento,* cit., p. 118.
29. ADORNO, Theodor; HORKHEIMER, Max. *Dialética do esclarecimento,* cit., p. 36.
30. ADORNO, Theodor; HORKHEIMER, Max. *Dialética do esclarecimento*, cit., p. 53.
31. ARISTÓTELES. *A política*. Tradução Terezinha M. Deutsch e Baby Abrão. *In*: ARISTÓTELES. Coleção os Pensadores. São Paulo: Nova Cultural, 2004.
32. LORAUX, Nicole. *Maneiras trágicas de matar uma mulher*. Tradução Mário da Gama Kury. Rio de Janeiro: Jorge Zahar, 1988. p. 54.
33. LORAUX, Nicole. *Maneiras trágicas de matar uma mulher*, cit., p. 66
34. LORAUX, Nicole. *Maneiras trágicas de matar uma mulher,* cit., p. 68.
35. LORAUX, Nicole. *Maneiras trágicas de matar uma mulher,* cit., p. 68.
36. LORAUX, Nicole. *Maneiras trágicas de matar uma mulher,* cit., p. 34.
37. LORAUX, Nicole. *Maneiras trágicas de matar uma mulher,* cit., p. 67-68.
38. DIDI-HUBERMAN, Georges. *Venus rajada,* cit., p. 97.
39. DIDI-HUBERMAN, Georges. *Venus rajada,* cit., p. 97.
40. DIDI-HUBERMAN, Georges. *Venus rajada,* cit., p. 99.

Lar, campo de concentração

1. AGAMBEN, Giorgio. *Homo sacer*: o poder soberano e a vida nua I. Tradução Henrique Burigo. Belo Horizonte: Ed. UFMG, 2002. p. 181-182.
2. FEDERICI, Silvia. *Calibã e a bruxa*: mulheres, corpo e acumulação primitiva. Tradução Coletivo Sicorax. São Paulo: Elefante, 2023. Federici remonta às teses de DALLA COSTA, Mariarosa; JAMES, Selma. *The power of women and the subversion of the community*. Bristol: Falling Wall Press, 1975; DALLA COSTA, Mariarosa. *Potere femminile e sovversione sociale*. Veneza: Marsilio Editori, 1972. p. 31.
3. FEDERICI, Silvia. *Calibã e a bruxa*, cit., p. 16-18.
4. AGAMBEN, Giorgio. *Homo sacer*, cit., p. 15.
5. AGAMBEN, Giorgio. *Homo sacer,* cit., p. 27.
6. FOUCAULT, Michel. *História da loucura*. São Paulo: Perspectiva, 2019; *Vigiar e punir*. Tradução Raquel Ramalhete. 42. ed. Petrópolis: Vozes, 2014.

7. AGAMBEN, Giorgio. *Homo sacer,* cit., p. 177.
8. AGAMBEN, Giorgio. *Homo sacer,* cit., p. 177.
9. AGAMBEN, Giorgio. *Homo sacer,* cit., p. 178.
10. AGAMBEN, Giorgio. *Homo sacer,* cit., p. 182.
11. POWER, Samantha. *A problem from hell:* America and the Age of Genocide. New York: Basic Books, 2002.

Uterocentrismo: a exceção inscrita no próprio corpo

1. TRILLAT, Étienne. *História da histeria*. São Paulo: Escuta, 1991. p. 18-25. .
2. Ver AMORIM, Patrícia Mafra de. *A recusa da vagina*: Karen Horney, o feminismo e a feminilidade na psicanálise. Porto Alegre: Artes & Ecos, 2023.
3. MALABOU, Catherine. *O prazer censurado:* clitóris e pensamento. São Paulo: UBU, 2024.
4. DERRIDA, Jacques. *Mal de arquivo*: uma impressão freudiana. Tradução Cláudia de Moraes Rego. Rio de Janeiro: Relume-Dumará, 2001.
5. FREUD, Sigmund. Fragmento da análise de um caso de histeria (1969). *In*: FREUD, Sigmund. *Edição standard brasileira das obras psicológicas completas de Sigmund Freud.* Tradução J. Salomão. v. 7. p. 1-119.
6. GOLDMAN, Emma. *La prostitución*. Disponível em: https://www.marxists.org/espanol/goldman/1910/005.htm. Acesso em: 10 maio 2025.
7. CASAGRANDE, Carla. A mulher sob custódia. *In*: DUBY, Georges; PERROT, Michelle. *História das mulheres*: a Idade Média. Lisboa: Afrontamento, 1990. v. 2. p. 121.
8. FREUD, Sigmund; BREUER, Joseph. Srta. Anna O. *In*: FREUD, Sigmund. *Obras completas volume II*: Estudos sobre a histeria (1893-1895). Tradução Laura Barreto. São Paulo: Companhia das Letras, 2016.
9. PLATÃO. *Mênon*. Tradução Maura Iglésias. São Paulo: Loyola; Rio de Janeiro: PUC Rio, 2001.

Esteticonomia feminicida: partilha política da morte das mulheres

1. ADAMS, Carol. *A política sexual da carne*: a relação entre o carnivorismo e a dominância masculina. São Paulo: Alaúde, 2012. p. 27.
2. FLUSSER, Vilém. *O mundo codificado*. São Paulo: Cosac Naify, 2007. p. 90.
3. WITTIG, Monique. *O pensamento hétero e outros ensaios.* Belo Horizonte: Autêntica, 2022. *E-book.* p. 20.
4. LORAUX, Nicole. *Maneiras trágicas de matar uma mulher*. Tradução Mário da Gama Kury. Rio de Janeiro: Jorge Zahar, 1988.

5. BRONFEN, Elisabeth. *Over her dead body*: death, femininity and the aesthetic. Manchester: University Press, 1992.
6. MULVEY, Laura. *Visual and other pleasures*. Hampshire: Palgrave Macmillan, 2009. Ver também: CHAUDHURI, Shohini. *Feminist film theorists*: Laura Mulvey, Kaja Silverman, Teresa de Lauretis, Barbara Creed. London: Routledge, 2006.
7. Ver ARAN, Márcia. Lacan e o feminino: algumas considerações críticas. *Nat. hum.*, São Paulo, v. 5, n. 2, p. 293-327, dez. 2003. Disponível em: http://pepsic.bvsalud.org/scielo.php?script=sci_arttext&pid=S1517-24302003000200001&lng=pt&nrm=iso. Acesso em: 27 fev. 2025.
8. KANT, Immanuel. *Observações sobre o sentimento do belo e do sublime*: ensaio sobre as doenças mentais. Tradução Vinicius Figueiredo. Campinas: Papirus, 1993. Ver principalmente o capítulo "Da diferença entre o sublime e o belo na relação dos sexos", p. 47-64.
9. RIVERA, Tânia. Ensaio sobre a sublimação. *Discurso*, n. 36, p. 311-325, 2007.
10. RANCIÈRE, Jacques. *O inconsciente estético*. Tradução Monica Costa Neto. São Paulo: Editora 34, 2009.
11. Ver: PELIKAN, Jaroslav. *Maria através dos séculos*: seu papel na história da cultura. São Paulo: Companhia das Letras, 2000; SCHMITT, Jean-Claude. *O corpo das imagens*: ensaios sobre a cultura visual na Idade Média. São Paulo: Edusc, 2007; JURKEVICS, Vera Irene. Virgem Maria: paradigma da "superioridade espiritual feminina". FAZENDO GÊNERO 9: Diásporas, Diversidade, Descolamentos, Universidade Federal de Santa Catarina. *Anais* [...], 2010.
12. BOURDIEU, Pierre. *A distinção*: crítica social do julgamento. Tradução Daniela Kern. São Paulo: Edusp; Porto Alegre: Zouk, 2007. p. 14.
13. ROELOFS, Monique. *A promessa cultural do estético.* Tradução Carla Damião. Rio de Janeiro: PUC Rio; Belo Horizonte: Relicário, 2023.
14. KANTOROWICZ, Ernst H. *Os dois corpos do rei*: um estudo sobre teologia política medieval. Tradução Cid Knipel Moreira. São Paulo: Companhia das Letras, 1998.
15. TIBURI, Marcia. *Morte nua*: necropolítica da guerra ou a morte como capital. *Revista Cult*, 30 nov. 2023.
16. DIDI-HUBERMAN, Georges. *Ninfa moderna*: essai sur le Drapé Tombé. Paris: Gallimard, 2002.
17. MILLAIS, John Everett. *The Artist Attending the Mourning of a Young Girl*. *c.* 1847. Óleo sobre tela. Disponível em: https://www.tate.org.uk/art/artworks/millais-the-artist-attending-the-mourning-of-a-young-girl-t07135. Acesso em: 4 jun. 2025.

18. Ver DUARTE, Rodrigo (org.). *O belo autônomo*: textos clássicos de estética. São Paulo: Autêntica, 2012.
19. DERRIDA, Jacques. *A escritura e a diferença*. São Paulo: Perspectiva, 2009.
20. NANCY, Jean-Luc. Imagem, mímesis & méthexis. *In:* ALLOA, Emmanuel (org.). *Pensar a imagem*. Coord. de tradução Carla Rodrigues. São Paulo: Autêntica, 2015. p. 57.
21. NANCY, Jean-Luc. Imagem, mímesis & méthexis, cit., p. 57.
22. NANCY, Jean-Luc. Imagem, mímesis & méthexis, cit., p. 57.
23. NANCY, Jean-Luc. Imagem, mímesis & méthexis, cit., p. 57.
24. NANCY, Jean-Luc. Imagem, mímesis & méthexis, cit., p. 57.
25. NANCY, Jean-Luc. 2015. Imagem, mímesis & méthexis, cit., p. 55.
26. DIDI-HUBERMAN, Georges. *O que vemos, o que nos olha*. São Paulo: Editora 34, 2010.
27. NANCY, Jean-Luc. Imagem, mímesis & méthexis, cit., p. 59.
28. NANCY, Jean-Luc. Imagem, mímesis & méthexis, cit., p. 60.

Ninfa Morta

1. WARBURG, Aby. *Atlas Mnemosyne*. Madrid: Akal, 2010.
2. DIDI-HUBERMAN, Georges. *L'Image Survivante*: histoire et l'art et temps des fantômes selon Aby Warburg. Paris: Las Éditions de Minuit, 2002. p. 281.
3. DIDI-HUBERMAN, Georges. *L'Image Survivante*, cit., p. 284.
4. JENSEN, Wilhelm. *Gradiva*: uma fantasia pompeiana. Tradução Ângelo Melim. Rio de Janeiro: Jorge Zahar, 1987. p. 11. Em alemão: JENSEN, Wilhelm. *Gradiva: Ein pompejanisches Phantasiestück*. 2011. Disponível em: http://www.gutenberg.org/files/36275/36275-0.txt. Acesso em: 10 maio 2025.
5. DIDI-HUBERMAN, Georges. *L'Image Survivante*, cit., p. 246.
6. AGAMBEN, Giorgio. *Ninfe*. Torino: Bolatti Boringhieri, 2007. p. 26.
7. AGAMBEN, Giorgio. *Ninfe*, cit., p. 49.
8. AGAMBEN, Giorgio. *Ninfe*, cit., p. 45.
9. AGAMBEN, Giorgio. *Ninfe*, cit., p. 50.
10. AGAMBEN, Giorgio. *Ninfe*, cit., p. 46.
11. AGAMBEN, Giorgio. *Ninfe*, cit., p. 47-48.
12. POE, Edgar Allan. Filosofia da composição. *In*: POE, Edgar Allan. *Poesia e prosa*. Tradução Oscar Mendes e Milton Amado. Porto Alegre: Globo, 1960. p. 506.
13. BRONFEN, Elisabeth. *Over her dead body*: death, femininity and the aesthetic. Manchester, University Press, 1996. p. 59-75.
14. AGAMBEN, Giorgio. *Ninfe*, cit., p. 49.

15. DEBRAY, Régis. *Vida e morte da imagem*. Tradução Guilherme Teixeira. Petrópolis: Vozes, 1993.
16. DIDI-HUBERMAN, Georges. *L'Image Survivante*, cit., p. 348.
17. DIDI-HUBERMAN, Georges. *L'Image Survivante*, cit., p. 354.
18. AUERBACH, Eric. *Figura*. Tradução Modesto Carone. São Paulo: Ática, 1997. p. 9.
19. AUERBACH, Eric. *Figura*, cit., p. 13.
20. AUERBACH, Eric. *Figura*, cit., p. 41.
21. AUERBACH, Eric. *Figura*, cit., p. 27.
22. AUERBACH, Eric. *Figura*, cit., p. 31.
23. AUERBACH, Eric. *Figura*, cit., p. 17.
24. AUERBACH, Eric. *Figura*, cit., p. 18.
25. AUERBACH, Eric. *Figura*, cit., p. 22.
26. BARTHOLOMEU, Cesar (org.). *Dossiê Aby Warburg. Revista Arte e Ensaios – Revista do Programa de Pós-Graduação em Artes Visuais – EBA*, UFRJ, ano XVI, n. 19, 2009. p. 126 [grifo da autora].
27. AGAMBEN, Giorgio. *Ninfe*, cit., p. 18.
28. AGAMBEN, Giorgio. *Homo sacer:* o poder soberano e a vida nua I. Tradução Henrique Burigo. Belo Horizonte: UFMG, 2002.
29. FREUD, Sigmund. Das Unheimliche. *Europäischer Literaturvlg*. [*S. l.*: *s. n.*], 2012.

Parte II – MODELOS

Branca de Neve

1. ADORNO, Theodor. *Minima Moralia*. Tradução Guido Almeida. São Paulo: Ática, 1991.
2. AGAMBEN, Giorgio. *O aberto*. Rio de Janeiro: Civilização Brasileira, 2013.
3. ADORNO, Theodor; HORKHEIMER, Max. *Dialética do esclarecimento*. Tradução Guido Almeida. Rio de Janeiro: Jorge Zahar, 1984. p. 10.
4. ADORNO, Theodor; HORKHEIMER, Max. *Dialética do esclarecimento*, cit.

Antígona

1. LORAUX, Nicole. *Maneiras trágicas de matar uma mulher*. Tradução Mário da Gama Kury. Rio de Janeiro: Jorge Zahar, 1988.
2. LORAUX, Nicole. *Maneiras trágicas de matar uma mulher*, cit., p. 31.
3. BUTLER, Judith. *A reivindicação de Antígona*: o parentesco entre a vida e a morte. Tradução Jamile Dias Pinheiro. Rio de Janeiro: Civilização Brasileira, 2022. *E-book*. p. 51.

4. BUTLER, Judith. *A reivindicação de Antígona,* cit., *passim.*
5. BUTLER, Judith. *A reivindicação de Antígona,* cit., p. 21.
6. BUTLER, Judith. *A reivindicação de Antígona,* cit., p. 51.
7. BUTLER, Judith. *A reivindicação de Antígona,* cit., p. 22-23.
8. BUTLER, Judith. *A reivindicação de Antígona,* cit., p. 22-23.
9. BUTLER, Judith. *A reivindicação de Antígona,* cit., p. 23.
10. BUTLER, Judith. *A reivindicação de Antígona,* cit., p. 23.
11. LORAUX, Nicole. *Maneiras trágicas de matar uma mulher,* cit., p. 64.
12. LORAUX, Nicole. *Maneiras trágicas de matar uma mulher,* cit., p. 64.
13. LORAUX, Nicole. *Maneiras trágicas de matar uma mulher,* cit., p. 64.
14. LORAUX, Nicole. *Maneiras trágicas de matar uma mulher,* cit., p. 64.
15. LORAUX, Nicole. *Maneiras trágicas de matar uma mulher,* cit., p. 72.
16. LORAUX, Nicole. *Maneiras trágicas de matar uma mulher,* cit., p. 72.
17. HONIG, Bonnie. *Antigone, interrupted.* Cambridge University Press, 2013. *E-book.* p. 10.

Ofélia

1. DJIKSTRA, Bram. *Idols of perversity*: fantasies of feminine evil in fin-de-siecle culture. Oxford University Press, 1986. p. 60.
2. BLAY, Eva Alterman. *Assassinato de mulheres e direitos humanos.* São Paulo: Editora 34. p. 23.
3. FOUCAULT, Michel. *História da loucura.* São Paulo: Perspectiva, 2019.
4. BACHELARD, Gaston. *A água e os sonhos*: ensaio sobre a imaginação da matéria. Tradução Antonio de Pádua Danesi. São Paulo: Martins Fontes, 2002. p. 84.
5. LACAN, Jacques. *Hamlet por Lacan.* Campinas: Escuta/Liubliú, 1986.
6. BACHELARD, Gaston. *A água e os sonhos,* cit., p. 84.
7. FREUD, Sigmund. *Die Traumdeutung.* Frankfurt: S. Fischer, 1999. p. 316. Ver também TIBURI, Marcia. *Complexo de vira-lata*: análise da humilhação brasileira. Rio de Janeiro: Civilização Brasileira, 2021.
8. LACAN, Jacques. *Hamlet por Lacan,* cit., p. 61.
9. LORAUX, Nicole. *Maneiras trágicas de matar uma mulher.* Tradução Mário da Gama Kury. Rio de Janeiro: Jorge Zahar, 1988. p. 7.
10. LORAUX, Nicole. *Maneiras trágicas de matar uma mulher,* cit., p. 8.
11. LORAUX, Nicole. *Maneiras trágicas de matar uma mulher,* cit., p. 10.
12. LORAUX, Nicole. *Maneiras trágicas de matar uma mulher,* cit., p. 11.
13. ARISTÓTELES. *Poética.* Tradução Eudoro de Souza. Edição bilíngue. São Paulo: Ars Poética, 1992.

14. ARISTÓTELES. *Poética*, cit., p. 11-12.
15. PETERSON, Kaara. Framing Ophelia: representation and the pictorial tradition. *Mosaic – A Journal for the Interdisciplinary Study of Literature*, 31.3, p. 1-24, September 1998.
16. BRONFEN, Elisabeth. *Over her dead body*: death, femininity and the aesthetic. Manchester: University Press, 1992.

Diadorim

1. LORAUX, Nicole. *Maneiras trágicas de matar uma mulher*. Tradução Mário da Gama Kury. Rio de Janeiro: Jorge Zahar, 1988. p. 9.
2. LORAUX, Nicole. *Maneiras trágicas de matar uma mulher*, cit., p. 11.
3. FOUCAULT, Michel. *História da sexualidade*. Tradução Maria T. C. Albuquerque. 13. ed. Rio de Janeiro: Graal, 1999. v. I: A vontade de saber. p. 133.
4. DERRIDA, Jacques. *Mal de arquivo:* uma impressão freudiana. Tradução Cláudia de Moraes Rego. Rio de Janeiro: Relume-Dumará, 2001. p. 329.
5. HANSEN, João Adolfo. *O o*: a ficção da literatura em *Grande sertão: veredas*. São Paulo: Hedra, 2000. p. 131.
6. HANSEN, João Adolfo. *O o*, cit., p. 133.
7. GUIMARÃES ROSA, João. *Grande sertão*: veredas. Rio de Janeiro: Nova Fronteira, 1986. p. 126.
8. GUIMARÃES ROSA, João. *Grande sertão*: veredas, cit., p. 125.
9. GUIMARÃES ROSA, João. *Grande sertão*: veredas, cit., p. 78.
10. TIBURI, Marcia. Marias Bonitas: entre a mulher mítica e as mulheres reais, uma fratura no sertão. *In:* QUEIROZ, André (org.). *Arte & pensamento*: a reinvenção do Nordeste. Fortaleza: Sesc, 2010. p. 111.
11. BUTLER, Judith. *Problemas de gênero*: feminismo e subversão da identidade. Tradução Renato Aguiar. Rio de Janeiro: Civilização Brasileira, 2003. p. 8.
12. GUIMARÃES ROSA, João. *Grande sertão:* veredas, cit., p. 21.
13. GUIMARÃES ROSA, João. *Grande sertão:* veredas, cit., p. 21.
14. HANSEN, João Adolfo. *O o*, cit., p. 131.
15. GUIMARÃES ROSA, João. *Grande sertão:* veredas, cit., p. 530.
16. GUIMARÃES ROSA, João. *Grande sertão:* veredas, cit., p. 157.
17. LORAUX, Nicole. *Maneiras trágicas de matar uma mulher*, cit., p. 57.
18. LINS, Daniel. *Lampião, o homem que amava as mulheres*: o imaginário do cangaço. São Paulo, Annablume, 1997. p. 129.
19. LINS, Daniel. *Lampião, o homem que amava as mulheres*, cit., p. 129.
20. LINS, Daniel. *Lampião, o homem que amava as mulheres*, cit., p. 67.
21. GUIMARÃES ROSA, João. *Grande sertão:* veredas, cit., p. 16.

22. ELIADE, Mircea. *Mefistófeles e o andrógino ou o mistério da totalidade*. São Paulo: Martins Fontes, p. 124.
23. HANSEN, João Adolfo. *O o*, cit., p. 131.

Gradiva

1. FREUD, Sigmund. *Delírios e sonhos na Gradiva de Jensen*. Rio de Janeiro: Imago, 1997.
2. FREUD, Sigmund. *Delírios e sonhos na Gradiva de Jensen*, cit., p. 11.
3. PLÍNIO, o Velho. História natural. *In*: LICHTENSTEIN, Jacqueline (org.). *A pintura*: textos essenciais. Tradução Magnólia Costa. São Paulo: Editora 34, 2004.
4. DERRIDA, Jacques. *Mal de arquivo*: uma impressão freudiana. Tradução Cláudia de Moraes Rego. Rio de Janeiro: Relume-Dumará, 2001. p. 329.
5. DERRIDA, Jacques. *Mal de arquivo*, cit., p. 111.
6. FREUD, Sigmund. *Delírios e sonhos na Gradiva de Jensen*, cit., p. 9
7. FREUD, Sigmund. *Delírios e sonhos na Gradiva de Jensen*, cit., p. 77.
8. DERRIDA, Jacques. *Mal de arquivo*, cit., p. 116.
9. AUERBACH, Eric. *Figura*. Tradução Modesto Carone. São Paulo: Ática, 1997. p. 51.
10. FREUD, Sigmund. *Delírios e sonhos na Gradiva de Jensen*, cit., p. 25.
11. FREUD, Sigmund. *Delírios e sonhos na Gradiva de Jensen*, cit., p. 37.
12. FREUD, Sigmund. *Delírios e sonhos na Gradiva de Jensen*, cit., p. 37.
13. FREUD, Sigmund. *Delírios e sonhos na Gradiva de Jensen*, cit., p. 60.
14. FREUD, Sigmund. *Delírios e sonhos na Gradiva de Jensen*, cit., p. 50.
15. DERRIDA, Jacques. *Mal de arquivo*, cit., p. 113.
16. FREUD, Sigmund. *Delírios e sonhos na Gradiva de Jensen*, cit., p. 85.
17. DERRIDA, Jacques. *Mal de arquivo*, cit., p. 113-114.
18. DERRIDA, Jacques. *Mal de arquivo*, cit., p. 114.
19. FREUD, Sigmund. *Delírios e sonhos na Gradiva de Jensen*, cit., p. 41.
20. JENSEN, Wilhelm. *Gradiva*: uma fantasia pompeiana. Tradução Ângelo Melim. Rio de Janeiro: Jorge Zahar, 1987. p. 13.
21. JENSEN, Wilhelm. *Gradiva*, cit., p. 98.
22. JENSEN, Wilhelm. *Gradiva*, cit., p. 98-99.
23. FREUD, Sigmund. *Delírios e sonhos na Gradiva de Jensen*, cit., p. 34.
24. JENSEN, Wilhelm. *Gradiva*, cit., p. 60.
25. JENSEN, Wilhelm. *Gradiva*, cit., p. 83.
26. JENSEN, Wilhelm. *Gradiva*, cit., p. 65.
27. JENSEN, Wilhelm. *Gradiva*, cit., p. 65.

28. JENSEN, Wilhelm. *Gradiva,* cit., p. 100.
29. JENSEN, Wilhelm. *Gradiva,* cit., p. 84.
30. DERRIDA, Jacques. *Mal de arquivo*, cit., p. 113.

Epílogo – As mulheres nas fogueiras do piromachismo

1. BOURDIEU, Pierre. *A dominação masculina.* Tradução Pierre Kühner. 11. ed. Rio de Janeiro. Rio de Janeiro: Bertrand Brasil, 2012. p. 34.

REFERÊNCIAS

ADAMS, Carol. *A política sexual da carne*: a relação entre o carnivorismo e a dominância masculina. São Paulo: Alaúde, 2012.

ADORNO, Theodor. *Dialética negativa*. Rio de Janeiro: Jorge Zahar, 2009.

ADORNO, Theodor. *Minima Moralia*. Tradução Guido Almeida. São Paulo: Ática, 1991.

ADORNO, Theodor. Sobre sujeito e objeto. *In*: ADORNO, Theodor. *Palavras e sinais*: modelos críticos 2. Tradução Maria Helena Ruschel. Petrópolis: Vozes, 1995.

ADORNO, Theodor W. *Stichworte, Kritische Modelle 2, EA*. Frankfurt/Main: Suhrkamp, 1969.

ADORNO, Theodor; HORKHEIMER, Max. *Dialética do esclarecimento*. Tradução Guido Almeida. Rio de Janeiro: Jorge Zahar, 1984.

AGAMBEN, Giorgio. Aby Warburg e a ciência sem nome. *Revista Arte e Ensaios – Revista do Programa de Pós-Graduação em Artes Visuais – EBA*, Rio de Janeiro: UFRJ, ano 16, n. 19, 2009.

AGAMBEN, Giorgio. *Homo sacer*: o poder soberano e a vida nua I. Tradução Henrique Burigo. Belo Horizonte: Ed. UFMG, 2002.

AGAMBEN, Giorgio. *Ninfe*. Torino: Bolatti Boringhieri, 2007.

AGAMBEN, Giorgio. *O aberto*. Rio de Janeiro: Civilização Brasileira, 2013.

AGAMBEN, Giorgio. *O que é um dispositivo*. Chapecó: Argos, 2014.

ALEKSIÉVITCH, Svetlana. *A guerra não tem rosto de mulher*. Tradução Cecília Rosas. São Paulo: Companhia das Letras, 2016.

ALMEIDA, Leonardo Vieira de. *Diadorim*: o pacto como emblema trágico do corpo. Disponível em: http://www.filologia.org.br/ixcnlf/7/01.htm. Acesso em: 10 maio 2025.

AMORIM, Patrícia Mafra de. *A recusa da vagina*: Karen Horney, o feminismo e a feminilidade na psicanálise. Porto Alegre: Artes & Ecos, 2023.

AMORÓS, Celia. *Hacia una crítica de la razón patriarcal*. 2. ed. Barcelona: Anthropos, 1991.

ARAN, Márcia. Lacan e o feminino: algumas considerações críticas. *Nat. hum.*, São Paulo, v. 5, n. 2, p. 293-327, dez. 2003. Disponível em: http://pepsic.bvsalud.org/scielo.php?script=sci_arttext&pid=S1517-24302003000200001&lng=pt&nrm=iso. Acesso em: 27 fev. 2025.

ARENDT, Hannah. *A condição humana*. Tradução Roberto Raposo e Adriano Correia. 11. ed. Rio de Janeiro: Forense Universitária, 2014.

ARENDT, Hannah. *A vida do espírito*: o pensar, o querer, o julgar. Tradução Antônio Abranches, Cesar Augusto R. de Almeida e Helena Martins. 4. ed. Rio de Janeiro: Relume-Dumará, 2000.

ARISTÓTELES. *A política*. Tradução Roberto Leal Ferreira. São Paulo: Martins Fontes, 2006.

ARISTÓTELES. *A política*. Tradução Terezinha M. Deutsch e Baby Abrão. *In*: ARISTÓTELES. *Coleção os Pensadores*. São Paulo: Nova Cultural, 2004.

ARISTÓTELES. *Metafísica*. Edición trilíngue por Valentin Garcia Yebra. 2. ed. rev. Madrid: Gredos, 1970.

ARISTÓTELES. *Poética*. Tradução Eudoro de Souza. Edição bilíngue. São Paulo: Ars Poética, 1992.

ARTAUD, Antonin. *Van Gogh*: le suicidé de la société. Paris: Allia, 2025.

ATWOOD, Margaret. *O conto da aia*. Rio de Janeiro: Rocco, 2017.

AUERBACH, Eric. *Figura*. Tradução Modesto Carone. São Paulo: Ática, 1997.

BACHELARD, Gaston. *A água e os sonhos*: ensaio sobre a imaginação da matéria. Tradução Antonio de Pádua Danesi. São Paulo: Martins Fontes, 2002.

BAGAGLI, Beatriz Pagliarini. *"Cisgênero" nos discursos feministas*: uma palavra "tão defendida; tão atacada; tão pouco entendida". Campinas: Unicamp/IEL/Setor de Publicações, 2015.

BARTHOLOMEU, Cesar (org.). *Dossiê Aby Warburg. Revista Arte e Ensaios – Revista do Programa de Pós-Graduação em Artes Visuais – EBA*, UFRJ, ano XVI, n. 19, 2009.

BEAUVOIR, Simone de. *O segundo sexo*. Tradução Sérgio Milliet. 2. ed. Rio de Janeiro: Nova Fronteira, 2009.

BENJAMIN, Walter. Crítica da violência, crítica do poder (1921). Tradução Willi Bolle. *In: Documentos de cultura, documentos de bárbarie:* escritos escolhidos, seleção e apresentação de Willi Bolle. Tradução Celeste H. M. R. de Souza *et al.* São Paulo: Cultrix: Edusp, 1986. p. 160-175.

BENJAMIN, Walter. Kapitalismus als Religion (1921). *Gesammelte Schriften*, Bd. 6, Ffm.

BENJAMIN, Walter. Para uma crítica da violência. *In:* BENJAMIN, Walter. *Escritos sobre mito e linguagem*. São Paulo: Editora 34, 2013.

BENJAMIN, Walter. *Para una crítica de la violencia y otros ensayos*. Madrid: Taurus, 1991 (Iluminaciones IV).

BLAY, Eva Alterman. *Assassinato de mulheres e direitos humanos*. São Paulo: Editora 34, 2008.

BLOCH, R. Howard. *Misoginia medieval e a invenção do amor romântico ocidental.* Tradução Claudia Moraes. São Paulo: Editora 34, 1995.

BOCCACCIO, Giovanni. *Decameron.* São Paulo: Cosac Naify, 2013.

BODIN, Jean. *Seis livros da República*: Livro VIII. São Paulo: Ícone, 2011.

BÖHME, Hartmut; BÖHME, Gernot. *Das Andere der Vernunft*: Zur Entwicklung von Rationalitätsstrukturen am Beispiel Kants. Frankfurt am Main: Suhrkamp, 1985.

BONOMI, Carlo. Withstanding trauma: the significance of Emma Eckstein's circumcision to Freud's Irma dream. *The Psychoanalytic Quarterly*, v. LXXXII, n. 3, p. 689-740, 2013.

BORGES, Sonia. Letra a letra, o gozo da escrita. *Revista Tempo Psicanalítico*, Rio de Janeiro, v. 40.2, p. 339-357, 2008.

BOURDIEU, Pierre. *A distinção*: crítica social do julgamento. Tradução Daniela Kern. São Paulo: Edusp; Porto Alegre: Zouk, 2007.

BOURDIEU, Pierre. *A dominação masculina*. Tradução Pierre Kühner. 11. ed. Rio de Janeiro. Rio de Janeiro: Bertrand Brasil, 2012.

BOURDIEU, Pierre. *Sur la télévision*. Paris: Liber, 1996.

BOURDIEU, Pierre. *Sur l'État*: Cours au Collège de France (1989-1992). Paris: Raisons d'Agir: Seuil, 2012.

BRONFEN, Elisabeth. *Over her dead body*: death, femininity and the aesthetic. Manchester, University Press, 1996.

BUTLER, Judith. *A reivindicação de Antígona*: o parentesco entre a vida e a morte. Tradução Jamile Dias Pinheiro. Rio de Janeiro: Civilização Brasileira, 2022. *E-book*.

BUTLER, Judith. *Bodies that matter*: on the discursive limits of "sex". New York: Routledge, 1993.

BUTLER, Judith. *Gender trouble*: feminism and the subversion of identity. New York: London: Routledge, 1990.

BUTLER, Judith. *Problemas de gênero*: feminismo e subversão da identidade. Tradução Renato Aguiar. Rio de Janeiro: Civilização Brasileira, 2003.

CANETTI, Elias. *Massa e poder*. Tradução Rodolfo Krestan. São Paulo: Melhoramentos; Brasília: Ed. Universidade de Brasília, 1983.

CANETTI, Elias. *Massa e poder.* Tradução Sérgio Tallaroli. São Paulo: Companhia das Letras, 1995.

CAPUTI, Jane; RUSSELL, Diane E. H. Femicide: sexist terrorism against women. *In:* RUSSELL, Diana E. H.; RADFORD, Jill (ed.). *Femicide:* the politics of woman killing. New York: Twayne Publishers, 1992.

CARNEIRO, Sueli. *Dispositivo de racialidade*: a construção do outro como não ser como fundamento do ser. Rio de Janeiro: Zahar, 2023.

CAROPRESO, Fátima. O instinto de morte segundo Sabina Spielrein. *Psicologia USP*, v. 27, n. 3, p. 414-419, 2016.

CARRARA, Sérgio; SAGGESE, Gustavo. Masculinidades, violência e homofobia. *In*: GOMES, R. (org.). *Saúde do homem em debate*. Rio de Janeiro: Editora Fiocruz, 2011. p. 201-225.

CARTER, Angela. The snow child. *In:* CARTER, Angela. *The bloody chamber and other stories*. Harmondsworth: Penguin, 1988.

CARVALHO, Felipe. Grammy 2025: mulher de Kanye West fica completamente nua no tapete vermelho. *CNN Brasil,* 2 fev. 2025. Disponível em: https://www.cnnbrasil.com.br/entretenimento/grammy-2025-mulher-de-kanye-west-fica-completamente-nua-no-tapete-vermelho/. Acesso em: 10 maio 2025.

CASAGRANDE, Carla. A mulher sob custódia. *In:* DUBY, Georges; PERROT, Michelle. *História das mulheres*: a Idade Média. Lisboa: Afrontamento, 1990. v. 2.

CHAMAYOU, Grégoire. *Les chasses à l'homme*. Paris: La Fabrique, 2010.

CHAUDHURI, Shohini. *Feminist film theorists*: Laura Mulvey, Kaja Silverman, Teresa de Lauretis, Barbara Creed. London: Routledge, 2006.

COELHO, Maria Cecília de Miranda Nogueira. Banhos de sangue femininos: reflexões sobre um tópos. *In:* BORGES, Maria de Lourdes; TIBURI, Márcia (org.). *Filosofia*: machismos e feminismos. Florianópolis: Ed. da UFSC, 2014. p. 193-218.

COLLING, Ana Maria. Violência contra as mulheres: herança cruel do patriarcado. *Revista Diversidade e Educação*, v. 8, número especial, p. 171-194, 2020. DOI 10.14295/dev8iEspeciam10944.

CUSICANQUI, Silvia Rivera. *Ch'ixinakax utxiwa*: uma reflexão sobre práticas e discursos descolonizadores. Tradução Ana Luiza Braga e Lior Zisman Zalis. São Paulo: N-1 Edições, 2021.

D'EAUBONNE, Françoise. *Le féminisme ou la mort*. Paris: Le Passager Clandestine, 2021.

DALLA COSTA, Mariarosa. *Potere femminile e sovversione sociale*. Veneza: Marsilio Editori, 1972.

DALLA COSTA, Mariarosa; JAMES, Selma. *The power of women and the subversion of the community*. Bristol: Falling Wall Press, 1975.

DAVIS, Angela. *Mulher, raça e classe*. Tradução livre. Plataforma Gueto, 2013.

DE LAURETIS, Teresa. A tecnologia de gênero. *In*: HOLANDA, Heloisa Buarque de (org.). *Tendências e impasses*: o feminismo como crítica cultural. Rio de Janeiro, Rocco, 1994. p. 206-242.

DE LAURETIS, Teresa. *The technology of gender*. Indiana University Press, 1987.

DEBORD, Guy. *Sociedade do espetáculo*. Rio de Janeiro: Contraponto, 2007.

DEBRAY, Régis. *Vida e morte da imagem*. Tradução Guilherme Teixeira. Petrópolis: Vozes, 1993.

DEGER, Alice Domurat. *Hermafrodites and the age of medical invention of sex*. Cambridge: Harvard University Press, 2003.

DERRIDA, Jacques. *A escritura e a diferença*. São Paulo: Perspectiva, 2009.

DERRIDA, Jacques. *Força de lei*: o "fundamento místico da autoridade". São Paulo: Martins Fontes, 2007.

DERRIDA, Jacques. *Mal de arquivo*: uma impressão freudiana. Tradução Cláudia de Moraes Rego. Rio de Janeiro: Relume-Dumará, 2001.

DÍAZ, Cláudio. *Vermeer, o la mujer naturaleza muerta*. Málaga: Universidad de Málaga, 2001.

DIDI-HUBERMAN, Georges. *L'image Survivante*: Histoire et l'art et temps des fantômes selon Aby Warburg. Paris: Las Éditions de Minuit, 2002.

DIDI-HUBERMAN, Georges. *Ninfa moderna*: Essai sur le Drapé Tombé. Paris: Gallimard, 2002.

DIDI-HUBERMAN, Georges. *O que vemos, o que nos olha*. São Paulo: Editora 34, 2010.

DIDI-HUBERMAN, Georges. *Phasmes*: Essais sur L'apparition. Paris: Las Éditions de Minuit, 1998.

DIDI-HUBERMAN, Georges. *Venus rajada*: desnudez, sueño, crueldad. Madrid: Losada, 2005.

DIJKSTRA, Bram. *Idols of perversity*: fantasies of feminine evil in fin-de-siècle culture. Oxford University Press, 1986.

DUARTE, Rodrigo (org.). *O belo autônomo*: textos clássicos de estética. São Paulo: Autêntica, 2012.

DUBOYS, Albert. *Histoire de droit criminel des peuples modernes*. Paris: Durand, 1854.

DUBY, Georges; PERROT, Michelle (org.). *História das mulheres*. Porto: Afrontamento; São Paulo: Ebradil, 1991.

ELIADE, Mircea. *Mefistófeles e o andrógino ou o mistério da totalidade*. São Paulo: Martins Fontes, 1999.

ELIAS, Norbert. *A sociedade de corte*: investigação sobre a sociologia da realeza e da aristocracia de corte. Rio de Janeiro: Jorge Zahar, 2001.

ESPINOSA, Baruch de. *Tratado teológico-político*. São Paulo: Martins Fontes, 2003.

FANON, Frantz. *Peau Noir, Masques Blancs*. Paris: Seuil, 1971.

FAUSTO-STERLING, Anne. *Sexing the body*: gender politics and the construction of sexuality. New York: Basic Books, 2000.

FEDERICI, Silvia. *Calibã e a bruxa*: mulheres, corpo e acumulação primitiva. Tradução Coletivo Sicorax. São Paulo: Elefante, 2023.

FEDERICI, Silvia. *Une guerre mondiale contre les femmes*: des chasses aux sorcièeres au feminicide. Paris: La Fabrique, 2021.

FEMINICÍDIOS em 2023: estimativas globais de feminicídios por parceiro íntimo ou membro da família. *Nações Unidas Brasil,* 25 nov. 2024. Disponível em: https://brasil.un.org/pt-br/284409-feminic%C3%ADdios-em-2023-estimativas-globais-de-feminic%C3%ADdios-por-parceiro-%C3%ADntimo-ou-membro-da. Acesso em: 10 maio 2025.

FERRAZ, Maria Cristina Franco. *Platão*: as artimanhas do fingimento. Rio de Janeiro: Relume-Dumará, 1999.

FIORENZA, Elisabeth Schlüsser. *But she said*: feminist practices of biblical interpretation. Boston: Beacon Press, 2005.

FLUSSER, Vilém. *A escrita*: há futuro para a escrita? São Paulo: Annablume, 2010.

FLUSSER, Vilém. O que é comunicação? *In:* FLUSSER, Vilém. *O mundo codificado*. São Paulo: Cosac Naify, 2007.

FLUSSER, Vilém. *O mundo codificado*. São Paulo: Cosac Naify, 2007.

FONSECA, Bruno; CUSTÓDIO, Rafael. Brasil tem um assassinato de pessoa trans a cada 3 dias, aponta relatório. *Brasil de Fato,* 29 jan. 2024. Disponível em: https://www.brasildefato.com.br/2024/01/29/brasil-tem-um-assassinato-de-pessoa-trans-a-cada-3-dias-aponta-relatorio. Acesso em: 10 maio 2025.

FOUCAULT, Michel. *As palavras e as coisas.* 10. ed. São Paulo: Martins Fontes, 2016.

FOUCAULT, Michel. *Dits et écrits*. Paris: Gallimard, 1976-1979. v. III.

FOUCAULT, Michel. *Em defesa da sociedade*. Tradução Maria Ermantina Galvão. São Paulo: Martins Fontes, 2005.

FOUCAULT, Michel. *História da loucura.* São Paulo: Perspectiva, 2019.

FOUCAULT, Michel. *História da sexualidade*. Tradução Maria T. C. Albuquerque. 13. ed. Rio de Janeiro: Graal, 1999. v. I: A vontade de saber.

FOUCAULT, Michel. *O nascimento da biopolítica*. São Paulo: Martins Fontes, 2008.

FOUCAULT, Michel. *Vigiar e punir*. Tradução Raquel Ramalhete. 42. ed. Petrópolis: Vozes, 2014.

FRAISSE, Geneviève. *Les deux gouvernements*: la famille et la Cité. Gallimard, Folio/Essais, 2000.

FREUD, Sigmund. Além do princípio do prazer. In: *Obras completas volume 14*: História de uma neurose infantil, Além do princípio do prazer e outros textos (1917-1920). Tradução Paulo César de Souza. São Paulo: Companhia das Letras, 2010.

FREUD, Sigmund. Das Unheimliche. *Europäischer Literaturvlg*, [*S. l.*: *s. n.*], 2012.

FREUD, Sigmund. *Der Wahn und die Träume in W. Jensens »Gradiva«*. 2011. Disponível em: http://www.gutenberg.org/files/35549/35549-h/35549-h.htm. Acesso em: 10 maio 2025.

FREUD, Sigmund. *Die Traumdeutung*. Frankfurt: S. Fischer, 1999.

FREUD, Sigmund. Fragmento da análise de um caso de histeria (1969). *In*: FREUD, Sigmund. *Edição standard brasileira das obras psicológicas completas de Sigmund Freud*. Tradução J. Salomão. v. 7. p. 1-119.

FREUD, Sigmund. O inquietante. *In*: FREUD, Sigmund. *Obras compleats volume 14:* História de uma neurose infantil, Além do princípio do prazer e outros textos (1917-1920). Tradução Paulo César de Souza. São Paulo: Cia das Letras, 2010.

FREUD, Sigmund. *O mal-estar na cultura*. Tradução Renato Zwecki. Porto Alegre: L&PM, 2010.

FREUD, Sigmund. *Obras completas volume 11*: Totem e tabu, Contribuição à história do movimento psicanalítico e outros textos (1912-1914). São Paulo: Companhia das Letras, 2012.

FREUD, Sigmund. *Delírios e sonhos na Gradiva de Jensen*. Rio de Janeiro: Imago, 1997.

FREUD, Sigmund; BREUER, Joseph. Srta. Anna O. *In*: FREUD, Sigmund. *Obras completas volume II*: Estudos sobre a histeria (1893-1895). Tradução Laura Barreto. São Paulo: Companhia das Letras, 2016.

FREYRE, Gilberto. *Nordeste*. 7. ed. rev. São Paulo: Global, 2004.

FUMAGALLI, Marcella Balestri. Persone e famiglia nel diritto romano. *In: Digesto delle discipline privatistiche – sezione civile*, Torino, 1995. v. 13. p. 444-457.

GALVÃO, Walnice Nogueira. *A donzela-guerreira*: um estudo de gênero. São Paulo: Ed. Senac, 1998.

GARGAM, Adeline; LANÇON, Bertrand. *Histoire de la misogynie*: le mépris des femmes, de l'antiquité à nos jours. Paris: Arkhé, 2013.

GASPARD, Françoise. Du patriarcat au fratriarcat: la parité comme nouvel horizon du féminisme. *Cahiers du Genre*, HS n. 2(3), p. 135-155, 2011. https://doi.org/10.3917/cdge.hs02.0135.

GILBERT, Sandra M.; GUBAR, Susan. *The madwoman in the attic*: the woman writer and the nineteenth-century literary imagination. New Haven: Yale University Press, 2000.

GILMAN, Charlotte Perkins. *O papel de parede amarelo.* Rio de Janeiro: José Olympio, 2016.

GOLDMAN, Emma. *La prostitución.* Disponível em: https://www.marxists.org/espanol/goldman/1910/005.htm. Acesso em: 10 maio 2025.

GORI, Roland. O realismo do ódio. *Psicol. clin.*, Rio de Janeiro, v. 18, n. 2, p. 125-142, 2006. Disponível em: http://pepsic.bvsalud.org/scielo.php?script=sci_arttext&pid=S0103-56652006000200010&lng=pt&nrm=iso. Acesso em: 17 jan. 2025.

GOURNAY, Marie de. Égalité des hommes et des femmes. *In*: SCHIFF, Mario. *La fille d'alliance de Montaigne, Marie de Gournay*: essay suivi de "L'égalité des hommes e des femmes" e du "Grief des dammes", avec variantes, des notes, des appendices e un portrait. Paris: Leopold Classic Library, 2015.

GROSJEAN, Pauline. *Patriarcapitalisme.* Paris: Seuil, 2021.

GRÜNER, Eduardo. Estamos todos malucos... O sujeito moderno e a falha geológica. *Cadernos Espinosanos,* XVII, 2007. Disponível em: https://revistas.usp.br/espinosanos/article/view/89325. Acesso em: 10 maio 2025.

GRÜNER, Eduardo. O Estado: paixão de multidões. Espinosa versus Hobbes, entre Hamlet e Édipo. *In*: BORON, Atilio A. *Filosofia política moderna.* De Hobbes a Marx. Buenos Aires: CLACSO, Consejo Latinoamericano de Ciencias Sociales; São Paulo: DCP-FFLCH, Departamento de Ciências Políticas, Faculdade de Filosofia, Letras e Ciências Humanas, USP, 2006.

GRUNSPAN-JASMIN, Élise. *Lampião*: senhor do sertão. Vidas e mortes de um cangaceiro. São Paulo: Edusp, 2006.

GUILHEN, Ellen. *A morte de Ofélia nas águas*: reflexos da personagem de Shakespeare na poesia simbolista brasileira. 2008. Dissertação (Mestrado) – IEL, Unicamp, Campinas, 2008.

GUILLAUMIN, Colete. Enquanto tivermos mulheres para nos darem filhos, a respeito da raça e do sexo. *Estudos Feministas*, ano 2, p. 228-233, 2. sem. 1994.

GUIMARÃES ROSA, João. *Grande sertão:* veredas. Rio de Janeiro: Nova Fronteira, 1986.

HAIDU, Peter. *The subject medieval/modern:* text and governance in the Middle Age. Stanford: University Press, 2004.

HANKE-HEINEMANN, Uta. *Eunucos pelo reino de Deus*: Igreja católica e sexualidade – de Jesus a Bento XVI. Rio de Janeiro: Rosa dos Tempos, 2019.

HANNS, Luiz. *Dicionário comentado do alemão de Freud*. Rio de Janeiro: Imago, 1996.

HANSEN, João Adolfo. *O o*: a ficção da literatura em *Grande sertão: veredas*. São Paulo: Hedra, 2000.

HEGEL, Georg Wilhelm Friedrich. *Sämtliche Werke*, vu. Leipzig: F. Meiner, 1920-55.

HÉRITIER, Françoise. *Masculin/féminin*: la pensée de la differénce. Paris: Odile Jacob, 1996.

HIRATA, Helena. Gênero, classe e raça: interseccionalidade e consubstancialidade das relações sociais. *Tempo Social – Revista de Sociologia da USP*, v. 26, n. 1, p. 61-73, 2014. https://doi.org/10.1590/S0103-20702014000100005.

HOBBES, Thomas. *Leviatã ou matéria, forma e poder de uma república eclesiástica e civil*. São Paulo: Martins Fontes, 2003.

HOBBES, Thomas. *Leviathan*. New York: World Publishing Company, 1963.

HONIG, Bonnie. *Antigone, interrupted*. Cambridge University Press, 2013. *E-book*.

IBER, Christian. *Das Andere der Vernunft als ihr Prinzip:* Grundzüge der philosophischen Entwicklung Schellings mit einem Ausblick auf die nachidealistischen Philosophiekonzeptionen Heideggers und Adornos. Berlin: De Gruyter, 1994. https://doi.org/10.1515/9783110878783.

JENSEN, Wilhelm. *Gradiva: Ein pompejanisches Phantasiestück*. 2011. Disponível em: http://www.gutenberg.org/files/36275/36275-0.txt. Acesso em: 10 maio 2025.

JENSEN, Wilhelm. *Gradiva*: uma fantasia pompeiana. Tradução Ângelo Melim. Rio de Janeiro: Jorge, 1987.

JURKEVICS, Vera Irene. Virgem Maria: paradigma da "superioridade espiritual feminina". FAZENDO GÊNERO 9: Diásporas, Diversidade, Descolamentos, Universidade Federal de Santa Catarina. *Anais* [...], 2010.

KAFKA, Franz. *O veredito / Na colônia penal*. Tradução Modesto Carone. São Paulo: Companhia das Letras, 1998.

KANT, Immanuel. Da diferença entre o sublime e o belo na relação dos sexos. *In:* KANT, Emmanuel. *Observações sobre o sentimento do belo e do sublime*: ensaio sobre as doenças mentais. Tradução Vinicius Figueiredo. Campinas: Papirus, 1993. p. 47-64.

KANT, Immanuel. *Observações sobre o sentimento do belo e do sublime*: ensaio sobre as doenças mentais. Tradução Vinicius Figueiredo. Campinas: Papirus, 1993.

KANTOROWICZ, Ernst H. *Os dois corpos do rei*: um estudo sobre teologia política medieval. Tradução Cid Knipel Moreira. São Paulo: Companhia das Letras, 1998.

KIMMEL, Michael S. Masculinity as homophobia: fear, shame and silence in the construction of gender identity. *In*: WHITEHEAD, Stephen; BARRETT, Frank (ed.). *The masculinities reader*. Cambridge: Polity Press, 2001.

KNOX, Thomas Malcolm, Sir (Trad.). *Hegel, philosophy of right*. Oxford: Claredon Press, 1942.

KOJÈVE, Alexandre. *Introduction à la lecture de Hegel*. 6. ed. Paris: Gallimard, 1947.

KRAUSS, Rosalind. *O fotográfico*. Barcelona: Gustavo Gili, 2002.

LACAN, Jacques. *Hamlet por Lacan*. Campinas: Escuta/Liubliú, 1986.

LAQUEUR, Thomas Walter. *Inventando o sexo*: corpo e gênero dos gregos a Freud. Tradução Vera Whately. Rio de Janeiro: Relume-Dumará, 2001.

LENINE, Enzo; DJÚ, Iqui; GONÇALVES, Elisa de Almeida. Mutilação genital feminina: feminismos ocidentais, africanos e multiculturais. *Rev. Direito e Práx.*, Rio de Janeiro, v. 14, n. 4, p. 2265-2292, 2023. DOI 10.1590/2179-8966/2022/63345.

LERNER, Gerda. *A criação do patriarcado*: história da opressão das mulheres pelos homens. São Paulo: Cultrix, 2019.

LEVI, Primo. *É isto um homem?* Tradução Luigi Dei Re. Rio de Janeiro: Rocco, 1988.

LEVINAS, Emmanuel. *Totalidade e infinito*. Lisboa: Edições 70, 1980.

LINS, Daniel. *Lampião, o homem que amava as mulheres*: o imaginário do cangaço. São Paulo, Annablume, 1997.

LINS, Daniel; SOUZA, Ilda Ribeiro de Souza. *Sila, uma cangaceira no divã*. Fortaleza: Expressão, Gráfica e Editora, 2005.

LORAUX, Nicole. *Maneiras trágicas de matar uma mulher*. Tradução Mário da Gama Kury. Rio de Janeiro: Jorge Zahar, 1988.

LORENZ, Konrad. *E o homem encontrou o cão*. Lisboa: Relógio D'Água, 1997.

MACHADO, Taís de Sant'Anna. *Um pé na cozinha*: um olhar sócio-histórico para o trabalho de cozinheiras negras no Brasil. São Paulo: Fósforo, 2022.

MALABOU, Catherine. *O prazer censurado*: clitóris e pensamento. São Paulo: UBU, 2024.

MATI, Susanna. *Ninfa in labirinto*: epifanie de una divinità in fuga. Bergamo: Moretti & Vitali, 2006.

MATTOS, Cláudia Valladão de. *Arquivos da memória*: Aby Warburg, a história da arte e a arte contemporânea. *Concinnitas,* v. 2, n. 11, 2007.

MATURANA, Humberto. *Cognição, ciência e vida cotidiana*. Organização e tradução Cristina Magro e Victor Paredes. Belo Horizonte: Ed. UFMG, 2001.

MBEMBE, Achille. *Crítica da razão negra*. São Paulo: N-1 Edições, 2018. *E-book.*

MBEMBE, Achille. *Necropolítica*: biopoder, soberania, estado de exceção, política da morte. São Paulo: N-1 Edições, 2018. *E-book.*

MERCHANT, Carolyn. *The death of nature*: women, ecology, and the scientific revolution. San Francisco: Harper Collins, 1980.

MÉSZÁROS, István. *A educação para além do capital*. São Paulo: Boitempo, 2008.

MICHAUD, Philippe-Alain. *Aby Warburg et l'image en mouvement*. Paris: Macul, 1998.

MIYOSHI, Alex. *Moema é morta*: pintura e escultura na segunda metade do século XIX. 2010. Tese (Doutorado) – Programa de História da Arte, Unicamp, Campinas, 2010.

MORAIS, Márcia Marques de. "Coração mistura amores": o desejo deslocado nas veredas do Grande Sertão. *In*: FANTINI, Marli (org.). *A poética migrante de Guimarães Rosa*. Belo Horizonte: Ed. UFMG, 2008.

MOSSE, George L. *The image of man*: the creation of modern masculinity. New York: Oxford University Press, 1996.

MOULIN, Anne Marie. Excision, l'autre féminicide. *L'Histoire,* n. 465, p. 13-18, 2019.

MULVEY, Laura. *Visual and other pleasures*. Hampshire: Palgrave Macmillan, 2009.

NANCY, Jean-Luc. *L'imperativ catégorique*. Paris: Flammarion, 1983.

NANCY, Jean-Luc. Imagem, mímesis & méthexis. *In:* ALLOA, Emmanuel (org.). *Pensar a imagem*. Coord. de tradução Carla Rodrigues. São Paulo: Autêntica, 2015.

NASIO, Juan-David. *A alucinação e outros estudos lacanianos*. Tradução Lucy Magalhães. Rio de Janeiro: Jorge Zahar, 1997.

PANOFSKY, Erwin. *Significado nas artes visuais*. São Paulo: Perspectiva, 1991. p. 47-87.

PASSOS, Cleusa. Diadorim*:* dia da lua. *In*: FANTINI, Marli (org.). *A poética migrante de Guimarães Rosa*. Belo Horizonte: Ed. UFMG, 2008.

PATEMAN, Carole. *O contrato sexual*. Tradução Marta Avancini. 5. ed. Rio de Janeiro: Paz e Terra, 2023.

PELIKAN, Jaroslav. *Maria através dos séculos*: seu papel na história da cultura. São Paulo: Companhia das Letras, 2000.

PEREIRA, Mateus Henrique de Faria; ARAUJO, Valdei Lopes de. *Atualismo 1.0*: como a ideia de atualização mudou o século XXI. 2. ed. Vitória: Editora Milfontes; Mariana: Editora da SBTHH, 2019.

PESQUISA revela o medo e a insegurança que mulheres enfrentam dentro de casa. *Universidade Federal do Espírito Santo,* 2023. Disponível em: https://comunicasaude.ufes.br/conteudo/pesquisa-revela-o-medo-e-inseguranca-que-mulheres-enfrentam-dentro-de-casa. Acesso em: 10 maio 2025.

PETERSON, Kaara. Framing Ophelia: representation and the pictorial tradition. *Mosaic: A Journal for the Interdisciplinary Study of Literature,* 31.3, p. 1-24, September 1998.

PLATÃO. *Mênon*. Tradução Maura Iglésias. São Paulo: Loyola; Rio de Janeiro: PUC Rio, 2001.

PLATÃO. *O banquete*. Tradução Irley Franco e José Torrano. São Paulo: Loyola, 2021.

PLÍNIO, o Velho. História natural. *In*: LICHTENSTEIN, Jacqueline (org.). *A pintura*: textos essenciais. Tradução Magnólia Costa. São Paulo: Editora 34, 2004.

POE, Edgar Allan. Filosofia da composição. *In*: POE, Edgar Allan. *Poesia e prosa*. Tradução Oscar Mendes e Milton Amado. Porto Alegre: Globo, 1960.

POE, Edgar Allan. The philosophy of composition. *Graham's Magazine,* v. XXVIII, n. 4, p. 163-167, April 1846. Disponível em: http://www.eapoe.org/works/essays/philcomp.htm. Acesso em: 10 maio 2025.

POE, Edgar Allan. l, and The philosophy of composition. *Project Gutenberg*. Disponível em: https://www.gutenberg.org/ebooks/55749. Acesso em: 10 maio 2025.

POTTS, Alex. *Flesh and the ideal*: Wincklemann and the origins of art history. New Haven: Yale University Press, 2000.

POWER, Samantha. *A problem from hell*: America and the Age of Genocide. New York: Basic Books, 2002.

PRECIADO, Paul B. *Eu sou o monstro que vos fala*: relatório para uma academia de psicanalistas. Rio de Janeiro: Zahar, 2022. *E-book*.

RANCIÈRE, Jacques. *A partilha do sensível*: estética e política. São Paulo: Editora 34, 2005.

RANCIÈRE, Jacques. *O inconsciente estético*. Tradução Monica Costa Neto. São Paulo: Editora 34, 2009.

RANCIÈRE, Jacques. *Políticas da escrita*. Rio de Janeiro: Editora 34, 1995.

RIBEIRO, Carolina Nassau. A metapsicologia do masoquismo: o enigma do masoquismo feminino e sua relação com a fantasia masculina. *Ágora*

(Rio de Janeiro), v. XX n. 2, p. 477-490, maio/ago. 2017. https://doi.org/10.1590/1809-44142017002009.

RIVERA, Tânia. Ensaio sobre a sublimação. *Discurso*, n. 36, p. 311-325, 2017.

RODOVALHO, Amara Moira. O cis pelo trans. *Estudos Feministas*, Florianópolis, v. 25, n. 1, p. jan./ abr. 2017. https://doi.org/10.1590/1806-9584.2017v25n1p365.

ROELOFS, Monique. *A promessa cultural do estético*. Tradução Carla Damião. Rio de Janeiro: PUC Rio; Belo Horizonte: Relicário, 2023.

RORTY, Richard. *A filosofia e o espelho da natureza*. ROSA, João Guimarães. *Grande sertão: veredas*. 29. ed. Rio de Janeiro: Nova Fronteira, 1986.

ROUSELLE, Aline. A política dos corpos: entre procriação e continência em Roma. *In*: PANTEL, Pauline Schimitt (dir.).; DUBY, Georges; PERROT, Michelle (org.). *História das mulheres no Ocidente*. Tradução Maria Helena da Cruz Coelho *et al.* Porto: Afrontamento, 1990. v. 1.

ROUSSEAU, Jean-Jacques. *Emílio, ou da educação*. São Paulo: Unesp, 2022.

RUBIN, Gayle. O tráfico de mulheres. *In*: RUBIN, Gayle. *Políticas do sexo*. Tradução Jamille Pinheiro Dias. São Paulo: UBU, 2017.

RUSSELL, Diana E. H.; HARMES, Roberta A. *Femicide in global perspective*. New York: Teachers College Press, 2001.

RUSSELL, Diana E. H.; RADFORD, Jill (ed.). *Femicide:* the politics of woman killing. New York: Twayne Publishers, 1992.

SALZANI, Carlo. From Benjamin's bloßes Leben to Agamben's Nuda Vita: a genealogy. *In*: MORAN, Brendan; SALZANI, Carlo (ed.). *Towards the critique of violence*: Walter Benjamin and Giorgio Agamben. London: Bloomsbury Academic, 2015. p. 109-123.

SAMAIN, Etienne. As "Mnemosyne(s)" de Aby Warburg: entre antropologia, imagens e arte. *Revista Poiésis,* Universidade Federal Fluminense, 2017. Disponível em: http://www.poiesis.uff.br/PDF/poiesis17/Poiesis_17_EDI_Mnemosyne.pdf. Acesso em: 10 maio 2025.

SAMPAIO, Rodrigo de Lima Vaz. A capacidade patrimonial na familia romana: *peculia* e *patria potestas*. *Revista da Faculdade de Direito, Universidade de São Paulo,* v. 106/107, 2011/2012.

SANTOS, Manoel Antônio dos *et al.* Mulheres plenas de vazio: os aspectos familiares da anorexia nervosa. *Vínculo,* São Paulo, v. 1, n. 1, dez. 2004. Disponível em http://pepsic.bvsalud.org/scielo.php?script=sci_arttext&pid=S1806-24902004000100008&lng=pt&nrm=iso. Acesso em: 10 maio 2025.

SARDINHA, Diogo. Motus, meute, émeute: formes du mouvement sauvage. *Princípios – Revista de Filosofia*, Natal, v. 19, n. 32, p. 109-133, jul./dez. 2012.

SCHALCHER, Maria da Graça Ferreira. Considerações sobre o tema da mulher no pensamento de Aristóteles. *Revista Phoinix*, Rio de Janeiro, v. 4, p. 331-344, 1998. Disponível em: https://revistas.ufrj.br/index.php/phoinix/article/download/36550/20120/97876. Acesso em: 10 maio 2025.

SCHMITT, Jean-Claude. *O corpo das imagens*: ensaios sobre a cultura visual na Idade Média. São Paulo: Edusc. 2007.

SCHOLZ, Roswitha. *Le sexe du capitalisme*: "masculinité" et "feminité" comme piliers du patriarcat producteur de marchandises. Albi: Crise & Critique, 2019.

SCHOLZ, Roswitha. Le Valeur, c'est le Mae. *In*: SCHOLZ, Roswitha. *Le sexe du capitalisme*: "masculinité" et "feminité" comme piliers du patriarcat producteur de marchandises. Albi: Crise & Critique, 2019.

SCHOLZ, Roswitha. *Marxismus – Feminismus – Kritische Theorie heute*... und die Wert-Abspaltungs-Kritik: Zur problematischen Insistenz auf Erfahrung, Praxis, Empirie, Subjekt, Klasse und die „gelebten Realitäten" von Frauen im Verfall des kapitalistischen Patriarchats. [202-]. Disponível em: https://exit-online.org/pdf/Roswitha_Scholz_Marxismus_Feminismus.pdf. Acesso em: 10 maio 2025.

SCOTT, Joan. Gender: a useful category of historical analyses. *In:* SCOTT, Joan. *Gender and the politics of history*. New York: Columbia University Press, 1989.

SEGATO, Rita Laura. El sexo y la norma: frente estatal, patriarcado, desposesión, colonidad. *Revista Estudos Feministas*, Universidade Federal de Santa Catarina, v. 22, n. 2, p. 593-616, maio/ago. 2014.

SEGATO, Rita. *Las estructuras elementales de la violencia*. Bernal: Universidad Nacional de Quilmes, 2003.

SHAKESPEARE, William. *Hamlet*. Edição bilíngue. Lisboa: Cotovia, 2001.

SHARPE, Christina. *Monstrous intimacies*: making post-slavery subjects. Durham: Duke University Press, 2010.

SILVESTRE, Nelci Alves Coelho. A subjetificação feminina no conto *The Snow Child*, de Angela Carter. *Revista Litteris*, n. 7, mar. 2011.

SMALL, Helen. *Love's Madness*: medicine, the novel, and the female insanity, 1800-1865. Oxford Univesity Press, 2007.

SPIELREIN, Sabine. A destruição como origem do devir. *In*: CROMBERG, R. U. (org.). *Sabina Spielrein*: uma pioneira da psicanálise – obras completas. São Paulo: Livros da Matriz, 2014. v. 1. p. 227-277.

SPINOZA, Baruch. *Ética*. Belo Horizonte: Autêntica, 2009.

SPIVAK, Gayatri. Displacement and the discourse of woman. *In*: HOLLAND, Nancy. *Feminist interpretations of Jacques Derrida*. Pennsylvania: The Pennsylvania State University Press, 1997.

SPIVAK, Gayatri. *Pode o subalterno falar?* Belo Horizonte: Editora UFMG, 2010.

STERZI, Eduardo. Dante e a necessidade da morte. *Trama Interdisciplinar,* v. 4, n. 2, 2013.

STF derruba o uso de tese de legítima defesa da honra para crimes de feminicídio. *Supremo Tribunal Federal,* 8 mar. 2023. Disponível em: https://portal.stf.jus.br/noticias/verNoticiaDetalhe.asp?idConteudo=503655&ori=1. Acesso em: 20 maio 2025.

THEWELEIT, Klaus. *Fantasmâlgories.* Paris: L'Arche, 2015.

THOMAS, Yan. A divisão dos sexos no direito romano. *In*: PANTEL, Pauline Schimitt (dir.); DUBY, Georges; PERROT, Michelle (org.). *História das mulheres no Ocidente.* Tradução Maria Helena da Cruz Coelho *et al.* Porto: Afrontamento, 1990. v. 1.

TIBURI, Marcia. A funcionalidade da "ideologia de gênero" no contexto político e econômico brasileiro. *Nueva Sociedad,* jul. 2018. Disponível em: https://pre.nuso.org/articulo/funcionalidade-da-ideologia-de-genero-no-contexto-politico-e-economico-brasileiro/. Acesso em: 10 maio 2025.

TIBURI, Marcia. *Complexo de vira-lata*: análise da humilhação brasileira. Rio de Janeiro: Civilização Brasileira, 2021.

TIBURI, Marcia. *Filosofia pop, poder e biopoder.* São Paulo: Ed. Bregantini, 2011.

TIBURI, Marcia. Lobisomem juvenil: uma leitura biopolítica da adolescência. *Educação Unisinos,* v. 20, n. 2, p. 254-263, maio/ago. 2016.

TIBURI, Marcia. Marias Bonitas: entre a mulher mítica e as mulheres reais, uma fratura no sertão. *In:* QUEIROZ, André (org.). *Arte & pensamento*: a reinvenção do Nordeste. Fortaleza: Sesc, 2010. p. 111-125.

TIBURI, Marcia. Morte nua: necropolítica da guerra ou a morte como capital. *Revista Cult,* 30 nov. 2023.

TIBURI, Marcia. *Mundo em disputa*: design de mundo e distopia naturalizada. Rio de Janeiro: Civilização Brasileira, 2024.

TIBURI, Marcia. *O culto do macho.* Rio de Janeiro: Civilização Brasileira, [no prelo].

TIBURI, Marcia. Political sexology. *In:* BRANDALLERO, Sara; PARDUE, Derek; WINK, Georg (ed.). *Living (il)legalities in Brazil*: practices, narratives and institutions in a country on the edge. London: Routledge, 2020.

TIBURI, Marcia. *Ridículo político*: uma investigação sobre o risível, a manipulação da imagem e o esteticamente correto. Rio de Janeiro: Record, 2017.

TIBURI, Marcia; EGGERT, Edla; MENEZES, Magali. *As mulheres e a filosofia.* São Leopoldo: Unisinos, 2002.

TIBURI, Marcia; VALLE, Bárbara. *Mulheres, filosofia ou coisas do gênero.* Santa Cruz do Sul: EDUNISC, 2008.

TRILLAT, Étienne. *História da histeria*. São Paulo: Escuta, 1991.

UTÉZA, Francis. *João Guimarães Rosa:* metafísica do *Grande Sertão*. Tradução José Carlos Carbuglio. São Paulo: Edusp, 1994.

VALENCIA TRIANA, Sayak. Capitalismo Gore y necropolítica en México contemporáneo. *Espacio en lucha: Hacia una nueva geografía de lo internacional*, n. 19, p. 83-102, 2012.

VAN HAUTE, Phillipe. Antígona: heroína da psicanálise? Tradução Ronaldo Manzi Filho. *Discurso*, v. 36, p. 285-309, 2007.

VERNANT, Jean-Pierre. *A morte nos olhos*: figurações do outro na Grécia Antiga. Rio de Janeiro: Jorge Zahar, 1985.

WARBURG, Aby. *Atlas Mnemosyne*. Madrid: Akal, 2010.

WARBURG, Aby. Imagens da região dos índios Pueblo da América do Norte. *Concinnitas – Revista do Instituto de Artes da UERJ*, ano 6, v. 1, n. 8, jul. 2005.

WARBURG, Aby. Ninfa Fiorentina: fragmento de um projeto sobre Ninfas. *Manuscrito Warburg Institut*. Archive III.55.1 de Andre Jolles. Tradução Artur Morão, 2012.

WARBURG, Aby. Sandro Botticelli's Birth of Venus and Spring: an examination of concepts of Antiquity in the Italian Early Renaissance. *In*: WARBURG, A.; BING, G.; ROUGEMONT, F.; LINDBERG, S. (ed.). *The renewal of pagan Antiquity*: contributions to the cultural history of the European Renaissance. Tradução D. Britt. v. I. p. 89-156.

WEBER, Max. *A ética protestante e o "espírito" do capitalismo*. Tradução José Marcos Mariani de Macedo. São Paulo: Companhia das Letras, 2004.

WECHSLER, Judith. Performing Ophelia: the iconography of madness. *Theatre Survey*, v. 43, n. 2, nov. 2002.

WITTIG, Monique. *O pensamento hétero e outros ensaios*. Belo Horizonte: Autêntica, 2022. *E-book*.

WOLLSTONECRAFT, Mary. *Reivindicação dos direitos da mulher*. São Paulo: Boitempo, 2016.

YOUNG, Alan R. *Hamlet and the visual arts*: 1709-1900. Newaer: University of Delaware Press; London: Associated University Press, 2002.

Acreditamos
nos livros

Este livro foi composto em Adobe Garamond Pro e impresso pela Lis Gráfica para a Editora Planeta do Brasil em setembro de 2025.